刀光劍影

中國古代的兵器

杨泓 著

山西出版传媒集团

山西人民出版社

山西峙峪出土旧石器时代石镞（复制品）

河南阎村出土鹳鱼石斧图彩陶缸

河南安阳殷墟商代车马坑

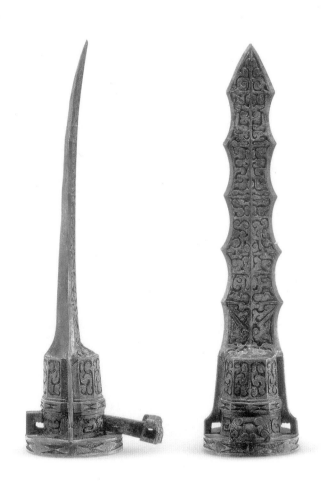

河南浚县辛村出土西周铜戟

河南安阳殷墟妇好墓出土大青铜钺

青州苏埠屯出土商代大青铜钺

河北藁城台西出土铁刃铜钺

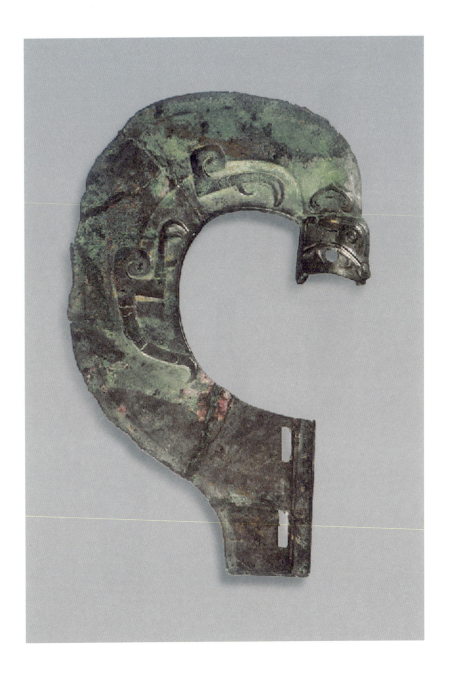

甘肃灵台白草坡出土西周铜短剑和剑鞘

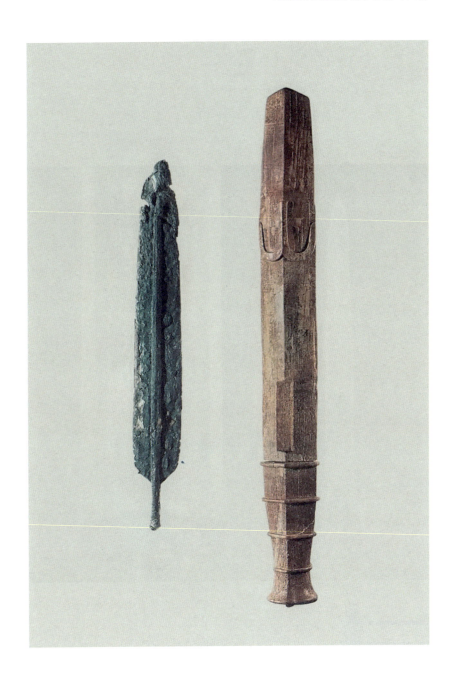

湖北望山楚墓出土越王勾践剑

三门峡虢国墓（M2001）出土铜茎玉柄钢剑

陕西咸阳秦始皇陵陶俑坑出土陶骑兵俑及陶马

陕西咸阳塔儿坡秦墓出土陶骑俑

齐王墓随葬坑出土金银饰铁铠复原示意图

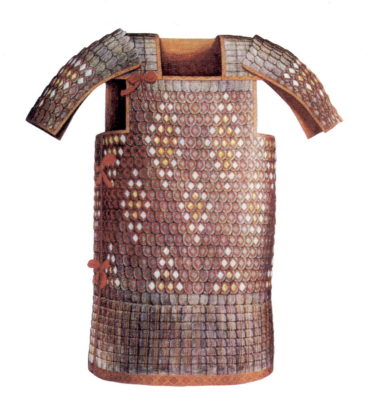

河北满城西汉刘胜墓出土钢刀

甘肃嘉峪关魏晋墓壁画营垒图像

宁夏固原北周李贤墓出土银装铁刀

河北磁县东魏武定元年墓出土披铠按楯武士俑

敦煌莫高窟壁画张议潮出行图中的唐代骑兵

明洪武十一年铭铜火铳

目 录

第二章 石器时代的兵器

第三章 青铜时代的兵器

第四章　青铜兵器向钢铁兵器的过渡

第五章　秦汉兵器

第六章　魏晋南北朝兵器

第七章　隋唐兵器

第八章　宋代兵器

第九章　元明清兵器

附　录

第一章 绪 论

第一节 中国古代兵器研究概况

一、古代有关兵器的文献

"折戟沉沙铁未销，自将磨洗认前朝。东风不与周郎便，铜雀春深锁二乔。"唐诗人杜牧的《赤壁》怀古诗❶，说明古人也常收集历史上著名战场遗迹中发现的古代兵器，发思古之幽情。当然这只表明诗人一时兴发偶然为之，并非对古代兵器的系统收集和研究。另外，古代炼丹家在炼丹过程中，很注意名剑，所以也注意到有关古代著名刀剑的资料。如陶弘景纂《古今刀剑录》，收录自夏禹以来直到梁武帝时有关刀剑制作的传闻和实物，最后一项是他在普通年间（520—526年）❷为梁武帝造的十三口神剑。但是一直缺乏专门讲述古代兵器的论著。

---

❶ 杜牧：《赤壁》，《樊川文集》卷四，第47页。商务印书馆缩印江南图书馆藏明翻宋刊本。

❷ 《古今刀剑录》："梁武帝萧衍天监元年即位，至普通中岁在庚申命弘景造神剑十三口。用金银铜铁锡五色合为此剑，长短各依剑洞术法。"可见均与道教有关，非实用兵器。《太平御览》卷三四三引，中华书局影印本，第1578页。

在存世的古代文献中，有许多是关于兵器的记录，但都是记述当时用于实战的兵器，到今日自然成为我们据以研究古代兵器的重要资料。我们可以注意下列文献：

先秦至汉的文献中，《墨子》中的《备城门》《备高临》《备梯》《备水》《备突》《备穴》《备蛾傅》《迎敌祠》《旗帜》《号令》《杂守》等篇，岑仲勉曾将以上诸篇集成《墨子城守各篇简注》，中华书局收入《新编诸子集成》第一辑❶。因今本《墨子》成书，恐已是迟至西汉时事，故有学者认为《备城门》等篇非《墨子》原有的文字，为战国时人或汉代人伪作。这是我们引用有关资料时应予特别注意的。但即使是讲西汉时事，对今日研究古代兵器，也同样是重要的资料。

在唐宋时期，一些典令兵书中也有关于兵器和军队的装备记录，如《大唐六典》《唐律疏议》《通典》《太白阴经》等。

在北宋时期，由皇帝下令撰著的《武经总要》❷，成书于仁宗庆历四年（1044年），较全面地记录了器甲之制。从宋金战争到南宋时期，更多的与实战有关的书中也常有关于兵器的记录，如《守城录》《翠微北征录》等。

明清时期的会典中都有关于当时兵器的记录。明天启年

---

❶ 岑仲勉：《墨子城守各篇简注》，中华书局，1958年。

❷ 现存《武经总要》较好的版本，为郑振铎原藏明弘治至正德年间刊本。中华书局1959年影印出版，见《中国古代科技图录丛编初集④·武经总要前集》。又《四库全书珍本》影印过清文渊阁四库全书本《武经总要》，但器图为清代重绘，不如明弘治至正德年间刊本。

间（1621—1627年）茅元仪编成的《武备志》，更是全面记录了有关的兵器和装备。同时一些兵书，特别是抗倭名将戚继光所著《练兵实纪》《纪效新书》等书中，有许多与实战有关的兵器和装备的记录。随着火器的出现，一些与火器有关的著作也开始出现。明赵士桢于万历年间（1573—1619年）写成的火器专著《神器谱》，孙元化刊印于崇祯五年（1632年）的《西法神机》，焦勖崇祯十六年（1643年）刊印的《火攻挈要》，都是明代较重要的著作。但是并没有全面记述前代兵器历史的专著。

二、20世纪50年代以前中国古代兵器研究概况

进入20世纪以后，有关中国古代兵器的研究开始受到学者的注意，最早的是具有金石研究传统的关于古器物学的研究。1924年马衡在北京大学史学系讲授《中国金石学概要》时，在第三章历代铜器中有《古兵》一节，指出"古兵之制，屡有变迁，石器时代以石为之，秦以前用铜，汉以后乃用铁，今传世古兵，多以铜制，皆先秦及汉初物也。""《考工记》攻金之工六。所谓金者，皆铜也。惟其为铜，故能传久。后世铁兵，易于朽蚀，流传转希。""今就古兵之可述者分叙于后。句兵曰戈，曰戟，刺兵曰矛，短兵曰刀，曰剑，曰匕首，凿兵曰斧，远射之兵曰矢，发矢之机曰弩机，盛矢之器曰箙。其他若铠胄之属，近日亦有出土，然皆零饰，难遽定名，姑从略焉。"[1]

---

❶ 马衡：《凡将斋金石丛稿》，第56~57页，中华书局，1977年。

后来治古兵者，皆依马衡之说。一些学者又据古代遗物纠正过去金石学者的误解，如马衡的《戈戟之研究》❶，郭沫若的《说戟》❷。另有学者更依据墓中随葬兵器的位置及遗痕进行论述，如郭宝钧著《戈戟余论》❸。关于铠甲，王献唐曾著有《甲饰》一文❹。

约略同时，随着田野考古在中国的开展，中国古代兵器考古也开始出现。在20世纪20年代，中央研究院历史语言研究所发掘安阳殷墟，开始在科学的田野考古发掘中获得古代兵器实物标本。在安阳殷墟，以及在河南浚县辛村西周墓、汲县山彪镇战国墓等发掘中，不断获得商周时期的青铜兵器、防护装具，还有战车遗迹。对上述考古发现进行分析研究，1933年李济发表了《殷墟铜器五种及其相关问题》❺，所论五种铜器中矢镞、句兵、矛均属兵器。后来李济又发表了《记小屯出土之青铜器·锋刃器》❻和《豫北出土青铜句兵分类图解》❼。

---

❶ 马衡：《戈戟之研究》，《凡将斋金石丛稿》，第121~126页。

❷ 郭沫若：《说戟》，《殷周青铜器铭文研究》，科学出版社，1961年。

❸ 郭宝钧：《戈戟余论》，《中央研究院历史语言研究所集刊》第5本3分，1935年。

❹ 王献唐：《甲饰》，《说文月刊》三卷七号，1943年。

❺ 李济：《殷墟铜器五种及其相关问题》，《庆祝蔡元培先生六十五岁论文集》，1933年。又收入张光直等编《李济考古学论文选集》，第522~546页，文物出版社，1990年。

❻ 李济：《记小屯出土之青铜器》中篇《锋刃器》，《中国考古学报》第4册，1949年。又收入《李济考古学论文选集》，第624~669页。

❼ 李济：《豫北出土青铜句兵分类图解》，《中央研究院历史语言研究所集刊》第22本，1950年。又收入《李济考古学论文选集》，第672~702页。

在前一篇中分类"边刃器"中有脊背刀和兽头刀,"双刃器"中分句兵(戈)、刺兵(矛)和长兵(矢镞),所论均为兵器;在后一篇中以考古类型学方法对安阳小屯、安阳侯家庄、浚县辛村、辉县琉璃阁、汲县山彪镇出土五组句兵进行研究,比较其形态的异同,追溯它们演变的迹象,并得出句兵是没有受到任何外来影响的中国古代兵器的结论。

这时也有人开始注意关于中国兵器史的研究,并尽力收集有关资料。周纬广收中外博物馆的藏品,并尽力收集当时已发掘出土的资料,结合文献,力图撰写一本中国兵器史,但生前仅完成稿本,未能正式出版。

三、20世纪50年代以后中国古代兵器研究概况

20世纪50年代以后对中国古代兵器的研究,可以分成两个阶段。第一阶段约自1949年新中国建立以后到20世纪70年代,第二阶段约自20世纪70年代至今。

20世纪50年代至70年代,随着新中国建立以后考古文物事业的蓬勃开展,从全国各地的史前、商周、汉唐诸时期遗址和墓葬的田野考古调查发掘中,获得了大量兵器、防护装具和军事装备的实物及模型、图像等资料。对古代聚落至城市遗址的发掘,也获得丰富的古代筑城工事等资料。但是这一时期有关古代兵器和兵器史的研究却远远不能与田野考古发现相适应。除在各考古报告及考古简报中对出土遗物的标型叙述外,专门论述古代兵器的论文并不多,可以列举的只有

郭宝钧的《殷周的青铜武器》❶、林寿晋的《东周式铜剑初论》❷和《论周代铜剑的渊源》❸等。这一时期中最值得注意的是石璋如在台北发表的论文《小屯殷代的成套兵器》❹，开始注意出土兵器的组合关系，并考虑到不同组合的兵器与使用者的联系。由分析成组兵器，进而推导其与兵种、战法的联系与制约的关系。

除了关于古代冷兵器的论述外，学者也注意到火药的发明问题和火器的研究。冯家昇写了《火药的发明和西传》❺，首次较全面地阐述了中国古代发明火药和火药兵器的历史，以及火药的西传和对世界的影响。刘仙洲在《中国机械工程发明史》等著作❻中，从简单机械和弹力等方面论述了中国古代兵器的发明。王荣的论文《我国原始的炮兵武器》❼和《元明火铳的装置复原》❽，依据文献和各博物馆藏的文物对中国古代火炮进行复原研究。

有关中国古代兵器史的研究，进展不大，最值得重视的就是已故周纬的稿本，经郭宝钧审阅并"酌予删削"后，正

---

❶　郭宝钧：《殷周的青铜武器》，《考古》1961 年第 2 期，第 111~118 页。

❷　林寿晋：《东周式铜剑初论》，《考古学报》1962 年第 2 期，第 75~84 页。

❸　林寿晋：《论周代铜剑的渊源》，《文物》1963 年第 11 期，第 50~55 页。

❹　石璋如：《小屯殷代的成套兵器》，《"中央研究院"历史语言研究所集刊》第 30 本，1950 年。

❺　冯家昇：《火药的发明和西传》，上海人民出版社，1954 年。

❻　刘仙洲：《中国机械工程发明史（第一编）》，科学出版社，1962 年。

❼　王荣：《我国原始的炮兵武器》，《文物》1960 年第 4 期，第 70~72 页。

❽　王荣：《元明火铳的装置复原》，《文物》1962 年第 3 期，第 41~45 页。

式以《中国兵器史稿》❶为书名出版。直到 20 世纪 70 年代，这本史稿几乎是国内出版的唯一有关中国兵器史的专著。此外，只有一些科普小册子❷和未成书的油印稿❸。

20 世纪 70 年代以后，中国古代兵器的研究在各方面都有很大的进展。70 年代到 80 年代，全国各地田野考古发掘中获得了数量空前的有关古代兵器的实物、图像以及模型资料。以此为基础，学者们进行了多方面的探索和研究。考古学领域内对古代兵器的研究，在石璋如对小屯殷代成套兵器研究开始使用的新方法的基础上，继续前进，已不再局限于进行标型学和年代学研究。在注意出土兵器组合关系，以及兵器与兵种、战法联系的基础上，进而结合社会发展阶段和生产力发展水平，探索古代兵器本身发展的规律。并结合有关文献，研究古代兵器与古代战争的关系。这项研究滥觞于对中国古代甲胄的考古资料和历史文献的分析，以后逐步扩展了研究范围，扩及剑、刀、戟、弓、弩，以及战车与车战、骑兵与甲骑具装、水军和战船的研究❹。20 世纪 70 年代到 80 年代，也不乏对古代兵器起源、形制、铭刻、国别进行深入分析研究的论述。其中有代表性的论著，有宋兆麟、何

❶ 周纬:《中国兵器史稿》，生活·读书·新知三联书店，1957 年。

❷ 科普小册子，如王荣:《军事科技史话》，科学普及出版社，1954 年。

❸ 油印稿本，如南京军事学院军事史料研究处编的油印本《从戈矛到火器的演变》，到 20 世纪 80 年代才据此稿为底本改编出版了《中国军事史·兵器》一书。

❹ 关于这项研究的经过，请参看杨泓:《我与中国古代兵器研究》，《文化的馈赠·考古学卷》，第 65~68 页。

其耀的《从少数民族的木弩看弩的起源》❶，杨锡璋、杨宝成的《商代的青铜钺》❷，杨锡璋的《关于商代青铜戈矛的一些问题》❸，孙机的《玉具剑与璏式佩剑法》❹和《床弩考略》❺，黄盛璋的《试论三晋兵器的国别和年代及其相关问题》❻，冯普仁的《吴国青铜兵器初探》❼，陈平的《试论战国型秦兵的年代及有关问题》❽等。特别由于研究冶金史的学者的参与，对大量田野考古工作中所获古代金属兵器实物进行科学检验，采用了电子显微镜、X射线分析、电子探针等多种方法，从而获得了充分的科学依据，将古代兵器材质和制造工艺等方面的研究，推向前所未有的高水平，除发表大量检测报告外，还发表了许多重要论文，如李众的《关于藁城商代铜钺铁刃的分析》❾和《中国封建社会前期钢铁冶炼技术发展的探

---

❶ 宋兆麟、何其耀：《从少数民族的木弩看弩的起源》，《考古》1980年第1期，第77~83页。

❷ 杨锡璋、杨宝成：《商代的青铜钺》，《中国考古学研究——夏鼐先生考古五十年纪念文集》，第128~138页，文物出版社，1986年。

❸ 杨锡璋：《关于商代青铜戈矛的一些问题》，《考古与文物》1986年第3期，第64~71页。

❹ 孙机：《玉具剑与璏式佩剑法》，《考古》1985年第1期，第48~60页。

❺ 孙机：《床弩考略》，《文物》1985年第5期，第67~70页。

❻ 黄盛璋：《试论三晋兵器的国别和年代及其相关问题》，《考古学报》1974年第1期，第13~44页。

❼ 冯普仁：《吴国青铜兵器初探》，《中国考古学会第四次年会论文集》，第136~145页，文物出版社，1985年。

❽ 陈平：《试论战国型秦兵的年代及有关问题》，《中国考古学研究论集——纪念夏鼐先生考古五十周年》，第310~335页，三秦出版社，1987年。

❾ 李众：《关于藁城商代铜钺铁刃的分析》，《考古学报》1976年第2期，第17~34页。

讨》❶等。此外，对于古代少数民族的兵器，也有学者进行了标型学和年代学的研究，主要论文有童恩正的《我国西南地区青铜剑的研究》❷和《我国西南地区青铜戈的研究》❸，林沄的《中国东北系铜剑初论》❹，汪宁生的《试论不对称形铜钺》❺等。有关火箭技术的研究，潘吉星出版了《中国火箭技术史稿——古代火箭技术的起源和发展》❻一书。《中国军事史》编写组在以前油印稿的基础上编成《中国军事史》第一卷《兵器》❼出版。此外，这时也出版了一些通俗科普类书籍，如许会林的《中国火药火器史话》❽，以及李少一、刘旭的《干戈春秋——中国古代兵器史话》❾。还有人将其他书刊的图像杂录编缀成《中国古代兵器图册》❿。一些历史研究者，在研究中也注意了

❶ 李众:《中国封建社会前期钢铁冶炼技术发展的探讨》,《考古学报》1975 年第 2 期, 第 1~22 页。

❷ 童恩正:《我国西南地区青铜剑的研究》,《考古学报》1977 年第 2 期, 第 35 ~55 页。

❸ 童恩正:《我国西南地区青铜戈的研究》,《考古学报》1979 年第 4 期, 第 441~457 页。

❹ 林沄:《中国东北系铜剑初论》,《考古学报》1980 年第 2 期, 第 139~161 页。

❺ 汪宁生:《试论不对称形铜钺》,《考古》1985 年第 5 期, 第 466~475 页。

❻ 潘吉星:《中国火箭技术史稿——古代火箭技术的起源和发展》, 科学出版社, 1987 年。

❼ 《中国军事史》编写组:《中国军事史》第一卷《兵器》, 解放军出版社, 1983 年。

❽ 许会林:《中国火药火器史话》, 科学普及出版社, 1986 年。

❾ 李少一、刘旭:《干戈春秋——中国古代兵器史话》, 中国展望出版社, 1985 年。

❿ 刘旭:《中国古代兵器图册》, 书目文献出版社, 1986 年。

古代兵器和战车等装备，如蓝永蔚在《春秋时期的步兵》❶中，从论述中国古代步兵历史的角度，分析研究了古代的兵器和战车。杨英杰在《战车与车战》❷中，注意研究了有关车战的文献资料，并尽可能地引用他所能知道的考古材料。

从20世纪80年代初，展开了《中国大百科全书·军事》卷中古代兵器有关条目的编写工作。最初只列出"中国古代兵器"和"十八般兵器"两个条目，后接纳了军外和军内有关专家建议，将"中国古代兵器"扩展成一个分支学科，完善了学术框架结构，设立41个条目❸，组织全国与古代兵器有关的研究者共同撰写，从而极大地推进了中国古代兵器的研究工作。这一分支学科的确立，应归功于当时军事科学院奚原、国防科工委郑汉涛和许淦的组织领导。他们虽然不具体研究古代兵器，但懂得尊重人，接受有关研究者的意见，并能组织对重要课题的深入探研，所以能建成这一分支学科，并顺利完成撰写工作。在此基础上，后来又扩展为《中国军事百科全书》中的《古代兵器》分支学科，进一步完善了学科框架结构，共收条目140条（后又增补9条，计149条），并出版了学科分册❹。在编写中曾对一些重要课题，特别是关于火药发明的时间和火器的产生等问题，进行深入调研和召

---

❶ 蓝永蔚：《春秋时期的步兵》，中华书局，1979年。
❷ 杨英杰：《战车与车战》，东北师范大学出版社，1986年。
❸ 《中国大百科全书·军事·中国古代兵器分册》，军事科学出版社，1987年。
❹ 《中国军事百科全书·古代兵器分册》，军事科学出版社，1991年。

开学术讨论会，并出版了论文集❶。同时，参加编写的各位学者，除王永志、丁懋是特请的该学科的著名学者外，其余各位在编写期间（1981—2002年，由《中国大百科全书·军事·中国古代兵器》开始至《中国军事百科全书·增补卷》出版）不断有新的研究成果问世，如成东、钟少异编成《中国古代兵器图集》❷。钟少异著有《龙泉霜雪——古剑的历史和传说》❸、《金戈铁戟——中国古兵器的历史与传统》❹，并翻译了李约瑟《中国科学技术史》中的《军事技术：抛射武器和攻守城技术》分册❺。王兆春著有《中国火器史》❻和《中国科学技术史·军事技术卷》❼。蓝永蔚主编的《五千年的征战——中国军事史》❽，是一本独树一帜的从文化层面写的军事史。孙机在所著《汉代物质文化资料图说》❾中设有武备、塞防设施等专节，并将有关玉具剑、百炼刀剑、床弩、战车等论著分

❶ 钟少异主编：《中国古代火药火器史研究》，中国社会科学出版社，1995年。

❷ 成东、钟少异：《中国古代兵器图集》，解放军出版社，1990年。

❸ 钟少异：《龙泉霜雪——古剑的历史和传说》，生活·读书·新知三联书店，1998年。

❹ 钟少异：《金戈铁戟——中国古兵器的历史与传统》，解放军出版社，1999年。

❺ 李约瑟：《中国科学技术史》第五卷《化学及相关技术》第六分册《军事技术：抛射武器和攻守城技术》，科学出版社，2002年。

❻ 王兆春：《中国火器史》，军事科学出版社，1991年。

❼ 王兆春：《中国科学技术史·军事技术卷》，科学出版社，1998年。

❽ 蓝永蔚、黄朴民、刘庆、钟少异：《五千年的征战——中国军事史》，华东师范大学出版社，2001年。

❾ 孙机：《汉代物质文化资料图说》，文物出版社，1991年。

别收入论文集《中国古舆服论丛》❶《中国圣火——中国古文物与东西文化交流中的若干问题》❷《文物丛谈》❸中。韩汝玢继续主持多项有关古代金属兵器的检验，许多检验报告已收入《中国冶金史论文集》❹与《中国冶金史论文集（二）》❺中。王学理在《秦始皇陵研究》❻中有专门章节论述秦俑兵器。如此丰富的学术成果，极大地提高了中国古代兵器的研究水平。

同时，近年来的考古新发现，也使中国古代兵器资料更加丰富，特别是有些重要发现，修正了过去对古兵器的认识。例如三门峡虢国墓西周钢短剑的出土，就提早了中国古代用钢制作兵器的年代❼。学者对各时期出土甲胄实物的复原研究，也极大地丰富了对中国古代甲胄的认识❽。同时对兵器的组合、器类、国别等的分析也不断深入进行，可举出的有刘一曼的《论安阳殷墟墓葬青铜武器的组合》❾，李健民、吴加安的

---

❶ 孙机：《中国古舆服论丛》，文物出版社，1993 年；增订本，2001 年。

❷ 孙机：《中国圣火——中国古文物与东西文化交流中的若干问题》，辽宁教育出版社，1996 年。

❸ 孙机、杨泓：《文物丛谈》，文物出版社，1991 年。

❹ 北京钢铁学院：《中国冶金史论文集》，北京钢铁学院学报编辑部，1986 年。

❺ 北京科技大学：《中国冶金史论文集（二）》，《北京科技大学学报》增刊，1994 年。

❻ 王学理：《秦始皇陵研究》，上海人民出版社，1994 年。

❼ 韩汝玢：《中国早期铁器（公元前 5 世纪以前）的金相学研究》，《文物》1998 年第 2 期，第 87~96 页。

❽ 对古代甲胄的复原研究，主要工作为白荣金所作，将在以后的章节中详加介绍。

❾ 刘一曼：《论安阳殷墟墓葬青铜武器的组合》，《考古》2002 年第 3 期，第 63~75 页。

《中国古代青铜戈》❶，李健民的《西周时期的青铜矛》❷《商代的青铜矛》❸，沈融的《商与西周青铜矛研究》❹，刘一曼的《殷墟青铜刀》❺，成东的《先秦时期的盾》❻、《明代前期有铭火铳初探》❼，肖梦龙的《吴国青铜兵器研究》❽和肖梦龙、华觉明、苏荣誉、贾莹的《吴干之剑研究》❾，李健民的《论燕国青铜戈》❿，范勇的《我国西南地区的青铜斧钺》⓫等。这些都有益于中国古代兵器的研究工作。同时，由于近年来各方面都对中国古代兵器的兴趣日益增加，所以不断有关于中国古代兵器的图集和科普通俗读物出版，增强了对群众的宣传和影响，活跃了学术气氛。与此同时，也出现了一些不和谐的音调，有些出版物大量利用别人的研究成果，抄袭图绘，自然无益

---

❶ 李健民、吴加安：《中国古代青铜戈》，《考古学集刊》第 7 集，第 104~146 页。

❷ 李健民：《西周时期的青铜矛》，《考古》1997 年第 3 期，第 70~76 页。

❸ 李健民：《商代青铜矛》，《中国商文化国际学术讨论会论文集》，第 366~374 页，中国大百科全书出版社，1998 年。

❹ 沈融：《商与西周青铜矛研究》，《考古学报》1998 年第 4 期，第 447~464 页。

❺ 刘一曼：《殷墟青铜刀》，《考古》1993 年第 2 期，第 150~166 页。

❻ 成东：《先秦时期的盾》，《考古》1999 年第 1 期，第 71~80 页。

❼ 成东：《明代前期有铭火铳初探》，《文物》1988 年第 5 期，第 68~79 页。

❽ 肖梦龙：《吴国青铜兵器研究》，《考古学报》1991 年第 2 期，第 141~165 页。

❾ 肖梦龙、华觉明、苏荣誉、贾莹：《吴干之剑研究》，《长江流域青铜文化研究》，第 61~90 页，科学出版社，2002 年。

❿ 李健民：《论燕国青铜戈》，《21 世纪中国考古学与世界考古学》，第 330~339 页，中国社会科学出版社，2002 年。

⓫ 范勇：《我国西南地区的青铜斧钺》，《考古学报》1989 年第 2 期，第 161~185 页。

于中国古代兵器学术研究的开展，在此不予赘述。

第二节　中国古代兵器历史分期

在谈中国古代兵器历史分期以前，先明确两个关于中国古代兵器的基本概念：

第一，关于"兵器"一词的使用。"兵器""武器""军器"等词，在考古报告和文史文章中都常被使用。在先秦文献中，"兵"字本义即为兵器，《说文》："兵，械也。从廾持斤，并力之貌。"后来推衍为用兵械的人也称为兵。《说文》段注："械者，器之总名。器曰兵，用器之人亦曰兵。"同时，用兵械杀人也称兵。汉代文献中，"兵"也用作"兵器"，如《后汉书·百官志》武库令"主兵器"❶；此外，也称"兵械"❷，或"兵杖"❸。"军器"❹"武器"❺二词晚出，且今日"武器"一词多

---

❶ 刘熙《释名》卷七解释兵器的篇目为《释兵》。《后汉书·百官志》，中华书局校点本，第3605页（本书所引二十四史皆用中华书局校点本，以下不另注，只注明引文页数）。

❷ 《史记·律书》："六律为万事根本焉，其于兵械尤所重。""正义"："内成曰器，外成曰械。械谓弓、矢、殳、矛、戈、戟。"第1239页。

❸ 《汉书·文三王传》：鸿嘉（前20—前17年）中，太傅辅奏梁王"收兵杖藏私府"。第2215页。

❹ 军器，见三国时虞翻注《易·旅》："得其资斧"，称："斧、钺，军器也。"又，《左传·襄公二十四年》："齐社，搜军实。"西晋杜预注："祭社因阅数军器。"见陈伟武：《军器及其题铭与简帛兵学文献》，《华学》第2辑，第71页，1996年。

❺ 武，通称军事、技击、强力之事，古无兵械含义，至近现代权威性辞书亦如此，《辞源》1979年修订版武字注有八义，均无兵械之义。

与"武器系统"关联。典型的武器系统包括三要素，即杀伤手段、投掷或运载工具（武器运载平台）、指挥器材❶。武器装备一般分战斗装备和保障装备，其三要素分别是火力、机动性和通讯能力。古代的遗物中，只有如驾马的战车，勉强可以视为初期的武器系统，其余均以称兵器为宜，因此在《中国大百科全书·军事》及《中国军事百科全书》中，以"中国古代兵器"和"古代兵器"为名设立分支学科。

第二，中国古代兵器一词，是指中国古代自史前时期或自原始社会晚期开始，到1840年即中国封建社会终结为止，历代战争中，军队实战使用的兵器和装备的总称。也就是如今日所说的军队的制式装备。至于仪仗用具虽多华美，更具文物鉴赏价值，却非兵器考古研究重点。至于武术器械等一般不列为研究内容。

中国古代兵器的历史分期如下：

1.中国古代兵器的历史，以火药开始用于制作兵器为分界线，分为前后两大阶段。北宋初编著的《武经总要》是明确记载火药兵器最早的史籍，因此北宋正是前后两大阶段的转折期。从史前直到北宋是冷兵器时代，北宋开始为火药兵器和冷兵器并用时代。

2.冷兵器时代。与人类社会生产力的发展相适当，依据主要兵器的质地和工艺特点，区分为三个连续发展的阶段，即

---

❶ 于锡涛：《武器系统》，《中国军事百科全书》，第993页，军事科学出版社，1997年。

石器时代的兵器、青铜时代的兵器和铁器时代的兵器。这也正是中国古代冷兵器的产生阶段、发展阶段和成熟阶段。

3.火器和冷兵器并用时代。依火器的创制和发展分为三个阶段，即火器的创制、火铳的发明及发展、枪炮在外来技术影响下的发展，也就是中国火药兵器产生、发展和改进的历程。

第三节　中国古代兵器研究应注意的问题

在探研中国古代兵器产生和发展演进的历史时，首先应注意以下问题：

1.对中国古代兵器的发展阶段的分析，必须摒弃落伍的石兵、铜兵、铁兵的分期法，而应以人类社会物质文化的发展阶段，工具、用具和兵器的主要材质和制作技术等综合考虑，采取考古学以石器时代、青铜时代和铁器时代的分期，再以火药用于制作兵器作为冷兵器阶段结束的标志，进行古代兵器发展阶段的研究。

2.注重工艺技术发展与兵器演变的关系。从古代到现代，各国的统治者都是将当时最先进的工艺技术优先用于军事，以制作最精良的兵器。当金属兵器出现以后，特别要注意出土金属兵器的金相鉴定研究，将其成果应用于古代兵器研究❶。

3.注意探索兵器的发展与作战方式方法变化的关系。作战

---

❶　参阅韩汝玢：《古代金属兵器制作技术》，《中国军事百科全书》，第284~286页。

方法的变化是和社会制度的变化相联系的，反映着当时政治、经济、文化的发展，同时受到当时社会生产力的制约。不同的作战方法对军队的组成、训练和所使用的兵器，都有不同的要求。而兵器本身的变化和发展，反过来也影响着作战方法的变化。这些变化的基础，在于社会生产和经济的进步。

4.注意防护装具与进攻性兵器发展的辩证关系，也就是盾与矛的互相发展的辩证关系❶。当新的精锐的进攻性兵器装备军队后，防护装具的更新，马上就提到日程上来了。更新后的防护装具，又促使进攻性兵器进一步改进性能。

5.火药兵器的出现，具有划时代的意义，从而引致兵器生产发生革命性变革。但是也应注意到新兴的工艺技术与陈旧的社会关系的矛盾。火药兵器西传以后，在欧洲引致翻天覆地的变化，在资本主义的兴起中火器发挥了革命性作用，最终导致"市民的枪弹射穿了骑士的盔甲，贵族的统治跟身披铠甲的贵族骑兵队同归于尽了"。❷资本主义制度的胜利，更促进了枪炮的改进和扩大生产。与之形成强烈对比的是，火药兵器的故乡——中国却是另一番情景。长期陷于发展迟缓状态的封建经济，以及最高统治集团的禁海锁国政策，使火器的研制和生产停滞不前。在欧美列强面前，国家从落后到挨打，最终沦落到半殖民地半封建的悲惨境地。这一教训令国人永世

---

❶ "古代战争，用矛用盾：矛是进攻的，为了消灭敌人；盾是防御的，为了保存自己。直到今天的武器，还是这二者的继续。"毛泽东：《论持久战》，《毛泽东选集》第二卷，第449页，人民出版社，1967年。

❷ 恩格斯：《反杜林论》，《马克思恩格斯选集》第三卷，第206页。

难忘。

其次是要注意中国古代战争的一些不同于其他古代民族、国家的特点，以及这些特点对中国古代兵器的影响。

先秦时各国国君和贵族均认为"国之大事，在祀与戎"，❶所以都极力将当时所能掌握的最先进的工艺技术，优先用于兵器制作。

中国古代兵法强调"百战百胜，非善之善者也；不战而屈人之兵，善之善者也"，"故上兵伐谋，其次伐交，其次伐兵，其下攻城"，❷对战法和兵器装备也都有深远影响。

兵与礼俗也有一定关系。特别在先秦时期，礼俗对战争有很大约束力，常会有今人难以理解的情况出现。如《左传》宣公十二年（前597年）记晋楚泌之战时，楚许伯致晋师，"晋人逐之，左右角之。乐伯左射马而右射人，角不能进，矢一而已。麋兴于前，射麋丽龟。晋鲍癸当其后，使摄叔奉麋献焉，曰：'以岁之非时，献禽之未至，敢膳诸从者。'鲍癸止之，曰：'其左善射，其右有辞，君子也。'既免。"❸同是泌之

---

❶ 《左传·成公十三年》，"成子受脤于社，不敬。刘子曰：'吾闻之：民受天地之中以生，所谓命也。是以有动作礼义威仪之则，以定命也。能者养之以福，不能者败以取祸。是故君子勤礼，小人尽力。勤礼莫如致敬，尽力莫如敦笃。敬在养神，笃为守业。国之大事，在祀与戎。祀有执膰，戎有受脤，神之大节也。今成子惰弃其命矣，其不反乎！'"杨伯峻编著：《春秋左传注》，第860~861页，中华书局，1981年。

❷ 《孙子·谋攻篇》，吴九龙主编：《孙子校释》，第7页，军事科学出版社，1990年。

❸ 《春秋左传注》，第735页。

战中，晋魏锜请战楚后遭潘党追击，也是射麋回顾献给潘党，因而潘党停止追击，魏锜免于沦为俘虏的厄运。这些都是在其他国家或民族中不会出现的事。因此许多古代礼俗对战争和兵器的使用有特殊的影响。

军队的兵种和装备与各古代民族的关系亦不容忽视。最常见的如游牧民族军队一般以骑兵为主力兵种，匈奴、鲜卑、契丹、女真、蒙古乃至满族皆如此。且各族骑兵装备和战法也各有特点，如南北朝时鲜卑族政权的军队，重视人马都披铠甲的重装骑兵——甲骑具装。而其后唐代军队虽然骑兵仍为主力兵种，但受突厥影响，则以人披铠甲战马不披具装的轻骑为主。这些变化都对兵器装备和马具的发展演变有深远影响。

兵器的民族特征也应予以充分的注意。例如中国古代的兵器中，最具民族特征的是句兵中的戈，它曾被李济喻为"百分之百的中国货"，"看不出一点一滴的输入成分。"[1]再如一些生活在边疆的古代少数民族，如西南的滇人，使用的青铜兵器中有大量装饰动物图像的啄和异形戈，为其他各族青铜兵器中所不见。

第四节　中国古代兵器研究中存在的问题和工作展望

经过近一个世纪的探索和研究，中国古代兵器的研究取得了可喜的成果，为今后深入研究开辟了通道。相信今后随着

---

[1]　参看《豫北出土青铜句兵分类图解》，第698页。

田野考古的进展，定会不断获得新的更值得注意的古代兵器资料，从而加深古代兵器考古研究。但是中国古代兵器研究目前尚存在许多困难和问题。首先是实物资料的获取。值得注意的是，考古学与中国古代兵器研究密切相关的是前一阶段冷兵器时代，重要的和大量的古代冷兵器都是田野考古工作中所获得的。而北宋以后的古代兵器资料，考古发掘品相对稀少，特别是关于初创时的火药兵器的实物，至今未曾获得过。出土物中有可能是元代的火铳和有明初纪年的火铳，已是金属管形射击火器使用后的遗物，以致对宋元时期古代兵器的研究，目前主要依靠文献资料和传世遗物，因此存在许多缺环。例如许多初创期的火药兵器，文献记录极简略，又无实物凭据，如"突火枪"等的形制、结构，至今仍只能靠推测来论述。其次是在整理考古报告时，有关兵器实物常因不是报告的研究重点，因此在分析器物类型选取标本时，一般只重器形而少考虑其组合关系，以致有时无法利用那些报告选取成组兵器进行必要的分析。此外，大量有关冷兵器时代的实物或模拟品（特别是随葬的俑群）出于墓葬中，常有人忽略这些标本与当时葬仪制度的关系，而简单地认为就是现实军阵或其装备的完全如实的写照，自然影响研究结论的正确性。至于兵器组合的分析，也应是放在社会大背景下对多批量材料综合分析，否则又易陷入繁琐的数字游戏，而脱离历史实际。

关于今后中国古代兵器研究工作，我认为在有条件时，应开展以下研究课题：

第一，在有条件时，应开展古战场的考古调查发掘；

第二，在清理发掘古城址时，应仔细观察有关战争的遗迹；

第三，以对中国古代兵器历史分期为基础，进行全面研究，争取完成中国古代兵器史的研究，早日写出有科学价值的中国古代兵器史。

第二章　石器时代的兵器

第一节　石器时代兵器的时代特征

一、石器时代的发展阶段

中国远古，至迟在距今170万年前，人类在中国大地上生存的历史已经开始❶。迄今，已陆续发现了直立人、早期智人和晚期智人的化石。多样性的旧石器文化，也可以区分出中国旧石器时代南方和北方主工艺的不同，以及存在的一些不同的区域文化类型。旧石器时代繁荣的打制石器工艺，各种带有锋刃的石器和细石器，都是日后原始兵器萌发的工艺基础。

经过旧石器时代漫长的发展历程，到距今万年左右，历史又迈进了新石器时代❷。石器工艺由简单击打发展到精细琢磨，木工、制骨角的工艺也随之发展演进，更有发达的制陶工艺。生产经济的重心由渔猎、采集日渐转向饲养业和种植

---

❶ 元谋猿人的年龄，经过 1973 年以后多学科的综合研究，确定其时代为早更新世，古地磁测定为距今 170 万年。河北阳原小长梁地点，依古地磁测定报告，其年代可能为距今 1.87—1.67 百万年。张森水：《旧石器时代考古》，《中华人民共和国重大考古发现》，第 19~26 页，文物出版社，1999 年。

❷ 袁家荣：《玉蟾岩遗址》，《中华人民共和国重大考古发现》，第 49 页。

农业。原始人群日趋集合定居，房屋建筑技术随之日益发展，逐渐形成聚落。社会经济发展，社会财富随之也日渐增多。社会财富的增加，似乎预示着史前的人们会随之过上更为幸福的生活，但实际上财富的增多反而打开了一个"潘多拉的盒子"，放出的是占有、贪婪、权力、掠夺、征服、奴役，使得人间贫富日趋分化，出现了掌握权力的特殊人群……文明的曙光渐渐显现，国家将具雏形，伴随而来的是无休止的原始战争。在中国远古，这一变化应发生在新石器时代晚期（也应包括有的学者定为"铜石并用"的时期❶），约相当于距今7000—4000年。20世纪50年代以来，经过大规模的田野考古调查发掘，探寻文明出现的历程，在许多远古遗迹中，已经发现了许多与贫富分化、原始信仰和世俗权力等有关的遗迹和遗物，这对探研中国古代战争和兵器产生的历史有极大帮助。

通过对新石器时代墓葬的发掘，可以较容易地看出当时贫富分化的情况。这一情况在大汶口文化的墓葬中表现得相当明显。据统计，在山东泰安大汶口墓地发掘的133座墓葬中，大约有近半数墓葬的墓坑窄小，缺乏葬具，没有或仅有少量物品随葬，所随葬的陶器常不足5件，且质量低劣。另一些人的墓葬的墓坑稍大，有的还有葬具，常能随葬数量超过十件甚至更多的物品。只有少数人的墓坑很大，置有木椁或木棺等

---

❶ 参看白寿彝总主编：《中国通史》第二卷《远古时代》第三章，上海人民出版社，1994年。

葬具，放置有数量众多的随葬物品，总数能达到一二百件。随葬物品最丰富的墓葬如第10号墓，有木制葬具，随葬物品多达289件，死者身上佩戴大量玉、石、象牙等制作的装饰品，还有82件陶器、2件玉器、5件象牙器和1件骨器，以及15块猪骨和两个猪头。还有84块鳄鱼鳞板，可能原有蒙有鳄鱼皮的鼍鼓。墓中的墨玉钺、象牙雕筒、鳄鱼皮鼓所用原材料，都是本地所没有的物品，应是从外地交换或掠夺来的。这些珍贵物品足以表明死者生前的富足和奢华❶（图2-1）。在其他地点的大汶口文化墓地，如山东曲阜西夏侯❷、邹县野店❸、胶县三里河❹、莒县陵阳河❺等，以及江苏邳县大墩子和新沂花厅村等地的大汶口墓地，也同样可以看出明显的贫富分化情况。特别是在莒县陵阳河墓地，更可以看出不仅不同的墓葬内随葬品多寡有别，而且富有的墓葬还集中埋葬在同一区域，形成专属墓区。这些墓中不仅有大量制工精美的陶器、玉石装饰品和

❶　参看《远古时代》，第262~265页。大汶口墓葬发掘资料见山东省文物管理处、济南市博物馆：《大汶口——新石器时代墓葬发掘报告》，文物出版社，1974年。

❷　中国科学院考古研究所山东队：《山东曲阜西夏侯遗址第一次发掘报告》，《考古学报》1964年第2期，第57页；中国社会科学院考古所山东工作队：《西夏侯遗址第二次发掘报告》，《考古学报》1986年第3期，第307~338页。

❸　山东省博物馆、山东省文物考古研究所：《邹县野店》，文物出版社，1985年。

❹　中国社会科学院考古研究所：《胶县三里河》，文物出版社，1988年。

❺　山东省考古所等：《山东莒县陵阳河大汶口文化墓葬发掘简报》，《史前研究》1987年第3期。

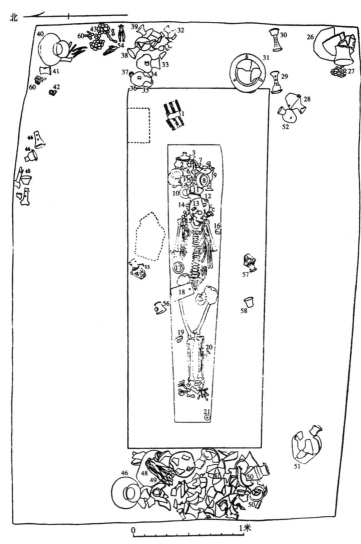

图2-1 大汶口M10平面图

1.象牙雕筒 16.石斧 19.骨雕筒 27、43.鳄鱼鳞板

猪骨，有的墓中还有代表权力的石钺或刻有象形文字的大口陶尊，表明死者不仅富有而且身份特殊，掌握有统治权力❶。这种显示出具有权力的特殊人物的坟墓，在更迟一些的龙山文化和良渚文化墓地的发掘资料中看得更为清晰。

龙山文化的墓地中，在山东临朐朱封墓地发掘的大型重椁墓最为引人注目。朱封墓地已发掘了两座有两重木椁内置一具木棺的墓葬，和一座一重木椁一具木棺的墓葬，随葬遗物包括大量陶器，还有彩绘木器、石器、玉器、绿松石制品及鳄鱼骨板，其中有制工极精美的玉笄❷（图2-2）。墓葬使用重椁，表明死者具有非同一般的身份，表明当时社会上已形成了差别相当大的等级制度了。同样的情况在山西襄汾陶寺墓地❸更明显地反映出来。在那处墓地已发掘的700余座墓可以分为两个墓区，其中只有不及总数2%的墓葬是大型墓葬，另外占87%以上的是小型墓葬，其余约11%的是中型墓。小型墓中绝大多数没有任何随葬品，另一些小墓中只有极少量小件物品如骨笄等随葬，仅有3例随葬有1件小陶罐或陶盆。但是在大型墓葬中，有5座使用木棺，棺内还撒有朱砂，随

---

❶ 参阅《远古时代》，第266~267页。

❷ 中国社会科学院考古研究所山东工作队：《山东临朐朱封龙山文化墓葬》，《考古》1990年第7期，第587~594页；山东省文物考古研究所、临朐县文物保管所：《临朐县西朱封龙山文化重椁墓的清理》，《海岱考古》第1辑，第219~224页，1989年。

❸ 中国社会科学院考古研究所山西工作队、临汾地区文化局：《1978—1980年山西襄汾陶寺墓地发掘简报》，《考古》1983年第1期，第30~42页。

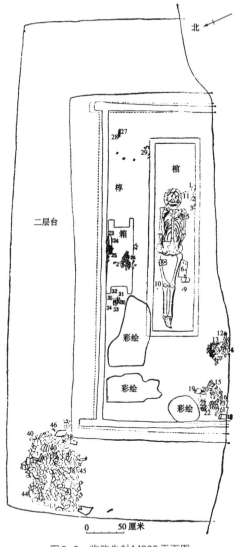

图2-2　临朐朱封 M202 平面图

1~3.玉头饰、簪　7、8.玉钺　12、26.鳄鱼骨板　27、28.骨镞　30~35.石镞

葬物品多达一两百件，有彩绘木器、整猪骨架，特别是有显示身份地位的彩绘蟠龙纹的陶盘、大型石磬、鼍鼓、陶异形器（土鼓？）、玉（石）钺等器物。可以表明在当时不仅贫富分化明显，私有制出现，而且已经形成少数特权人物对广大人群的统治，或许已经出现了阶级分化❶。安徽含山凌家滩墓地❷，同样发现有情况特殊的大墓。例如 M4 中出土随葬器物 131 件，其中玉器多达 96 件，除璧、玦、璜等外，还有造型独特的玉龟和刻有八角星纹的长方形玉版，或许与原始巫术有关，推测墓内死者是有权势的巫师。较这些大墓更引人注意的是稍迟些的良渚文化的大坟山。这些人工堆筑的大坟山，有的就是过去用过的大型祭坛。已发掘的两处这类坟山，分别坐落在余杭安溪乡瑶山和长命乡反山。瑶山发掘了南北两排共 13 座墓葬❸（图 2-3），反山发掘了靠西部的 11 座墓葬❹。在那些大墓中，随葬的玉器数量众多，常超过百件，有的更

❶ 高炜、高天麟、张岱海：《关于陶寺墓地的几个问题》，《考古》1983 年第 6 期，第 531~536 页。

❷ 安徽省文物考古研究所：《安徽含山凌家滩新石器时代墓地发掘简报》，《文物》1989 年第 1 期，第 1~9 页；张敬国：《安徽含山凌家滩新石器时代墓地第二次发掘的主要收获》，《文物研究》1991 年第 7 期；安徽省文物研究所、含山县文物管理所：《安徽含山县凌家滩遗址第三次发掘简报》，《考古》1999 年第 11 期，第 1~12 页。

❸ 浙江省文物考古研究所：《余杭瑶山良渚文化祭坛遗址发掘报告》，《文物》1988 年第 1 期，第 32~51 页；浙江省文物考古研究所：《余杭瑶山遗址 1996~1998 年发掘的主要收获》，《文物》2001 年第 12 期，第 30~35 页。

❹ 浙江省文物考古研究所反山考古队：《浙江余杭反山良渚墓地发掘简报》，《文物》1988 年第 1 期，第 1~31 页。

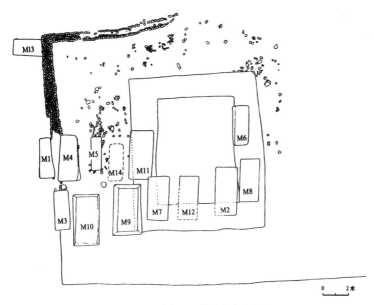

图2-3　瑶山祭坛及其上墓葬分布图

超过300件。不仅有纹饰精美的冠状饰、环、镯、带钩等，
且有大量与原始宗教有关的玉琮、璧等礼玉，还有显示权威
身份的玉钺。除了上述瑶山墓地本是葬在巨大的祭坛处，在
反山以西的汇观山也发现有良渚文化的大规模的祭坛，以及
埋于坛上的4座大墓❶。特别是在余杭瓶窑镇莫角山，发现了
一处更大规模的祭坛遗址❷，总面积达30余万平方米，遗址主
体是一个面积超过3万平方米的大型夯土平台。这处大祭坛，

---

❶　浙江省文物考古研究所:《良渚文化汇观山遗址第二次发掘简报》,《文
　　物》2001年第12期，第36~40页。
❷　浙江省文物考古研究所:《余杭莫角山遗址1992—1993年的发掘》,《文
　　物》2001年第12期，第4~19页。

被认为是良渚文化社会最高权力的象征。以莫角山为中心，形成包括反山、瑶山、汇观山等在内的良渚文化遗址群[1]。这些大型祭祀场所，以及已与平民墓地完全分开的大规模贵族坟山，充分说明当时社会上贫富分化和阶级分化都已经达到相当尖锐的程度，中国史前社会已经临近文明的门槛。

出现了贫富分化、财富的集中占有，和宗教与世俗权力的集中，引致了阶级分化，由掌握权力的少数特殊人群统治着广大民众，中国史前社会由此步入了由原始氏族部落联盟向有阶级的国家的转化阶段。过去原始氏族部落间由于生存竞争或血族仇杀引发的暴力冲突，这时改变了性质，转为争夺统治权力和掠夺更多的土地和财富，出现了更为频繁而激烈的暴力冲突，可算是原始战争，原始兵器也正是在这时从带有锋刃的生产工具中分离了出来。在良渚文化大墓中出现的显示权威的象征物——玉钺，它正是暴力或武力的象征。也是约略在龙山时期，在原始聚落修筑了更为完备的防御设施，与环壕聚落和早期土城不同，出现了形制规整的夯筑的城堡，有的还围有护壕。比较突出的代表是黄河中游的淮阳平粮台[2]、登封王城岗[3]、辉县孟庄[4]

[1]　浙江省文物考古研究所：《余杭良渚遗址群调查简报》，《文物》2002年第10期，第47~56页。

[2]　河南省文物研究所、周口地区文化局文物科：《河南淮阳平粮台龙山文化城址试掘简报》，《文物》1983年第3期，第21~36页。

[3]　河南省文物研究所、中国历史博物馆考古部：《登封王城岗与阳城》，文物出版社，1992年。

[4]　袁广阔：《辉县孟庄发现龙山文化城址》，《中国文物报》1992年12月6日。

等处的龙山城堡遗址。这些原始城堡显然形成了统治周围聚落的中心据点。这也从另一个角度反映出当时出现的原始战争的频繁和激烈程度，引致对完备的防御设施的实际需求。这些都与原始兵器的产生和发展有着密切的联系。

二、中国古代文献中关于兵器发明的传说

在中国古代文献中，缺乏有关兵器产生和发展的确切史料，但保留有一些关于兵器发明的传说。这些文献虽然成书时间多已迟到战国乃至汉代，但对探研古代兵器产生的历史，仍有参考价值。

首先看传说中弓的发明人。竹简本《孙膑兵法·势备》记有"羿作弓弩，以势象之"。❶同样关于羿作弓的记载，还见于《墨子·非儒篇》。它们都将弓的发明，归功于传说中射落九日、救万民于灾难中的英雄。传说"尧之时，十日并出，焦禾稼，杀草木，而民无所食"，❷后来羿射落九日，仅留下今天的太阳，万民安居。这是古人憧憬人类能战胜自然灾难而制造的神话，表现出人定胜天的伟大精神。同时射日的神话，也是对弓这一人类最早利用弹力制成的工具的赞歌。但是也有另外一些传说，多是将发明弓的荣誉归于古代的圣王或他们的臣子。《易·系辞》称黄帝、尧、舜"弦木为弧，

---

❶ 银雀山汉墓竹简整理小组编：《孙膑兵法》，第 64 页，文物出版社，1975 年。

❷ 《淮南子·本经训》。

剡木为矢，弧矢之利，以威天下"❶。《吴越春秋》中陈音言射法起源，也称"神农、皇帝（即黄帝）弦木为弧，剡木为矢，弧矢之利，以威四方"。而后《世本·作篇》又把弓矢的发明归功于黄帝的臣子，称挥作弓、牟夷作矢。

除弓外，被认为是黄帝创制的兵器还有剑，竹简本《孙膑兵法·势备》记有"黄帝作剑，以阵象之"❷。

除了黄帝与他的臣子以外，有些传说中把对诸多兵器的发明归于蚩尤。《世本》："蚩尤作兵。"❸《管子》："蚩尤受庐山之金而作五兵。"或认为蚩尤兄弟"造立兵仗刀戟大弩，威振天下"❹。因此常认为中国商周时期普遍使用的"五兵"如戈、矛、戟、殳等无不为蚩尤所发明，故汉代多认为他是初造兵者。在当时的画像石中常有蚩尤图像，将其描绘成似人非人的神兽形貌，双手各执一件兵器，两足也各抓一件兵器，头上还顶着一件兵器，总数乃是五件，以合"五兵"之数。也有的图像中两足不抓兵器，而在左右胁下各佩戴一件兵器，总数仍是五件。例如山东沂南画像石墓中前室北壁正中位置有蚩尤像，头冠弩弓和弩箭，双手分执短剑和手戟，两足分抓剑和环首刀，在身前裆下还立一盾

---

❶ 《周易正义》卷八《周易系辞下》，中华书局影印《十三经注疏》，第87页，1980年。

❷ 银雀山汉墓竹简整理小组编：《孙膑兵法》，第64页，文物出版社，1975年。

❸ 《太平御览》卷二七〇引《世本》，中华书局影印本，第1261页。

❹ 《史记·五帝本纪》张守节正义引《龙鱼河图》，第4页。

图2-4　山东沂南汉墓蚩尤画像

牌❶（图2-4）。将蚩尤描绘成手足共持五兵的形貌，虽出自汉代雕刻画像石的匠师的想象，但也足以表明汉代人们对这位兵器发明者的敬重。

　　在古代传说中，有关初始制作兵器的人物比较多地集中到黄帝（以及他的臣子）和蚩尤身上，看来不是偶然的事，应该是反映着中国古代兵器发生的真实历程。传说中黄帝和蚩

---

❶　曾昭燏、蒋宝庚、黎忠义：《沂南古画像石墓发掘报告》拓片14，文化部文物管理局，1956年。

尤生活的时代，部落联盟之间不断发生的激烈而残酷的战争，正是促进原始社会解体，由部落联盟向国家过渡的催化剂。如果联系下述关于古代战争的古史传说，答案就更清楚了。

三、中国古代文献中关于远古战争的传说

在《史记·五帝本纪》中，记述了黄帝完成统治天下的两次战争，一次是与炎帝的"阪泉之战"，另一次是与蚩尤的"涿鹿之战"。"轩辕之时，神农氏世衰。诸侯相侵伐，暴虐百姓，而神农氏弗能征。于是轩辕乃习用干戈，以征不享，诸侯咸来宾从。而蚩尤最为暴，莫能伐。炎帝欲侵陵诸侯，诸侯咸归轩辕。轩辕乃修德振兵，治五气，蓺五种，抚万民，度四方，教熊罴貔貅貙虎，以与炎帝战于阪泉之野，然后得其志。蚩尤作乱，不用帝命。于是黄帝乃征师诸侯，与蚩尤战于涿鹿之野，遂禽杀蚩尤。而诸侯咸尊轩辕为天子，代神农氏，是为黄帝。天下有不顺者，黄帝从而征之。"❶在中国古史传说中，"阪泉之战"的结果，是战胜一方的黄帝将炎帝的力量合在一起❷。实力增长后的黄帝，又发动了与蚩尤的决战，这次重要的战争就是"涿鹿之战"。关于蚩尤，有学者认为他是居住在南方的九黎部落的首领❸，也有学者认为他属于东方的东夷集

---

❶ 《史记·五帝本纪》，第3页。

❷ 关于黄帝和炎帝两个族系的发源地，据徐旭生考订，认为炎帝起源于陕西渭水中游，黄帝起源于陕西北部，然后均向东发展。见徐旭生《中国古史的传说时代（增订本）》，第40~48页，文物出版社，1985年。

❸ 范文澜：《中国通史简编（修订本）》第一编，第15页，人民出版社，1953年。

团❶，总之蚩尤是黄帝的主要敌人。"涿鹿之战"的结果，是以黄帝为首的北方部落联盟战胜了以蚩尤为首的南方或东方部落联盟，奠定了华夏民族发展的基础。关于"涿鹿之战"的各种传说，具有浓郁的神话色彩，如蚩尤作大雾三日，黄帝令风后造指南车以明辨方向❷。黄帝命应龙以水阵御蚩尤，蚩尤就请风伯、雨师纵大风雨破应龙水阵，黄帝再请旱女魃止雨。黄帝战蚩尤不胜，又求九天玄女，获玄女战法，得以取胜❸。这些神话的渲染，更反映出那场战争的规模和激烈。正由于原始战争日益扩大和更为激烈，原来用于争斗的带有锋刃的工具（主要是用于狩猎的工具），已经无法满足战争的需要，迫使人们去设计和制造专门用以杀伤敌人的特殊用具，专门用于作战的兵器从而诞生人间。这一变化大约发生于原始社会晚期，也就相当于黄帝和蚩尤争斗的时期。古史传说中把那时的战争渲染得那样神奇激烈，又在传说中将兵器的发明归功于蚩尤和黄帝及他的臣子，正反映了部落联盟间的原始战争与兵器诞生的历史联系。

---

❶ 《中国古史的传说时代（增订本）》，第48~51页。

❷ 《太平御览》卷一五引《志林》："黄帝与蚩尤战于涿鹿之野，蚩尤作大雾，弥三日，军人皆惑。黄帝乃令风后法斗机作指南车，以别四方，遂擒蚩尤。"中华书局影印本，第78页。

❸ 《太平御览》卷一五引《黄帝玄女战法》："黄帝与蚩尤九战九不胜。黄帝归于太山三日三夜，雾冥有一妇人，人首鸟形，黄帝稽首再拜伏不敢起，妇人曰：吾玄女也，子欲何问？黄帝曰：小子欲万战万胜。遂得战法焉。"中华书局影印本，第78页。

四、与兵器出现有关的考古现象

从狩猎工具转化为杀人兵器的确切时间尚难弄清，但已有一些值得注意的考古现象，有助于了解这一问题。至少在田野考古发掘中获得有被弓箭射中而死亡的实例：实例一，1966年春在江苏邳县大墩子遗址第二次发掘中❶，在第316号墓内，葬有一具中年男性的尸骨，身长1.64米。墓内随葬品17件，死者右手握有骨匕首，左肱骨下置有石斧，可能是一位武士。在他的左股骨上，发现被箭射中的遗迹，箭上的骨镞为"嵌射"进股骨内，深达2.7厘米，至今那枚断折的三角形骨镞残段还嵌留在遗骨中（图2-5、图2-6）。据鉴定者认为："骨

 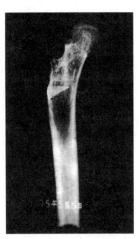

图2-5 江苏邳县大墩子出土　　　图2-6 江苏邳县大墩子出
中箭人股骨　　　　　　　　　土中箭人股骨X光透视图

❶ 南京博物院：《江苏邳县大墩子遗址第二次发掘》，《考古学集刊》第1集，第27~81页，1981年。

镞之中轴线与股骨中轴线相交之下夹角（约75度），小于上夹角，这表明骨镞是由后下方穿透臀大肌下端进入股骨，并于生前折断于皮下。"又认为"股骨伤口周围未见有中箭之后炎症症状，说明死者是中箭后不久就死亡的。但箭伤处非致命部位，若不是带毒箭头尚不足以致死，可能还有另外的致命的创伤。"至于被射中时的情况，鉴定者推测可能有两种情况："1.在发射者前上方；2.两人处于同一水平，前者背向发射者，正当左腿后抬跑动过程中着箭。"在原始氏族间械斗的混战中，上述两种情况都是可能出现的。这个例子，不仅证明当时弓箭已用来射人，而且反映出装有骨镞的箭杀伤能力相当强，能透过肌肉射入人骨。

实例二，1972~1973年在云南元谋大墩子发掘了一处新石器时代遗址[1]，获得了可以更清楚地证明弓箭杀人的考古资料。在这一遗址的发掘中，清理了19座墓葬，其中有8座（M3、4、7~11、17）所埋葬的死者，生前身上都中过箭，被射中的部位多是在胸部或腹部，常常是被密集地射了十多箭。例如M3埋葬了一具青年男子的尸骨（图2-7），年龄约在20岁至25岁之间。他的胸部和腹部至少中过12箭，头部和臀部也中过箭，大多数箭上的石镞仅射入肌肉，也有几箭穿透肌肉而射入骨质，至今还有两枚石镞分别为"射嵌"在右颧骨和尾椎骨上（图2-8）。以上现象清楚地说明，这个青年是死于乱箭之下的。在M8中埋

❶ 云南省博物馆：《元谋大墩子新石器时代遗址》，《考古学报》1977年第1期，第43~72页。

图2-7　云南元谋大墩子
M3中箭人骨架

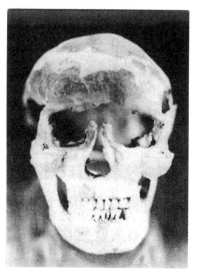

图2-8　云南元谋大墩子
M3中箭人头骨

葬的尸骨是一个女青年，她大约只活到22岁到26岁之间。从她那不自然地向前拱合在一起的双手，可以看出原来被捆绑着的形状，在胸部和腹部被射中过十几箭。看来她是生前被捆绑起来以后，惨遭乱箭攒射而死的。元谋大墩子发现的这些中箭的尸骨，证实弓箭当时确已成为杀人的兵器。

　　上面列举的两个实例，证实在原始社会晚期弓箭已经用来杀人了。邛县大墩子遗址曾经放射性碳素测定年代，经树轮校正为公元前4494±300年。元谋大墩子遗址测定的数据，为公元前1260±90年。时代虽偏晚一些，中原地区已是商代，但在边远的西南地区还应处于原始社会晚期阶段。看来那些死于乱箭攒射的人们，应该是氏族部落战争的牺牲品，其目的或许是为了报复或仇杀。因此，这些实例表明弓箭在从狩猎的生产工具向杀人兵器转化的过程中，已经迈出了最初的几步，可以认为那时兵器已处于萌芽的状态。

第二节　石器时代兵器类型分析

在旧石器时代晚期，最早由狩猎工具转化为兵器的是远射的弓箭，扎刺的矛、劈砍的斧、击打的棒等也都随之转化为进攻性的格斗兵器。为了抗御进攻性兵器的伤害，原始的防护装具应运而生，主要是盾牌和原始甲胄。下面分别叙述。

一、远射兵器：弓箭

弓箭是古代的一项重要发明，也是人类懂得利用通过机械储存起来的能量的最早实例之一。弓身选用有弹性的木材，能弯曲变形但不折断，再以坚韧的弦把它牵紧。当用力拉弦时，就迫使弓身改变形状，同时也就把能量储存了进去。当把弦猛然松开时，被压迫变形的弓身得到复原的机会，就在它急速复原的同时也就把之前储存的能量释放了出来。这释放的过程是极其迅速而猛烈的，于是把扣在弦上的利箭有力地弹射到远方❶。弓箭的发明和普遍应用，对于以狩猎和畜牧经济为主的原始氏族部落，具有极大的意义。因此恩格斯曾经明确地指

---

❶　刘仙洲：《中国机械工程发明史》第一编，第 26 页，科学出版社，1962 年。

出："弓箭对于蒙昧时代，正如铁剑对于野蛮时代和火器对于文明时代一样，乃是决定性的武器。" ❶弓箭最原始的形态，正如《易·系辞》所说"弦木为弧，剡木为矢"。也就是说最原始的弓，仅是用单片的木材或竹片制成，箭则仅仅是削尖了的木棍或是竹秆。后来为了增强弓体的弹力，由单体弓发展成复合弓。又为了增强箭的杀伤力，在前端加装更为坚硬锐利的箭头——镞，通常用兽骨、石材等制作。又为增强箭的稳定性，在箭的尾部加装箭羽。但是制作弓箭的木竹等材料极易腐朽，很难保留下遗迹❷，所以在史前遗址的考古发掘中，一般只能获得箭上装的骨、石等制作的镞，我们只能由镞来考察弓箭发展的历史。在中国远古，弓箭的历史极为久远。据目前获得的考古发掘资料，至迟在约距今3万年时，生活在今山西境内的原始人群已经懂得用石材打制箭镞。1963年，在山西朔县（现朔州市朔城区）峙峪村附近发现的旧石器时代晚期遗址里，发现一枚石镞，它应是现在所知中国最早的石镞之一❸。经放射性碳素测定，峙峪遗址的年代为距今28945±1370年❹。石镞长约

---

❶ 恩格斯：《家庭、私有制和国家的起源》，《马克思恩格斯选集》第4卷，第19页，人民出版社，1972年。

❷ 有关单体弓的民族学资料，如赫哲族和鄂伦春族的弓，可以作为了解远古单体弓的参考，请参看《弓和弩》，《中国古兵器论丛（增订本）》，第192页，文物出版社，1986年。

❸ 贾兰坡、盖培、尤玉柱：《山西峙峪旧石器时代遗址发掘报告》，《考古学报》1972年第1期，第39~58页。

❹ 中国科学院考古研究所实验室：《放射性碳素测定年代报告（四）》，《考古》1977年第3期，第200~204页。

2.8厘米，用薄燧石长石片制成，加工精细，前锋锐利（图2-9、2-10：1）。看来远古人们最初懂得使用弓箭的年代，要比能够制造峙峪石镞这种制工已较精细的石镞的时代，还要早得多，至少也是距现在3万年以前的事。远古弓箭的制造工艺，不断向前发展。在比峙峪时代迟的山西沁水下川遗址，发现了数量更多的以黑燧石打制的石镞（图2-10：2~4）[1]。但是当时石镞还是很罕见的物品，并没有被普遍

图2-9　山西峙峪出土
旧石器时代石镞

使用，在峙峪的遗物中石镞只有一枚。下川遗址调查获得的大量石器中，镞的数量仅约为0.7%。箭镞的大量使用，还是迟到新石器时代的事。

　　弓箭在新石器时代有了进一步发展，主要表现在箭镞的选材加工和形制变化两方面。大致可以分为两个阶段，前一阶段主要选用易于加工的兽骨为原料，后一阶段随着石器磨制技术日趋成熟，开始大量使用磨制的石镞。前一阶段从较早的磁山文化和裴李岗文化到仰韶文化时期，在河北武安磁

---

❶　王健、王向前、陈哲英：《下川文化——山西下川遗址调查报告》，《考古学报》1978年第3期，第259~288页。

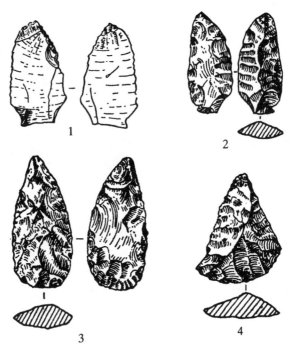

图2-10　旧石器时代晚期石镞

1.山西峙峪出土（原大）；2~4.山西下川出土（9/10）

山遗址和河南新郑裴李岗遗址发现的多是骨镞。在更迟的仰韶文化半坡类型和庙底沟类型的遗址中，大量出土的还是骨镞，石镞还是较稀有的。在山东地区，大汶口文化墓葬中获得的箭镞也多是骨镞❶。浙江河姆渡文化遗址中，也是大量发现骨镞。新石器时代骨箭镞形制的演变，大略分成三个阶段。先是扁体三角形镞，也就是简单使用三角形骨片，磨出锐利

❶　山东省文物管理处、济南市博物馆：《大汶口——新石器时代墓葬发掘报告》，文物出版社，1974年。

的侧刃和前锋；然后是圆锥形镞；最后发展到有铤的圆锥形镞，锋尖磨成三刃（图2-11）。后一阶段则是在龙山文化时期，磨制石镞已大量使用，石镞形制的演变，先是扁体的三角形或叶状有铤镞；然后是圆锥形有铤镞，锋端磨出三个刃棱，再前聚成锐锋（图2-12）。

从箭镞质料的变化，到镞体形态的发展，约略可以看出新石器时代弓箭制造工艺发展的概貌，这也与弓箭

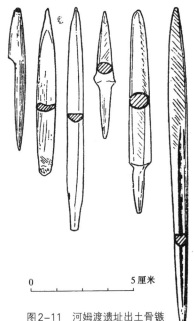

图2-11　河姆渡遗址出土骨镞

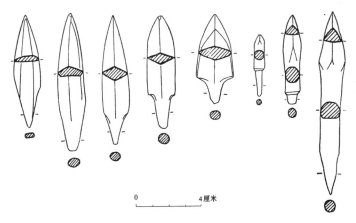

图2-12　山东姚官庄遗址出土龙山文化石镞

从狩猎工具向杀人兵器的转化相关联。当穿透力杀伤力更强的圆锥形有铤石镞普遍使用的时期，已经是前述临近文明门槛的龙山时期，也正是古代兵器产生的关键时期。

在我国古代，弩是什么时期开始出现的，这一问题现在还没有确切的答案。近年来有的研究者已经到新石器时代的遗物中去探寻它的踪迹❶，他们依据的是在我国一些少数民族中尚存的较原始的木弩。那些弩上所安的扳机（古称"悬刀"）还是用骨角所制造的，是一种体长6~9厘米的扁平式长方形穿孔的骨片或角片。在各地发现的新石器时代遗物中，常有一些用途不明的带穿孔的小骨片，也有的是牙质或蚌质的。"如庙底沟仰韶文化出土的小形有孔骨匕，徐州高皇庙龙山文化的长条形有孔蚌饰，西北齐家文化出土的长条形有孔骨匕、穿孔器等，不仅形制与上述悬刀相一致，大小尺寸也相近，其中有些可能就是原始木弩的悬刀。"（图2-13）如果上述说法

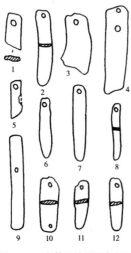

图2-13　少数民族原始弩扳机和原始社会骨、角穿孔片比较图
1、2.庙底沟弧形骨匕　3.东庄村牙饰　4.高皇庙蚌饰　5.秦魏家骨匕　6.张家嘴穿孔器　7、8.大何庄骨匕　9.黎族骨扳机　10.独龙族骨扳机　11.苦聪人骨扳机　12.景颇族骨扳机

❶ 宋兆麟、何其耀：《从少数民族的木弩看弩的起源》，《考古》1980年第1期，第77~83页。

无误，就可以把用弩的历史推溯到新石器时代，还可以进一步推测原始的弩的形态，也当与流行于黎、独龙、景颇等族和苦聪人的那些较原始的木弩相近似（图2-14）。

图2-14　独龙族使用木弩射猎

哈尼族的木弩（图2-15）的弩臂用硬木制成，长70.2厘米、高3.8~5.4厘米、厚1.7~5.1厘米。弦槽在木臂上挖出，槽下挖空，用竹轴固定一骨质的扳机片。弩弓用竹制，长92厘米、高2~4.3厘米、厚1.4~2.3厘米。用麻绳制弦，长86厘米，两端结成绊扣，套结在弩弓上，在弦的中央用藤条缠绕❶。

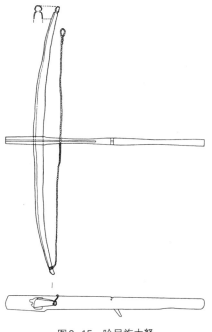

图2-15　哈尼族木弩

---

❶ 宋兆麟、何其耀：《从少数民族的木弩看弩的起源》，《考古》1980年第1期，第77~83页。

二、格斗兵器：斧钺、矛

史前工具中，石斧可以算是万能的工具，它是史前人们最早认识用小力发大力的尖劈功能在简单机械方面的发明❶。采伐林木、原始耕作乃至狩猎活动，都离不开这种带有锋刃的工具，因此在有关史前聚落遗址和墓葬发掘中，获得数量最多的石质工具就是石斧。因为它是当时成年男子从事生产活动不可或缺的工具，也是当时男女社会分工的标志。正因为如此，当成年男子死后，下葬时石斧也是不可缺少的随葬品。作为工具的石斧，一般斧体厚重，剖面多呈扁椭圆形，由两面斜磨成斧刃。与石斧同样广泛使用的，还有只有一面磨成斜刃的石锛。在东南地区的一些原始文化中，不使用石斧而只用石锛。石斧使用时要安装木柄，通常是在柄端凿出近长方形的槽或透孔，将石斧上端垂直嵌进槽或孔内，再以绳索等缚紧。江苏海安青墩遗址出土一件有柄穿孔斧的陶质模型，很清楚地表明了斧的装柄方法❷（图2-16）。由陶斧模型柄长与斧身长的比例为3∶1，与山东莒县陶文（图2-17）和河南临汝阎村陶缸上画像（图2-18）斧柄长和斧身长的比例大致相近，可知新石器时代的石斧装柄后，正好让人用一只手操持使用。正由于石斧是当时男子随身的工具，所以在发生争斗时，它也就首先被用于劈砍伤害对方，因此它也可能是最早转化成

❶ 刘仙洲：《中国机械工程发明史》第一编，第10页。
❷ 南京博物院：《江苏海安青墩遗址》，《考古学报》1983年第2期，第147~190页。

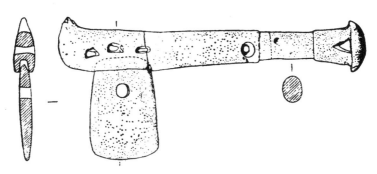

图2-16 江苏海安青墩遗址出土陶质柄斧模型（1/2）

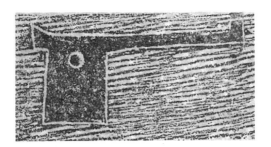

图2-17 山东莒县陵阳河出土陶缸上的石钺图像

图2-18 河南临汝阎村出土陶缸上的鹳鸟石斧图像

兵器的一种带锋刃的工具。厚体的石斧便于劳作，但并不适于劈砍杀人，所以在转化为兵器以后，就要在形体和功能方面加以改进。改进主要有两方面，第一是由厚体改为薄体；第二是加大锋刃面。为了尽量加阔刃面，就使两侧尖端上翘，形成更阔的弧刃。经过这样的改进以后，外貌和功能都有改变的斧就改称为钺。这类石钺，在大汶口文化、龙山文化遗址多有发现，特别是在江南的良渚文化遗址中还有制工精美的玉钺。

矛是最原始的刺兵，最原始的形态是削尖前端的木棒，到新石器时代，开始安装了更坚硬的矛头。有的用硬木制作❶，更多的是骨制或石制的矛头，以增强扎刺的效能，也是狩猎时的利器。在考古发掘中获得的石矛或骨矛的数量不多❷，制作形制也缺乏规范，大致是长身扁体，有锐利的前锋。有的居中有纵脊，或在两侧磨出侧刃。也有的与石镞形体相近，只因为形体较硕大就定名为矛。在山东邹县野店大汶口文化墓葬中，还出土过长28.1厘米的长体三角形的骨矛和长36.2厘米的圆锥形的象牙矛，多被放置在男性死者手旁❸（图2-19）。

---

❶ 在浙江余姚河姆渡遗址第一期发掘中曾获得12件硬木制成的矛，最长的21.1厘米。见浙江省文物管理委员会、浙江省博物馆：《河姆渡遗址第一期发掘报告》，《考古学报》1978年第1期，第39~94页。

❷ 如姜寨第一期文化遗存出土器物中，石斧多达150件，但没有石矛。骨镞多达161件，只有骨矛14件，还有10件长不及10厘米的角矛。见半坡博物馆、陕西省考古研究所、临潼县博物馆：《姜寨——新石器时代遗址发掘报告》，文物出版社，1988年。

❸ 山东省博物馆、山东省文物考古研究所：《邹县野店》，文物出版社，1985年。

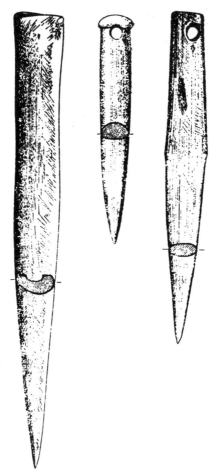

图2-19 山东邹县野店出土大汶口文化骨矛（3/5）

　　此外，如粗大的木棒，也是原始人与猛兽搏斗的重要工具，在原始战争中也是有用的兵器。为了增加砸击的效能，又在棒端加绑石块。后来将石块打制得更加规整，又在中心穿孔以更牢靠地安装在棒端。为增强砸击效能，又把石头周

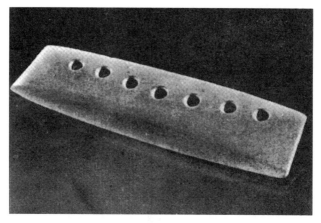

图2-20　南京北阴阳营出土七孔石刀

缘制出尖凸的齿刃，在吉林西团山遗址曾有出土。通常称之为"棍棒头"或"多头石斧"。

还有一些石器，如在江苏的一些遗址中发现过长条形的多孔石刀（图2-20）。北阴阳营出土的一件花岗岩刀，刃长22.6厘米，长脊上有7个穿孔，可安长柄[1]。看来这种石刀不似农具，或许是一种用于砍斩的原始兵器[2]。

三、卫体兵器：匕首

作为贴身搏斗时的卫体兵器，主要是匕首。在大汶口文化墓葬中出土过制工精致的骨匕首，长18厘米，体呈扁平的

---

❶ 南京博物院：《南京市北阴阳营第一、二次的发掘》，《考古学报》1958年第1期，第7~23页。

❷ 江苏江宁咎庙遗址出土过类似的三孔石刀，见《南京文物精华·器物编》，第11页下图，上海人民出版社，2000年。

三角形，一面中央有凸起的脊棱，两侧磨
出利刃，前端聚成尖锋，后端镂有一个大
的长方形透孔，便于握持[1]（图2-21）。同样
的匕首还在江苏邳县的刘林、大墩子等遗
址有出土。大墩子M97墓中出土的石匕首
长21厘米（图2-22），墓内埋葬的是一位
壮年男子[2]。在甘肃马家窑文化遗址出土的
匕首，多是在骨柄上镶嵌小石片为刃。在
永昌鸳鸯池墓地出土的骨柄石刃匕首[3]，有
的上下两侧对称嵌石刃，长33.5厘米；有
的只在一侧嵌石刃，长46厘米（图2-23）。
除匕首外，在大汶口墓地还出土过手握的
骨矛[4]，用兽肢骨劈去半边磨制而成，便
于手握，前有尖锋，末端有穿孔，长度在
10.7~15.6厘米左右。其中M109中埋葬的是
成年男性，骨矛握于右手。其余墓中，有
的骨矛握于手中，有的放在腰间。

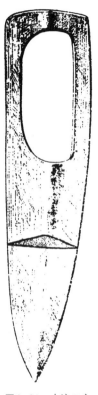

图2-21 大汶口文
化骨匕首（3/5）

❶ 山东省文物管理处、济南市博物馆：《大汶口——新石器时代墓葬发掘
  报告》，第45页图三七：2，原报告称为Ⅲ式骨矛。

❷ 南京市博物馆：《江苏邳县大墩子遗址第二次发掘》，第53页、图版拾
  壹：4。

❸ 甘肃省博物馆文物工作队、武威地区文物普查队：《永昌鸳鸯池新石器
  时代墓地的发掘》，《考古》1974年第5期，第299~308页。

❹ 山东省文物管理处、济南市博物馆：《大汶口——新石器时代墓葬发掘
  报告》，第45页。

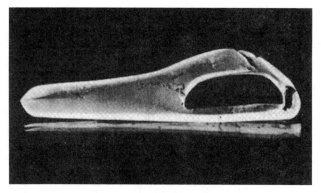

图2-22　江苏邳县出土石匕首

图2-23　甘肃永昌鸳鸯池墓地出土嵌石刃骨匕首

四、防护装具：甲胄、盾

　　为了抗御原始兵器的攻击，史前战士必须设法保护自己。或许是从有些动物用坚厚的甲壳保护自己得到启示[1]，他们也就采用各种材料防护自己的躯体，制作出原始甲胄。但是原始甲胄都是用易于腐朽的材料制作的，所以很难在考古发掘

---

❶　刘熙《释名》："甲，似物有孚甲以自御也。"王先谦《释名疏证补》，第347页，商务印书馆，1937年。

中找到它们的遗迹，目前只有参考有关的民族学资料。20世纪初台湾兰屿耶美人使用的藤甲❶，可以视为原始甲胄的标本，是以藤条和藤皮编成。藤甲后背编成整体，以纵横各3根藤条作框架，然后用约30根缠着藤皮的较细藤条，由上向下横编在框架上，形成大约高50厘米，肩宽37.5厘米的略呈长方形的背甲。前胸是开身的，分成左右两部分，编成后从两侧肩上与背甲编联在一起，然后留出臂孔，并把腋下部分与背甲编联成一体（图2-24）。头上还有藤编的尖顶藤胄❷，有的胄顶还有漂亮的羽毛饰。这种藤甲，实际也就是在战士赤裸的身躯上套了一件仅及腰部的短藤背心，从腹脐以下到双足依然是赤

图2-24　台湾兰屿耶美人藤甲

---

❶　［日］鹿野忠雄等：《台湾土著民族人类学图谱》第一卷《耶美人》（Tadao Kano："An Illustrated Ethonog-raphy of Formosan Aborigines"，Vo1.I "The Yami"，1956）。

❷　这种形制的原始胄，也可用竹皮编制，在清朝时台湾林爽文起义时林爽文就戴过同样形制的竹胄。起义被镇压后，竹胄作为战利品送入清宫，图片见《文物参考资料》1955年第5期封二。

裸着。尽管如此，再戴上尖顶藤胄，藤制甲胄已经开始保护了人体最重要的部分，即头和胸、背，避免了原始进攻兵器的伤害。为了增强藤甲的防护能力，有时还在甲的表面蒙上一层鲀鱼的硬皮。

除了藤木等材料外，许多原始民族常以皮革为原料制作护甲。开始可能就是把整张的兽皮披裹在身上，后来在战斗实践中逐渐懂得把皮革加以裁制加工，使它更合身，更能有效地保护躯体的主要部位，于是出现了具有一定形制的整片皮甲。民族学的资料也提供有这类原始皮甲的标本。以前傈僳族使用

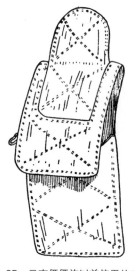

图2-25　云南傈僳族以前使用的皮甲

的一种整片的牛皮甲❶，就是很好的例子。傈僳族皮甲是用两张长约1米的生牛皮缝在一起，然后在其上开一个舌形的缝，沿缝将切开的皮革掀起来，形成领孔，战士穿甲时就从领孔把头套出去，掀起的舌形皮革正好护住后脖颈。领孔前的一小半皮革垂在前面护胸，领孔后另一大半皮革垂在背后护背，在腋下把前后两片用绳结牢，使皮甲贴紧身躯（图2-25）。

---

❶　陶云逵：《碧罗雪山之傈僳族》，《中央研究院历史语言研究所集刊》第17本，1948年。

整片的皮甲穿用不便，为了增强防护效能，所以逐渐按照护卫的身体部位的不同，将皮革裁制成大小不同的革片，然后再联缀成甲。往往在前胸和后背，仍旧使用大片的厚皮防护，而在肩臂、腰胯等处，使用较小的革

图2-26　彝族皮甲

片编缀而成，便于活动。这种形式的皮甲，直到南宋时在大理地区还保留着，在范成大的《桂海虞衡志》里曾有记录❶。后来彝族使用的皮甲，也可以说还保留着早期皮甲的一些特点（图2-26）。

防护装具除了穿着于身上的甲胄外，以手握持的是盾牌。原始的盾牌，也多由藤木皮革制作，自然难以在古代遗存中保留下来，也只有依据民族学资料来作参考。台湾兰屿耶美人使用过的藤盾牌，可以用作了解原始盾牌的标本❷。这种盾牌用粗藤条编成，较小的用14根长约40厘米的纵藤条，与5根约长30厘米的横藤条绑在一起，从而编成一面长方形盾牌，

❶　范成大：《桂海虞衡志》志器部分，见《知不足斋丛书》第二十二集。原文为："甲胄皆用象皮，胸背各一大片如龟壳，坚厚与铁等，又联缀小皮片为披膊、护项之属。"
❷　〔日〕鹿野忠雄等：《台湾土著民族人类学图谱》第一卷《耶美人》。

面积约有1200平方厘米。在盾牌背面居中处，纵缚一个木质把手（图2-27）。较大的藤盾，制法和原材料与上述相同，有的高85厘米、宽近50厘米，可以有效地掩护战士的半个身躯。除藤牌外，更多的是用木板制作盾牌。例如台湾高山族过去使用的原始木盾，盾面呈长方形，上面绘有各种图案花纹。以后，又在木盾面上再蒙上坚韧的兽皮，以增强防护能力。

图2-27　台湾兰屿耶美人藤盾牌

五、作为权威象征的兵器：玉钺

在良渚文化坟山中埋葬身份特殊人物的坟墓中，除了与原始宗教或祭祀有关的玉琮外，还随葬有制工精美的玉钺。它们与专供用于战斗的石钺不同，选用软玉制作，琢磨得极为精美。在反山和瑶山墓地出土的玉钺，在钺柄的顶端和尾端还装有玉质的冠饰和端饰（图2-28），多握举于死者左手中（只有一例在右侧），钺体约在死者肩部位置。以反山M14号墓的玉钺为例，钺柄的遗痕较清晰，从冠饰到端饰全长70余厘米，在木柄的朽痕处保留有原涂柄上的朱砂痕迹，还有原嵌粘在木柄上的长3~8毫米、宽2毫米的小玉颗粒，共有96粒之多（图2-29）。最值得注意的是在M12中出土的青玉钺，钺长17.9厘米、刃宽16.8厘米，配有白玉的冠饰和端饰。特别是在钺的弧刃上角线雕有神人兽面的"神徽"纹饰，下角又线雕神鸟❶（图2-30），更进一步表明这些玉钺并不是供实战的兵器。玉琮和玉钺的持有者的身份，可能是军事首领或专司祭祀的巫师，为高居于一般氏族成员之上的具有权威的领袖人物。那些雕有"神徽"的玉钺，就是权威的象征物。其实在更早的时期，石斧就已成为氏族权威的象征物。河南临汝阎村遗址出土大陶缸上的图像，就画有一柄石斧，柄的顶端和尾端也有装饰，柄上还缠有便于握持的绳索等物。在石斧右侧，画出

图2-28　瑶山出土玉钺复原图

---

❶　浙江省文物考古研究所反山考古队：《浙江余杭反山良渚墓地发掘简报》，第14~16页。

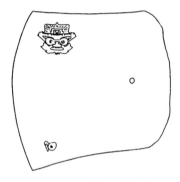

图 2-29　反山 M14 出土玉钺　　　图 2-30　反山出土神纹玉钺

了一只大白鸟，以长喙啄着一条大鱼，那鱼全身下垂，僵硬，早已丧失了活力。有的学者认为鸟和鱼分别代表两个原始氏族。这幅远古彩画，可能表达的是以鱼为代表的氏族被以鸟为代表的氏族征服的史实❶，那石斧就象征着征服者的权威。

❶　严文明：《鹳鱼石斧图跋》，《仰韶文化研究》，第 303~308 页，文物出版社，1989 年。

第三章　青铜时代的兵器

第一节　青铜冶铸工业和兵器制作

一、早期青铜器

在近半个世纪的田野调查发掘中获得的早期青铜器，目前所知年代最早的标本，要属陕西临潼姜寨仰韶文化半坡类型遗址出土的铜片，是含锌25.6%的黄铜❶。应是距今6100~5600年间的遗物。据认为系用原始的冶炼方法制成的产品，是用含铅锌矿的铜矿石，在较低温度（950℃~1000℃）下冶炼获得❷。比姜寨标本年代迟的标本，现已发现过马家窑文化、龙山文化及齐家文化的一些小件铜器，经检验其中有红铜、黄铜及青铜，表明中国古代在真正步入青铜时代门槛以前，人们很早已对金属铜有了初步认识。

目前发现的最早的青铜器，是1975年在甘肃东乡林家马家窑遗址出土的青铜小刀❸，经鉴定含锡6%~10%。它是用两块

---

❶ 韩汝玢、柯俊：《姜寨第一期文化出土黄铜制品的鉴定报告》，《姜寨——新石器时代遗址发掘报告》附录六，第544~548页，文物出版社，1988年。

❷ 同上，第548页。

❸ 北京钢铁学院冶金史组：《中国早期铜器的初步研究》，《考古学报》1981年第3期，第287~302页。又收入北京钢铁学院编：《中国冶金史论文集》，第12~21页，作者改题为孙淑云、韩汝玢，《北京钢铁学院学报》编辑部，1986年10月。

范闭合浇铸而成[1]，一块范刻出刀型，一块范是平范，刀铸成后，刃口经过戗磨或锻打。又在甘肃永登连城蒋家坪出土有残铜刀，也是青铜器。马家窑文化的年代，据放射性碳素测定为公元前3300~公元前2050年[2]。因此可以认为，中国古代懂得制作青铜器的时间，至迟在公元前3000年左右。据推测马家窑文化的早期青铜器，其发展可能与矿产资源条件有关，"氧化铅矿如白铅矿（$PbCO_3$），或氧化锡矿（如锡石 SnO_2）被木炭还原比较容易，可以进入铜中成为其中合金元素，从而得到青铜。"[3]但同时出土的"铜渣"是当时冶铸遗物，非天然矿石，是含铜铁各半的金属长期锈蚀产物，大部分已氧化，心部仍残留金属铜[4]。

对年代较迟的龙山文化遗迹的考古发掘，获得的早期铜器标本，有青铜，也有黄铜。1974年山东胶县三里河龙山文化遗址出土的铜锥是含铅黄铜铸造的[5]。牟平照格庄龙山文化铜锥，为青铜制品。在郑州牛寨龙山文化遗址，出土有铜渣

---

[1] 原来论述中均认为林家铜刀为"单范铸成"，北京钢铁学院冶金史组：《中国早期铜器的初步研究》，《考古学报》1981年第3期，第287页。但韩汝玢《古代金属兵器制作技术》，改为两块范闭合浇铸。见《中国军事百科全书·古代兵器分册》，第193~200页，军事科学出版社，1991年。

[2] 马家窑文化的年代，采自严文明：《马家窑文化》，《中国大百科全书·考古学》，第301~305页，中国大百科全书出版社，1986年。

[3] 北京钢铁学院冶金史组：《中国早期铜器的初步研究》，第290页。

[4] 韩汝玢：《近年来冶金考古的一些进展》，《中国冶金史论文集（二）》，第6~9页，《北京科技大学学报》增刊，1994年3月。

[5] 中国冶金史编写组：《三里河遗址龙山文化铜器鉴定报告》，《胶县三里河》附录五，第196~199页，文物出版社，1988年。

块和熔炉壁残块❶。特别是在河南登封王城岗出土的容器残片，是铜锡合金❷，是目前保存的时代最早、个体最大的青铜容器残片，对研究中国古代青铜器的发展有重要价值。

在更迟的齐家文化遗迹中，获得了较多的早期铜器标本。在甘肃永靖大何庄和秦魏家、广河齐家坪、武威皇娘娘台，青海贵南尕马台等地都有发现，器型有镜、指环，还有斧、刀、锥、匕等工具。"其中25件经过鉴定，结果是纯铜器（红铜）16件占64%，铅锡青铜9件占36%。锻铸皆有。"❸

但是迄今从仰韶文化、马家窑文化、龙山文化、齐家文化诸遗迹中获得的铜器，除日用品如镜、环之类，以及容器残片外，只有少量小件的工具，其中小刀多长仅10余厘米，仅齐家坪出土的一件带銎斧长15厘米、宽4厘米❹，算是最大的。但这些小工具既难以改变社会生产面貌❺，更缺乏实战价值，根本无

❶ 韩汝玢：《近年来冶金考古的一些进展》，《中国冶金史论文集（二）》，第6页。

❷ 北京科技大学冶金史研究室：《登封王城岗龙山文化四期出土的铜器WT196 H617:14残片检验报告》，《登封王城岗与阳城》，第327~328页，文物出版社，1992年。

❸ 韩汝玢：《近年来冶金考古的一些进展》，《中国冶金史论文集（二）》，第6页。

❹ 参看安志敏：《中国早期铜器的几个问题》，《考古学报》1981年第3期，第269~285页。齐家坪铜斧，见第278页。

❺ 但也有学者认为"甘肃齐家文化已进入青铜时代"。见韩汝玢：《近年来冶金考古的一些进展》，《中国冶金史论文集（二）》，第6页。又有学者从"合范铸造的镜和带銎斧"比较进步，认为"可能表示齐家文化的晚期已进入青铜时代"。见安志敏：《中国早期铜器的几个问题》，《考古学报》1981年第3期，第279页。

法作兵器使用。因此在铜器开始萌发的早期，似乎还缺乏制作兵器的能力。

二、青铜用于制作兵器

目前有关青铜兵器的考古发现，首先是二里头文化出土的标本，主要是在二里头文化晚期的遗存中出土的。已经获得有戈、戚❶和镞❷，分属于进攻性兵器中的主要类型——格斗兵器和远射兵器。铜戈的形制是曲内无阑，直援有中脊，刃、锋锐利，合范铸制，在曲内上装饰有云纹，通长32.5厘米（图3-1：1），另采集有直内的戈（图3-1：3）；铜戚直体有阑，内有方穿，长23.5厘米（图3-1：2）；铜镞扁体，有中脊，双翼，有铤，长约6.75厘米，以铅、锡青铜铸成。从上述青铜兵器的制作和器型来观察，都已相当成熟，并非初始的第一代青铜兵器，应是经历了相当长的发展阶段的产品，所以青铜兵器开始出现的时期要更早

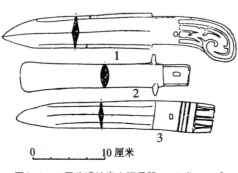

图3-1　二里头遗址出土铜兵器1、3.戈　2.戚

❶ 中国科学院考古研究所二里头工作队：《偃师二里头遗址新发现的铜器和玉器》，《考古》1976年第4期，第259~263页。

❷ 中国科学院考古研究所二里头工作队：《河南偃师二里头早商宫殿遗址发掘简报》，《考古》1974年第4期，第234~248页。

得多。同时，在二里头遗址还发掘到化铜炉的残壁、铜渣和残碎的陶范，反映出当时冶铜业已有一定程度的发展，所以能用青铜铸制消耗性很大的箭镞。因此可以认为在古史传说中的夏代，即公元前21世纪至公元前16世纪，中国古代军队中已经装备了器类颇为完备的青铜兵器。同时还可看出，中国古代的青铜兵器，从开始出现时起，其主要的格斗兵器就具有与世界其他古代文明不同的面貌，具有鲜明的民族风格。

比之略迟，在边远地区如甘肃玉门火烧沟遗址（公元前16世纪）也出土有数量较多的青铜器，其中可用于兵器的有箭镞，也许还有匕首和斧。其中一件柄端弯曲成钩状的匕首，经鉴定是热锻锡青铜制品。铜镞经鉴定的有11件，其中6件为铅青铜、1件为铅锡青铜，其余4件为红铜❶。这一遗址还出土一块铸箭镞的泥质砂岩石范，耐火度较高，不太坚硬，便于刻制铸型。该范一次可铸2件铜镞，范面有多次使用过的痕迹，表明曾不断用于铸造，可能已进行批量生产❷。但从目前发表的资料，尚不清楚有没有形制成熟的格斗兵器。

三、商代的青铜冶铸业和青铜兵器

继夏代以后，商代进入青铜兵器的发展期。中国古代的青铜文化，到商代达到一个高峰。从考古发现和对青铜器的分析研究，可知商代冶炼工艺已超越由矿石混合冶铸的低级阶

---

❶ 见北京钢铁学院冶金史组：《中国早期铜器的初步研究》，第297页表五。

❷ 见韩汝玢：《古代金属兵器制作技术》，第194页。

段，发展到由纯铜、锡和铅来冶铸的较高水平。铸造青铜器的作坊也具有较大的规模，如郑州南关外的商代中期炼铜遗址，面积已达1000多平方米❶。殷墟小屯东南的苗圃北地商代晚期铸铜遗址，推测面积至少在10000平方米以上，已发掘出数以千计的各类陶范及大量坩埚残片等❷。当时已能大量生产各种类型的青铜器，仅以殷墟妇好墓为例，那一座墓内即随葬各种青铜器460余件，总重量估计超过1625千克❸。至于目前所知最重的司母戊鼎，重达875千克之多。商代青铜冶铸技术的发达和生产的规模，为生产精锐的青铜兵器奠定了坚实的物质基础。而商王朝对内镇压和对外征伐，日益要求得到更多和更锐利的青铜兵器装备军队。在安阳侯家庄1004号大墓的墓道中，出土大量青铜兵器和防护装具，应是属于禁卫殷王的部队的装备。据不完全统计，出土铜矛730件、铜戈72件，以及不少于141件铜胄。按各类兵器的平均重量估算，总重接近1/3吨。与青铜兵器开始出现的二里头文化时期相比，商代晚期的青铜兵器不仅数量猛增，而且器类齐全，形成包括远射、格斗、卫体等进攻性兵器与防护装具的完备的组合。还应注意到，随着青铜工艺的进步，青铜的斧、锛、凿、削等工具的使用也日益普遍，促进了木工加工技术的提高，使得工

---

❶ 河南省文物研究所：《郑州商代二里岗期铸铜基址》，《考古学集刊》第6集，第100~122页。

❷ 中国社会科学院考古研究所：《殷墟发掘报告（1958—1961）》，文物出版社，1987年。

❸ 中国社会科学院考古研究所：《殷墟妇好墓》，文物出版社，1980年。

艺要求较高的车轮的制作，特别是轮毂和轮辐等需精细木工的部件，制作日臻完美。在安阳殷墟的历次发掘中，发现不少殷代晚期埋有马匹和车辆的车马坑，这些车子的制造与精细木工的发展是分不开的。出土的马车中，有的装备各种兵器，应为战车，都是单辕、双轮、方舆、长毂的形制，多驾双马，个别驾四马。战车的使用，增强了军队的机动性，也使兵器的效能得以充分发挥，而其基础还是以青铜冶铸为代表的工艺技术的进步。

四、周代的青铜冶铸业和青铜兵器

西周至春秋时期，青铜兵器进入成熟期，质量和产量都比商代有较大提高，主要也是基于青铜冶铸业的进一步发展。春秋时期，铜矿的开采和矿石的冶炼，都达到空前的规模。以湖北铜绿山古铜矿为例，在古矿井附近发现有古炼炉遗存，还有总量估计达40万吨的废炉渣，据此推算至少已累积提炼出约4万吨红铜[1]，运往各地去冶铸青铜器。采矿业的发展，自然为扩大青铜器的产量提供了雄厚的物质基础。如与商代比较，前引殷墟妇好墓随葬铜器总重超过1625千克，这在商代是很可观的数目。但是在战国早期的湖北随州曾侯乙墓中，随葬铜器总重约达10吨左右，妇好墓不及其1/6。如此悬殊的差别，正是青铜产量在这一段历史时期内扩大的缩影。同时，东周列国纷争中，为求国家生存，政府都极注重提高青铜兵器

---

[1] 黄石市博物馆：《铜绿山古矿冶遗址》，文物出版社，1999年。

制作技术，以形成地域性的优势，如吴越的铸剑工艺、燕地的甲胄制作等。战国时各国都设立了专门生产兵器的官营作坊，在成批量生产的兵器上铸刻制造机构、监造官吏及工匠姓名，目的是保证兵器的质量。新郑"郑韩故城"出土的大量有铭兵器可资证明。在制作工艺方面，东周时期还总结出适于不同器类和不同兵器的合金比例配方，即《考工记》❶中的"六齐"，其中四项即"戈戟之齐""大刃之齐""削杀矢之齐"和"斧斤之齐"，都与兵器的制造有关。虽然目前对古代青铜兵器化学分析的结果与六齐所载并不完全一致，但"六齐"的出现表明当时人们对合金成分、性能和用途之间的关系已经有所认识❷。基于这种认识，人们注重统一规范配比标准，自然保证了兵器生产质量的稳定性。随着工艺技术的提高，对青铜合金成分配制有了更深刻的认识，能够制作剑脊和剑刃含锡量不同的复合剑。复合剑是两次铸成，先铸剑茎和剑脊，后铸剑刃。剑脊含锡量较低，约10%，质韧不易折断；剑刃含锡量较高，约20%，质坚利于磨锐。这种外坚内韧的复合剑，可提高杀伤力，在制作技术上是明显的进步。

在产量和质量日益提高的基础上，周代青铜兵器的性能和品种都不断发生新变化。创制了新型的兵器，如从十字形戟到刺（矛）、体（戈）分制以柲联装的戟，还有剑和弩机。传统的兵器镞、戈、矛等的外形也都有改进，提高了杀敌效

---

❶ 郭沫若认为《考工记》是春秋时期齐国的一部官书，见《考工记的年代与国别》，《沫若文集》第16卷，人民文学出版社，1962年。

❷ 韩汝玢:《古代金属兵器制作技术》，第195页。

能。同时随着西周到春秋时期车战的频繁，车战兵器的组合更加合理，日趋规范化和制度化，包括远射的弓矢，格斗的戟、殳、戈、矛，卫体的剑，以及防护装具盾和皮甲胄。春秋晚期步兵又开始受到重视，适合步战的兵器组合也日益受重视。再迟一些，随着"胡服骑射"，骑兵出现于战争舞台，适于骑兵的兵器和装具又提到日程上来了。

也正在青铜兵器发展到高峰时，它头上已笼罩了衰落的阴影。钢铁冶锻工艺到战国时有了长足的进展，由于掌握了块炼铁固态渗碳制钢的方法，钢铁兵器较多出现于战争舞台，在当时的燕、楚等国境内，都出土过较多的战国晚期钢铁兵器，标志着青铜兵器衰落的命运已是无可挽回了。

第二节　车战与兵器

一、车战初始

在中国古代战争史中，车战最盛的时期是西周至春秋时期，四匹骏马拖驾的单辕双轮战车组成的战车部队，是决定战斗胜负的主力兵种。各诸侯国拥有战车的数量，被看作一国强弱的标志。至于车战的源起，还不十分清楚，或认为夏代"已开始有了战车和车战"，理由是"文献记载'奚仲作车'，又说奚仲'为夏车正'，还记载《夏书》曰：赋纳以言，明试以功，车服以庸'，反映夏代已用车酬劳赏功，在社会生活中已占有较重要地位。还专设'车正'一职，负责制造、管理车辆。此外王亥'作服牛、相土作乘马'之说，反映当时已有畜力牵引，而畜力牵引的车出现，是车用于作战的前提"。❶更为学者注意的是对《尚书·甘誓》❷内容的释读，司马迁撰写《史记·夏本纪》时，也全文征引《甘誓》❸，但没有对夏启灭有扈氏的甘之战作具体叙述，表明当时已弄不清这场传说中的战争的具体情况。汉唐时人解读《甘誓》中"左不攻于左，汝不恭命；右不攻于右，御非其马之正，汝不恭命"诸句，皆按周代文献关于战车上的3个乘员车左、车御和车右予以注释，认为这是夏启的军队已是战车兵的铁证。其实有关《尚书·夏书》诸篇到底是什么时候的作品，前人早有疑问，目前学术界多数人都认为不是夏代当时的历史记录，而是战国或更迟的作品。对于《甘誓》，因已见于战国前期墨子的著作中，至少在那时以前已存在，但墨子引作《禹誓》，所以无法肯定它是否确系夏后启的誓师辞，或直指为东周人伪造。还有人认为它应归入《商书》，文字又经后世儒者粉饰，等等❹。这些论述，说明以《甘誓》为确定夏代有车战的铁证，难以成立。目

---

❶ 罗琨、张永山：《夏商西周军事史》，第91页，军事科学院主编《中国军事通史》第一卷，军事科学出版社，1998年。

❷ 《尚书正义》卷七《夏书·甘誓》，中华书局影印《十三经注疏》本，第155页。

❸ 《史记·夏本纪》，第84页。"集解"引"郑玄曰：'左，车左。右，车右。'"第85页。

❹ 关于钱玄同、郭沫若诸家对《甘誓》的论述摘要，可参阅张心澂：《伪书通考》，第155~187页，商务印书馆，1957年修订本。最通俗简明的叙述，见马雍：《〈尚书〉史话》，第67页，中华书局，1982年。

前考古学界还在致力于夏文化的探索，特别是对河南偃师二里头遗址的大规模勘察发掘，获得许多关于当时大型宫殿类建筑、手工业作坊、墓葬等遗迹，以及众多的铜器、陶器等物品，特别是在宫殿区南侧大路（03VT61）的早期路土之间发现有车辙痕❶，表明当时已懂得使用车子。但是车辙的辙距仅约1米，虽说明当时已有了双轮的车，但还难以说明是否已用畜力牵引，所以更难以说明当时有无以畜力拖驾的战车了。因此，关于夏代有没有驾马的战车，是今后应继续探讨的问题。

商代晚期军队已装备有由两匹马拖驾的木制战车，已是不争的事实。不仅在安阳殷墟有较多的考古发现❷，而且在山东滕州市前掌大❸和陕西西安老牛坡❹等地近年也发现了商代晚期的马车。但是目前还没有获得过商代前期使用马车的考古资料。只是曾在河南偃师商城东北角城墙内侧的道路上，发现过车辙印痕。发现的车辙印与城墙平行，轨距约为120

---

❶ 中国社会科学院考古研究所二里头工作队：《河南偃师市二里头遗址宫城及宫殿区外围道路的勘察与发掘》，《考古》2004年第11期，第3~13页。

❷ 杨宝成：《殷代车子的发现与复原》，《考古》1984年第6期，第546~555页；杨宝成：《殷墟发现的车马坑》，中国社会科学院考古研究所编著：《殷墟的发现与研究》，第138~147页，科学出版社，1994年。

❸ 山东滕州市前掌大商墓群的车马坑资料迄今未发表正式简报或报告，发掘消息可参看：胡秉华：《滕州前掌大商代遗址》，《中国考古学年鉴（1996）》，第159~160页；中国社会科学院考古研究所夏商周考古研究室：《考古研究所夏商周考古二十年》之四《山东省滕州市前掌大墓地的发掘》，《考古》1997年第8期，第24页。

❹ 西北大学历史系考古专业：《西安老牛坡商代墓地的发掘》，《文物》1988年第6期，第1~22页。

厘米，辙沟呈凹槽状，口部一般宽20厘米左右。在车辙之间和两侧附近路土面布满不规则小坑，发掘者认为有可能是驾车的牲畜踩踏所致，但不知留下踩痕的牲畜为何物❶。目前仅有辙痕尚难表明车子的拖驾方式，轨距也比商代晚期马车窄小。所以，这一发现虽明证当时已使用装双轮的车子，但尚难定为马车❷，更不宜说明当时已使用马车作战。这又使人对传说中在夏末商初时期，军队中能不能有成建制的战车兵参加战斗产生疑问。对于商汤灭夏桀的战斗，在《史记·殷本纪》中的记述极为简洁："桀败于有娀之虚，桀奔于鸣条，夏师败绩。"❸而另一些古籍中，如《墨子》则记："汤以车九两，鸟阵雁行，汤乘大赞，犯逐夏众。"更晚的《吕氏春秋·仲秋季·简选篇》则说鸣条之役商汤用"良车七十乘，必死六千人"。到了西汉成书的《淮南子·本经训》中，"良车七十乘"就变成了"革车三百乘"了❹。司马迁修《史记》只引《尚书·汤誓》，可见他并不信《吕氏春秋》那些说法。但当前写古代战争史的人，多以吕不韦的书为信史，愿从其说，相信商汤是以70乘战车为主力的军队战胜夏桀的❺。有些态度严肃

---

❶ 中国社会科学院考古研究所河南第二工作队：《河南偃师商城东北隅发掘简报》，《考古》1998年第6期，第1~8页。

❷ 中国社会科学考古研究所夏商周考古研究室：《考古研究所夏商周考古二十年》，第22页。

❸ 《史记·殷本纪》，第96页。

❹ 《淮南子·本经训》："汤乃以革车三百乘，伐桀于南巢，放之夏台。"同书《主术训》又说："汤革车三百乘，困之鸣条，擒之焦门。"

❺ 如《中国军事百科全书·军事历史》卷条目，张丽荣：《鸣条之战》，第846页，军事科学出版社，1997年。

的学者则有保留，认为鸣条之战中"商人以利用畜力闻名于史，所以在军队迂回行动中，可能也利用了牛、马和车辆，提高了军队远距离运动能力"。❶因此，认为夏末商初时商军已有成建制的战车兵，并无确证。

与车战的产生密切关联的未解决的课题，除了中国古代马车的发明始于何时外，还有中国古代马车的来源问题。概言之就是中国古代马车是产生于国内的"国货"，还是由西方传来的"外国货"。主张是国货的学者，依据中国古代马车及西亚古代以牲畜拖驾的车对牲畜的系驾法有所不同，雄辩地表明中国古代马车的轭靷式系驾方式"在古代世界独树一帜，显示出我国早期的驾车技术无疑是我国自己的一项发明创造"。❷主张是外国货的学者从西亚马车出现时期早，中国古代马车与西亚马车形貌的近似，认为西亚的马车由早期游牧部族在欧亚大陆广泛传播，并经由西亚至北高加索、西伯利亚、外贝加尔地区、蒙古草原最后进入华北平原，从而传入中国中原地区。这可能是商代晚期马车"突然出现"的原因❸。我们只有期待今后田野考古会有令人惊喜的新发现，给予中国马车起源于何时以确切的答案，那时才有可能解决车战源起这一难题。

❶ 罗琨、张永山：《夏商西周军事史》，第 117 页。

❷ 孙机：《中国古代马车的三种系驾法》，第 67 页，《中国古舆服论丛（增订本）》，文物出版社，2001 年。

❸ 王巍：《商代马车渊源蠡测》，《中国商文化国际学术讨论会论文集》，第 380~388 页，中国大百科全书出版社，1998 年。

二、商代晚期的战车

从安阳殷墟发掘出土的商代晚期木质马车，至今已有几十例，都是从发掘墓葬区的车马坑和宫殿区的祭祀坑中获得的。安阳殷墟商代晚期马车的发掘工作大致分两个阶段，以20世纪50年代分界。在前一阶段，因受到当时田野工作水平的限制，没有能将木车遗迹剔剥清楚，因此在20世纪30年代于殷墟王陵区和小屯宫殿区发现的车马坑，都没有能将全车剔剥出来，较成功的也只保留有部分辕、轴、衡的痕迹，以及人骨及马骨，而缺乏有关轮、舆等遗存的资料。其中发表较早的是小屯C区M20[1]（图3-2），原说是四马一车三人，车辕长265厘米、轴长290厘米、衡长170厘米[2]。又M40的车辕长255厘米、轴长290厘米、衡长210厘米、轨距225厘米。其余M45、M202、M204等车不详。但是在坑中随车下葬的各类器物都保存了下来，M20所埋三人各带一组兵器，M40也随葬有铜镞、骨镞、铜刀、铜弓形器、砺石、骨锥等兵器和用具，

---

❶ 石璋如：《殷墟最近之重要发现，附论小屯地层》，《中国考古学报》第2册，第25~90页，1947年。

❷ M20在最初发表时认为埋有四马一车三人，石璋如：《殷墟最近之重要发现，附论小屯地层》，《中国考古学报》第2册，第25~90页，1947年。但后来整理多次，又确定内埋二车而非一车，见石璋如：《小屯·遗址的发现与发掘：丙编·北组墓葬》，第16页，台北，1970年。但从1947年发表的平面图，难于认定是一车还是二车，暂且存疑。我原在《战车与车战》（《中国古兵器论丛》，第83页）举M20为一乘驷马战车三个乘员兵器装备的典型代表，亦应修正。

北

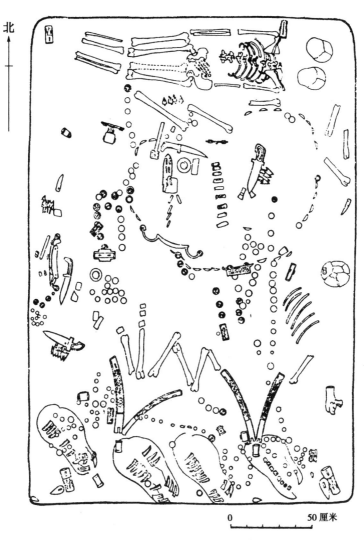

0   50 厘米

图3-2　殷墟小屯 C 区 M20 车马坑战车遗迹

M45有铜镞、骨镞和砺石，M202有砺石❶。

到后一阶段，自1953年在安阳大司空村M175❷的发掘开始，逐渐剔剥出整车遗迹，从而取得有关商代马车的较完整资料。此后从孝民屯❸、大司空村❹、白家坟❺、郭家庄❻、梅园庄❼等地点不断成功地发掘了晚商车马坑遗存（图3-3、图3-4），现将已发表的资料列表于下（见表一）。除安阳殷墟的晚商马车资料以外，1986年于陕西西安老牛坡墓地发掘出土的马车（图3-5）数据也列入表中。由于山东滕州市前掌大墓地获得的马车资料尚未正式公布，故表中暂缺。

---

❶ 石璋如：《小屯·遗址的发现与发掘：丙编·北组墓葬》，第16页。

❷ 马得志、周永珍、张云鹏：《一九五三年安阳大司空村发掘报告》，《考古学报》第9册，第25~90页，1955年。

❸ 中国科学院考古研究所安阳发掘队：《安阳殷墟孝民屯的两座车马坑》，《考古》1977年第1期，第69~70页，转72页；中国科学院考古研究所安阳工作队：《安阳新发现的殷代车马坑》，《考古》1972年第4期，第24~28页；中国社会科学院考古研究所安阳工作队：《殷墟西区发现一座车马坑》，《考古》1984年第6期，第505~509页。

❹ 参看杨宝成：《殷墟发现的车马坑》。

❺ 中国社会科学院考古研究所安阳工作队：《1969—1977年殷墟西区墓葬发掘报告》，《考古学报》1979年第1期，第27~146页。

❻ 中国社会科学院考古研究所：《安阳殷墟郭家庄商代墓葬——1982年—1992年考古发掘报告》，第127~150页，中国大百科全书出版社，1998年。

❼ 中国社会科学院考古研究所安阳工作队：《河南安阳市梅园庄东南的殷代车马坑》，《考古》1998年第10期，第48~65页。

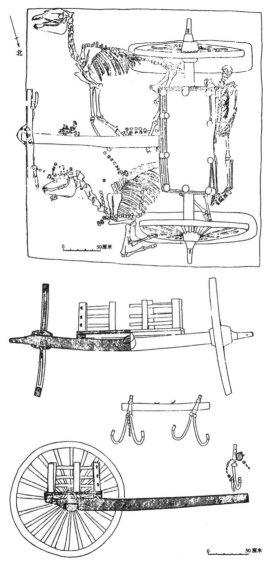

北

50厘米

0   50厘米

图3-3 安阳殷墟孝民屯南地车马坑平面图和木车复原图

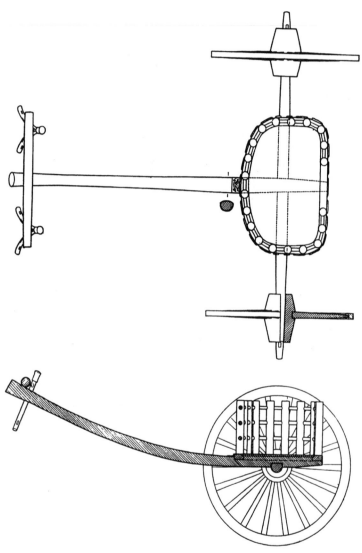

图3-4　安阳殷墟小屯M40车子复原图（俯视、侧视）（约1/24）

（单位：厘米）

表一　商代晚期车马统计表

顺序号	出土地点	坑号	轮径	幅数	轨距	轴 长	轴 径	厢（舆）广	进深	高	辕（辀）长	辕（辀）径	衡长	驾马数	殉人数	车内遗物及其他	出土时间
1	大司空村	175	146	18	215	300	4.1~7	94	75	?	280	11	120?	2	1	石戈、铜折、铜镞22、骨镞10、铜弓形器2	1953
2	孝民屯南地	1	122	?	240	310	5~8	134	83	40?	268	5~6×7~8	?	2	1		1959
3	孝民屯南地	2	122	26	?	190+	5~8	100	?	41	260+	6~7×5~9	?	2	—	石厢板外贴铜弓形器	1959
4	大司空村	292	133~144	22	217	306	13~15	129~133	74	45	256	9~15	110	2	1	铜戈、铜镞10、弓形器、兽头、短刀、铲、策柄	1966
5	孝民屯南地	7												2	1	皮矢箙（内铜镞）	1972

（河南安阳）

第三章　青铜时代的兵器　77

顺序号	出土地点	坑号	轮径	幅数	轨距	轴		厢(舆)			辕(辀)		衡长	驾马数	殉人数	车内遗物及其他	出土时间
						长	径	广	进深	高	长	径					
6	河南安阳 白家坟北地	43	134~147	18	223	309	9.5~10	137	73	22+	292	10	?	2	—	10)、铜戈 2、弓形器	1972
7	白家坟北地	151	139	18	?	?	?	?	?	?	?	?	?	2	—		1972
8	孝民屯东南地	698	140~156	18	240	298	10	?	?	?	?	?	?	2	1	(位于墓道内)	1977
9	孝民屯南地	1613	126~145	18	224	294	10	150	107	45	290	12~13	113	2	—	(14C树轮校正 3225±145年)	1981
10	大司空村	755	130?	20	?	220?	18	?	?	?	?	?	?	2	1		1985
11	大司空村	757	140?	18	230	274	12	?	100	44	292	12	?	2	—		1985
12	郭家庄	52	134~150	18	230	308	10~12	142~146	93~103	50	261(直)268(曲)	8.2~12	216	2	2	(髹漆、画黑红纹饰,底板铺席)	1987

顺序号	出土地点	坑号	轮径	幅数	轨距	轴长	轴径	厢（舆）广	厢进深	厢高	辕（辀）长	辕径	衡长	驾马数	殉人数	车内遗物及其他	出土时间
13	郭家庄	58	?	?	?	?	?	?	?	?	?	?	?	残存1	—		
14	郭家庄	146	120~141	16	223	300~312	10~12	168~172	106~109	47~49	266	11.5	220	2	—	铜戈、车厢前填土出铜镞	1987
15	郭家庄	147	123~142	20	226	308~312	12	149~150	90	48~49	272	11	140	2	—	器铜戈12、镞、弓形	
16	殷墟 梅园庄东南	40南	137~149	18	240	310	8~10.5	134~146	82~94	39~50	227(直)265(曲)	8	114	2	2	石锤	1995
17	梅园庄东南	40北	?	?	?	235+	5~7.5	105~132	20+	30~41	120+8	7.5~8	98+	—	—		1995
18	梅园庄东南	41	139~142	18	217	305	9~10	128~144	70~75	43~44	250(直)280(曲)	11	123+	2	1	铧、铲、策、凿、锤、铜镞、弓形器、刀、石	1995
19	陕西西安老牛坡	27	140	16	225	315	?	160	72	14+	240	7	?	2	—	（漆皮）	1986

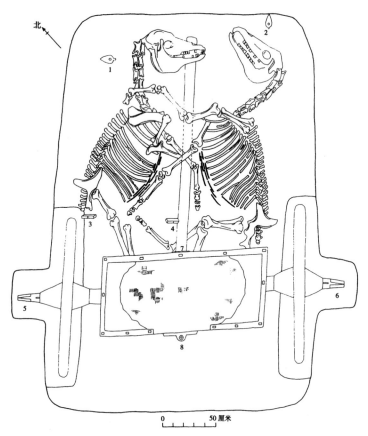

图3-5　陕西西安老牛坡车马坑平面图

1、2.铜马冠饰　3、4.铜衡饰　5、6.铜车喜　7、8.铜舆饰

　　由表中所列举的19乘晚商马车的测量数据，已能对那时的马车有个较清楚的了解。可以看出晚商马车的基本特征是独辕（辀），双轮，方形车厢（舆），长毂。车辕后端压置在车厢下车轴上，辕尾稍稍露在厢后。辕前端横置车衡，在衡上左右各缚轭，用来驾两匹辕马。轮径较大。车厢的门，都开在后

面。以下就各部分作简要说明。

辕和衡，据保存较好的14例看，辕长多在260~292厘米之间。车衡保存完好的实例最少，看来衡长至少应超过110厘米。除直衡外，已在郭家庄发现有曲衡的实例。

车轮，晚商马车双轮较大，因埋入土中故多已变形，从表中车轮保存较好的16乘车求其平均值，约136.8厘米。因此认为当时轮径136厘米左右较合于实际情况。由轮辐保存较好的14乘车看，轮辐数只有两例超过20辐，孝民屯南地2号车达26辐，似不可信[1]，故当时车辐在16~20辐之间，其中8例为18辐，占绝大多数，故应认为当时车轮通常为18辐。还应注意的是现已发现的晚商马车的轮毂都是木质的，迄今未发现铜饰。

车轴，按12例轴长较清楚的木车，取其平均值长304厘米，故可知当时车轴长在300厘米左右。轴径以8~10厘米最多，在轴两端渐细，以套车軎。軎青铜质，长度都在14厘米以上，表明车轴头端伸出轮毂外的长度都较长。

轨距，依保存轨距较好的12乘车统计，宽215~240厘米，多数在220~230厘米之间，平均轨距为226厘米。前述偃师商城发现的车辙轨距仅120厘米，只及晚商木车轨距54%左右，实在太窄，难与晚商马车相比。

车厢，总的形貌是舆广尺寸大于进深，平均舆广138厘米

---

❶ 对晚商马车轮辐数的论述，请参看张长寿、张孝光：《殷周车制略说》，第140页，《中国考古学研究——夏鼐先生考古五十年纪念文集》，文物出版社，1986年。

左右、进深96厘米左右。舆广与进深之比约为3∶2。车厢的平面大致呈横长方形状，四角圆弧，或者前窄后阔而微呈梯形❶，或者前面两角圆弧较甚而近椭圆❷。至于舆高多数保存不好，估计高度至少超过40厘米，应为50厘米左右。

车前驾马数量，表中所列诸车除一例不明和一例只存一马外，其余17例均在衡的左右各驾一马。前已论及在20世纪30年代发掘的M20原发表的平面图显示的似为四马一车三人，但后来经整理改为内埋两车的说法。目前除M20一例外，晚商马车所驾马数均为双马，所以认为晚商马车通常是前驾双马应合乎事实，也就是说当时通常只有驾于车衡的轭上的两匹服马，而还没有在后来周代马车驾于服马两侧的两匹骖马。

至于晚商马车驾车的辕马的马具，当时已使用铜饰或贝饰的络头，出现了铜质的镳和衔。铜镳的使用比较普遍，表中所列举的车中，除西安老牛坡一例无马镳外，安阳殷墟马车除3例不明外，其余15乘内有11乘均出土有铜马镳，形制基本相同。以大司空村175号车马坑为例，双马均带铜镳，每副两件，出土于马口角两侧，形近方形，长7.3厘米、宽7.2厘米，中有圆穿以系革衔，一端有长穿，背后有两个半管形通孔，用以与镳和络头相连。其余车马坑出土铜镳形制、尺寸大致相同，只是有的背后管形通孔剖面作三角形。马衔则与镳不同，晚商多用革带为衔，极罕见铜衔。前述有铜镳的马车

---

❶ 中国社会科学院考古研究所：《安阳殷墟郭家庄商代墓葬——1982~1992年考古发掘报告》。

❷ 张长寿、张孝光：《殷周车制略说》，第157页图——A。

中，只有孝民屯南地1613号同时出土有铜衔，形状为两个相互套结的"8"字形，通长14厘米。那座车马坑曾作放射性碳素年代测定，树轮校正年代为3225±145年。又1969~1977年殷墟西区墓葬发掘获得的铜车马器中，马镳多达27件，马衔仅2件❶，也表明当时铜马衔之使用极不普遍。此外，在郭家庄147号的两马腹部，都出有一圈中型铜泡，排列有序，原应为缀于革带上的饰物，表明当时马腹已使用饰有铜饰的革质鞧带❷。

从表中例举的19乘晚商马车，可以看出那些车的形制及辕马马具的配备均大致相同。在19乘车中，在车厢内或车旁出土有各种兵器的有6乘，其中白家坟北地43号车厢内放置有内装10支箭的皮矢箙（图3-6、图3-7），箭上都装有铜镞，还有两件铜戈，既装备有远射兵器又装备格斗兵器。此外，在矢箙附近还有1件御者系鞢用的铜弓形器——弭❸。其余5乘车处出土的兵器中格斗兵器有石戈和铜戈；远射兵器是弓矢，

---

❶ 中国社会科学院考古研究所安阳工作队：《1969~1977年殷墟西区墓葬发掘报告》，第96页。

❷ 中国社会科学院考古研究所：《安阳殷墟郭家庄商代墓葬——1982~1992年考古发掘报告》，第157页。

❸ 商代的铜弓形器，过去多认为它与兵器有关，是用于弓上的部件，或认为是弓柲，见唐兰：《"弓形器"（铜弓柲）用途考》，《考古》1973年第3期。近年的研究认为弓形器是一种缚于腰带上的御马器具，见林沄：《关于青铜弓形器的若干问题》，《吉林大学社会科学论丛·历史专集》，1980年；乌恩：《论古代战车及其相关问题》，《内蒙古文物考古文集》，第327~335页，中国大百科全书出版社，1994年。又，考证弓形器的名称为"弭"，系御者系鞢所用，见孙机：《商周的"弓形器"》，《中国古舆服论丛（增订本）》，第71~81页。

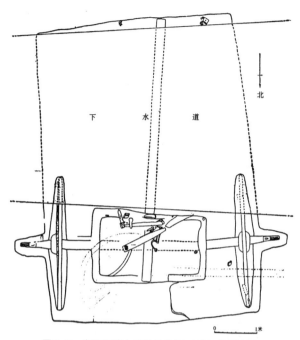

下　水　道

北

0　　　　　1米

图3-6　安阳殷墟白家坟北地M43车马坑平面图

图3-7　安阳殷墟白家坟北地M43车马坑

但均只存箭镞，有铜镞也有骨镞；卫体兵器有铜兽首短刀。此外有铜弓形器，还有斧、锛等铜工具。与20世纪30年代殷墟出土马车伴同出土的兵器的器类大体相同，主要是格斗兵器铜戈和石戈；远射兵器弓矢，只保留有铜镞和石镞，成组出土的均为10件一组；卫体兵器铜兽首短刀。还有磨兵器的砺石，以及系觷用的铜弓形器。在晚商马车的车厢内发现的防护装具，只有在山东滕州前掌大发掘的车马坑中，在车内放有铜兵器和髹漆盾牌。在车内或车旁放有兵器，表明那些车可用为作战的战车。其余的马车没有放置兵器，有的车还装饰得较华美。如郭家庄50号车厢前栏的贴板和车厢底板都髹以红漆，靠前栏的栏板上还饰有上缀牙饰的红布，底板除髹漆外，还绘有黑红相间的纹饰，上面再铺席，表明是一乘比较讲究的乘车。仔细观察这些供作战和用于乘坐的马车，看不出它们因使用功能不同而在形制结构方面有不同之处，据此可以认为晚商的马车均一车多用，既可乘坐，又可用于田猎或作战。

晚商时期装备了两马双轮战车的军队，确实极大地提高了军队的战斗力，特别是用来对付早期的步兵，在开阔的战场上更是具有绝对优势。骏马拖驾的双轮战车，增强了军队的机动性和冲击能力；车上乘员的兵器和防护装具，尤其是锐利的青铜兵器，发挥了当时兵器的最大威力；战车上可以装备旗鼓等指挥用具，方便了部队的通信联络，保证了战斗指挥。但是限于当时马车本身的特点和局限性，对当时车战的进行，包括战斗队形、作战方式等方面，都有着决定性的影响。首先，两马双轮战车颇为笨重，一乘车的总宽度超过3米，驾上辕马以后，全长也有3米左右，也就是说一乘晚商战车至少要占9平方米的面积。同时轮大厢短，运转不很灵活。加上又是单辕而用缚在衡上的轭驾马，全靠辔来控马，所以驾好车很不容易，除非受过专门训练，否则很难胜任。车体既笨重，驾驭又困难，要想拐弯半径很大，因此临阵变换队形是难以办到的。又由于车体长、面积大，同时当时弓矢的射程有限，所以难作纵深配置，更无法采用纵队的队形战斗。通常是采用一线横列队形，配置二线兵力，则需要把后列战车排在相当于前列两车的缝隙处，才可能发挥其远射兵器的威力。

其次，双方接战时，先是弓矢对射，当逼近合战，就必须与对方错毂时才有格斗的可能。因为受战车本身结构上的限制，使得在两车正对面驶来的情况下，车上的乘员无法相互格斗，因为一乘车由车厢前沿到马的头部的距离至少长近2米，即使双方马头已经互相顶撞抵在一起，两乘车的车厢前沿还至少有4米以上的间隔。距离这样远，双方乘员所使用的格斗兵器的柄再长❶，也无法伤及对方。所以双方格斗只有在两车相错时才能进行（图3-8）。

---

❶ 目前商周墓葬所发现的长柄兵器的柄长，最长已达3.5~4.3米。即使如此长度在两车迎面对驶时，还是无法触及对面车上的乘员，因为武士握持长柄兵器搏斗，不能以手只握柄的最后末端，而最靠后也必须握在约柄长的1/3处，在后面留有一段长度，才能使上劲，也就是说如柄长4.5米，也只能触及3米左右距离的敌方。同时还要受到人的体力的局限，柄过长是无法挥舞格斗的，这也就是《考工记》中所说："凡兵无过三其身，过三其身，弗能用也，而无已，又以害人。"《考工记》以"人长八尺"为准。过三其身即二丈四尺以上。

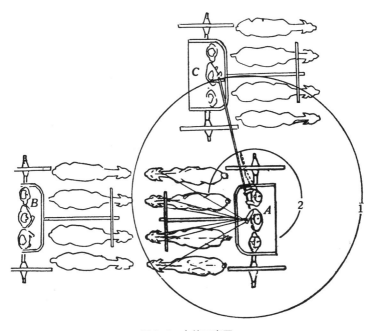

图3-8　车战示意图

说明：战车的尺寸根据西庵西周战车，武器的长度参照了浏城桥春秋墓的材料。1.A车戎右挥戈所及范围；2.A车戎右挥剑所及范围。当A车与B车相对驶来时，戈和剑都无法伤及B车的乘员，当A车与C车错毂时，A车戎右的戈可伤及C车乘员，但剑仍无法伤及C车乘员。

　　最后，晚商战车的轮径大，车厢宽而进深短，又是单辕，为了保持行车的稳定性，车毂必然要长。所以两车相错格斗时，必须注意不能靠得太近，否则两车外伸的轴头挂在一起，会使双方车翻马仰，两败俱伤。所以两车车厢侧壁之间的总距离，至少在1.6米左右。双方乘员站在车侧相互格斗，使用的必须是双手握执的长柄的格斗兵器。至于单手握持的短柄刀剑，即使乘员极力屈身探刺，也难以触及对方车上乘员

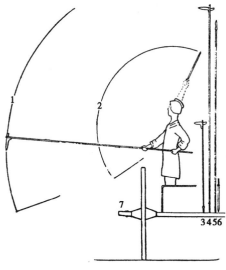

图3-9　戎右立在车上使用格斗兵器和卫体兵器
所能及的范围示意图

说明：1.戎右挥戈所及范围；2.戎右挥剑所及范围；一组兵器的长度与车子及人体的比例，武器长度采自浏城桥一号春秋墓出土的标本（3.短戈：长1.4米；4.长戈：长3.14米；5.矛：长2.97米；6.剑：长0.50米）；7.战车的车毂和车軎，请注意它与车体及人体的比例（人体依身长169厘米计，仅为求得与兵器长度的关系，未全部复原所穿衣服和铠甲）。

（图3-9）。同时由于战车上三个乘员横列站立，职责各异，通常的分工是驾马的御在中间，左边一人持弓箭远射称"车左"，右边一人持长柄格斗兵器司错毂格斗称"车右"。所以当时逐渐形成车战定制，即错毂时各以自己战车的右侧与敌方战车右侧相错，使双方"车右"得以格斗。根据以上晚商战车的特点，再观察晚商马车内及其附近出土的兵器，虽然已出现由进

攻性兵器中的格斗兵器——戈❶，远射兵器——弓矢，以及卫体兵器——兽首短刀形成较固定的组合关系，还配备有防护装具——盾牌，也可能还装备有铜胄和皮甲。但上列兵器组合用

---

❶　在晚商马车中或附近放置的兵器，目前没有发现过矛和钺，故目前确知用于车战的格斗兵器只有戈，但推测如矛和钺也有用于车战的可能，尚待今后的考古发现予以证实。

于车战，明显看出主要依靠弓矢远射作为杀伤敌人的有效手段。当两车接近错毂格斗时能用的兵器只有戈，而已知商戈乃至周戈的柲都较短❶，因而缺乏更适于错毂格斗的成组合的长柄兵器，自然影响了晚商战车兵的作战功能❷。

综上所述，商代晚期马车制造工艺虽有很大发展，不过乘用和作战的车辆尚无区别。两马双轮木车已能较多地用于军事，但其速度和冲击力还远不如后来周人的驷马战车，更未形成如周代车之五兵那种适于车战的组合兵器，也缺乏辕马的防护装具。这表明晚商时战车兵并不发达，尚不足以从根本上改变商军以步兵为主的传统面貌，当时战车兵还难以成为克敌制胜的主力兵种。

战车兵不够发达，训练有素的兵员不足，商纣王又轻敌自负，诸多因素汇聚在一起，终成商末军队致命的弱点。当周人及其盟军大军压境，会战于牧野时，面对以戎车三百乘为主力的周武王的军队，商纣军难与对抗，终于难逃兵败国亡的厄运。

三、西周时期的战车

自20世纪50年代以来，从陕西、河南、山东、北京各

---

❶ 目前在考古发掘中获得的商戈的戈柲长度都在80~100厘米左右，适于右手执戈、左手持盾步战，参看《商代的兵器与战车》，第359~360页，《中国商文化国际学术讨论会论文集》，中国大百科全书出版社，1998年。

❷ 商代军队的每乘战车还附属有一定数量的徒兵。徒兵一般身份低下，装备简陋，在战车对战车的车战中徒兵不起主要作用。有关战车附属的徒兵，西周时资料较多，将在下文叙述，此处从略。

地的考古发掘中，已经获得了超过40乘西周的马车，还有许多随葬于墓中的轮舆遗存❶。已经发表了发掘报告的主要有1955~1957年陕西长安张家坡西周墓地车马坑❷，1973~1977年北京市琉璃河西周燕国墓地车马坑❸，1974~1981年陕西宝鸡弦国墓地车马坑❹，1976年山东胶县西庵西周墓车马坑❺，1983~1986年陕西长安张家坡西周墓车马坑和随葬轮舆遗存❻，1984年陕西长安普渡村西周墓车马坑❼，1990~1999年河南三门峡市西周虢国墓地车马坑❽，等等。以西周马车与晚商马车相比较，可以看出以下不同之处：

第一，车前驾马数量的增加。除与晚商相同的两马双轮木车外，出现了在两匹服马左右两侧各增一匹骖马的驷马双轮

---

❶ 张长寿、张孝光：《井叔墓地所见西周轮舆》，《考古学报》1994年第2期，第155~172页。

❷ 中国科学院考古研究所：《沣西发掘报告——1955~1957年陕西长安县沣西乡考古发掘资料》，文物出版社，1963年。

❸ 中国科学院考古研究所、北京市文物管理处、房山县文教局琉璃河考古工作队：《北京附近发现的西周奴隶殉葬墓》，《考古》1974年第5期，第309~321页；北京市文物研究所：《琉璃河西周燕国墓地（1973~1977）》，文物出版社，1995年。

❹ 卢连成、胡智生：《宝鸡弦国墓地》，文物出版社，1988年。

❺ 山东省昌潍地区文物管理组：《胶县西庵遗址调查试掘简报》，《文物》1977年第4期，第63~71页。

❻ 中国社会科学院考古研究所：《张家坡西周墓地》，中国大百科全书出版社，1999年。

❼ 中国社会科学院考古研究所沣西发掘队：《1984年长安普渡村西周墓葬发掘简报》，《考古》1988年第9期，第769~777页。

❽ 河南省文物考古研究所、三门峡市文物工作队：《三门峡虢国墓》第一卷，文物出版社，1999年。

90 刀光剑影：中国古代的兵器

木车。张家坡第二号车马坑（168号墓）中第一号车（图3-10）、长安普渡村车马坑（27号墓）中马车、琉璃河IM52CH1车马坑中马车（图3-11）、山东西庵车马坑中马车，均前驾四马。它们都是西周早期的遗物，因此从不同省市的四处西周车马坑都存在四马木车来看，车前驾四马的马车当时存在较普遍，并非偶见的特例。

图3-10 沣西张家坡西周车马坑　　图3-11 北京房山琉璃河西周车马坑

　　第二，在木车的细部结构方面，西周时有许多改进。晚商车轮的轮毂都是木质的，到西周时则在车毂上附加铜饰。据学者分析先是在车毂两端各加一个铜辖，铜辖上有钉孔，可以钉在木毂之上。以后除建辐的部分外，两侧各用辖、轵、軧三截铜饰分段套合。以后又将辖、轵、軧分别合铸成一整节。最后是整个车毂包括建辐的部分都由铜辖、轵、軧套合，在軧上留出纳辐的凿孔[1]（图3-12）。车毂上加上铜饰，除美观外，主要是起加固作用，自然比晚商车只用木毂牢固很多。西周车轮的轮径仍大致与晚商车轮近似。以长安张家坡井叔墓地出土

❶ 张长寿、张孝光：《殷周车制略说》，第141~142页。

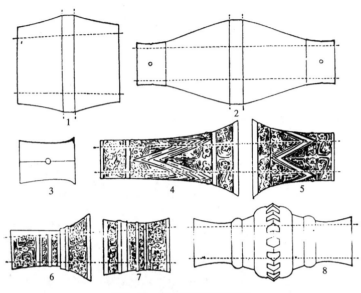

图3-12　商、西周车毂和毂饰

（引自《殷周车制略说》图二）

说明：1.安阳殷墟西区M7　2.长安张家坡M168　3.安阳殷墟西区M701：75　4.浚县辛村M3：43　5.浚县辛村M3：42　6.浚县辛村M5：24、25、26　7.浚县辛村M5：21、22、23　8.浚县辛村M1：2（以上均据报告数据参考图版绘图）

西周轮舆为例[1]，发现车轮遗迹总数达70轮，其中能测知轮径、辐数的有22轮，内有2轮直径为135厘米，其余20轮均为140厘米，仅比晚商车轮径平均值136厘米略大。但其轮辐有16轮为22辐，6轮为24辐，明显多于晚商车轮通常的18辐。三门峡虢国墓地M2001CHMK1与M2012CHMK2两座车马坑中共清剥出32乘车，能辨明轮辐的多在22辐以上。毂加铜饰而轮辐增多，车轮自然更牢固耐用，既可提高车速，又能增加承

---

❶　张长寿、张孝光：《井叔墓地所见西周轮舆》，第157页。

载能力。轴头所装铜軎，晚商多为长型，西周时虽也用长型，但开始出现短型軎。西周早期长、短两型并存，长安张家坡第二号车马坑（168号墓）所葬二车，一乘用长軎木辖，另一乘用短軎铜辖❶。以后用铜辖的短型軎日益流行，这型軎长约10厘米。轴头缩短，自使木车行驶时更为灵便。同时由轴饰固定在轴上的"伏兔"，可以抵住轮毂，防止其内移，还可以缩小辕、轴相交处和辕与前后轸相交处挖槽的深度，从而增强辕、轴杆件的强度❷。

第三，在马具方面，铜马镳也由晚商时近方形的形制改成更简易实用的圆涡形。铜马衔日益普遍，仍为两个扁平"8"字形椭圆环互相套合而成，长度近20厘米。与衔、镳结合在一起的马络头也更加完善，有时还配有贝饰或铜饰的笼嘴（图3-13）。

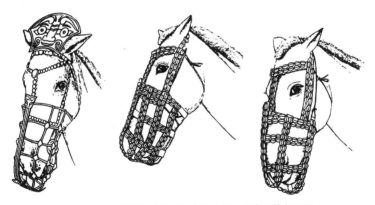

图3-13　沣西张家坡第二号车马坑第一号车马饰复原图

❶ 中国科学院考古研究所：《沣西发掘报告——1955~1957年陕西长安县沣西乡考古发掘资料》，第143页。

❷ 张长寿、张孝光：《殷周车制略说》，第161页。

除了马车的改进以外，西周时期也开始出现一些适于车战的新兴格斗兵器。在山东胶县西庵马车车厢中出土的一组兵器，除远射兵器弓矢所用铜镞和近战格斗的铜戈外，新出现了铜戟（图3-14）。三门峡虢季墓中除各式铜戈外，伴出有5件铜矛，全长均超过24厘米，有宽叶与窄叶两种❶。北京昌平白浮M3虽然没有车马坑附葬，但墓内是将大量铜车器马具与兵器共同放置在一起，格斗兵器有戟、矛、戈和钺，卫体兵

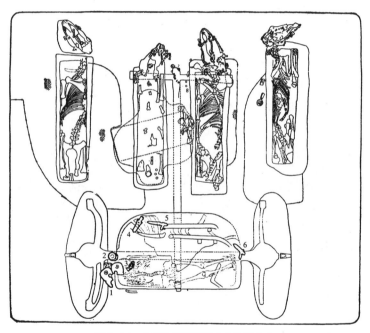

图3-14　山东胶县西庵出土的西周战车
1、2.盾饰　3.镞　4、6.戈　5.戟

❶　河南省文物考古研究所、三门峡市文物工作队:《三门峡虢国墓》第一
　　卷，第79~86页。

器有短剑，防护装具有铜胄和盾（仅存铜盾饰）❶。此外，还曾在长安普渡村第18号墓发现42件长方形铜甲片，可能是缀于皮革衬地上的护甲❷。

将有关西周马车与车战兵器装备同晚商马车与兵器装备对比，可以看出战车与车战兵器有了很大的发展。

第一是增加了驾车辕马的数量以后，一方面动力增加，可以提高车速，另一方面增强了战车的冲击能力。同时也增强了载重量，可以承载更多的兵器装备。车轮毂装置铜饰和轮上增加轮辐数量，铜軎由长型改为短型并使用铜辖，都增强了木车的牢固程度，使车辆更灵活耐用。因此西周的驷马战车的性能，远远超出晚商双马战车。

第二是车战用兵器组合逐渐形成，由长柄的戟、矛和短柄的戈相配合，初步形成适于错毂格斗的车战兵器组合。铜胄和护甲的使用，增强了防护装具的功能。

驷马战车的出现和车战兵器组合的初步形成，使得战车兵在西周时期得以占据军队主力兵种的位置，逐渐步入中国古代车战的高峰期。

西周的金文中，也有些有关战车配属的徒兵数量的资料。禹鼎铭中有"戎车百乘，斯（厮）骏二百，徒千"，根据这样的比例，正好是一乘车配有10名徒兵。不过随着时代的不同，

---

❶ 北京市文物管理处：《北京地区的又一重要考古收获——昌平白浮西周木椁墓的新启示》，《考古》1976年第4期，第246~258页。

❷ 白荣金：《西周铜甲组合复原》，《考古》1988年第9期，第849~851页。

徒兵的数目是有变化的，最多的记载达72人❶。而当时车上的乘员和车后配属的徒兵的身份是不同的。《管子·版法解》："武王伐纣，士卒往者，人有书社。""书社"就是封邑。西周初年，"周族的氏族成员，最倒霉的也做了'禄足以代其耕'的下士，也就是全变成了车上的战士，……一个个都是或大或小的奴隶主。"❷所以直到孔子的时代，"射""御"还是"士"所必修的六艺中的两项主要内容，列在"礼""乐"之后，却在"书""数"之前。所以车上的战士与车后跟随的徒兵身份高低不同，那些徒兵装备简陋，缺乏战斗力。所以当时决定一场战斗胜负的，主要是双方战车的车战，当一方的战车兵被击溃以后，真正的战斗就结束了。

四、东周时期的战车

西周时开始在战场上显示出威力的驷马战车，到东周时成为各诸侯国军队的标准装备。各国拥有战车的乘数，成为衡量一国军力大小的标志，也就是一国强弱的标志。

自20世纪50年代最早在河南辉县琉璃阁首次成功地剥剔了战国马车❸以来，春秋至战国时期的车马坑不断被清理发掘。近年陆续出版正式考古发掘报告的资料，主要有山西太原

---

❶ 《汉书·刑法志》记殷周"四丘为甸。甸，六十四井也，有戎马四匹，兵车一乘，牛十二头，甲士三人，卒七十二人，干戈备具，是谓乘马之法"。

❷ 李亚农：《欣然斋史论集》，上海人民出版社，1962年。

❸ 中国科学院考古研究所：《辉县发掘报告》，科学出版社，1956年。

金胜春秋赵卿墓车马坑❶、山西侯马上马墓地春秋车马坑❷、河南淅川下寺春秋楚墓车马坑❸、河北平山三汲乡中山王𰿋墓车马坑❹、湖北江陵九店战国车马坑❺等。许多春秋、战国时期的车马坑，目前只发表了考古简报，其中最值得注意的有河南淮阳瓦房庄马鞍冢战国时期楚国车马坑❻和洛阳中州路战国车马坑❼。前者出土了装有青铜护甲的战车，后者表明强弩已成为车上装备的远射兵器。此外，还有一些有关车战的重要考古发现，提供了当时将士装备的成套皮甲胄及驾车辕马装备的皮马甲，还有车战的成组合兵器及防护装具，以及有关战车的竹简简文，主要有湖北随州曾侯乙墓❽、荆门包山楚墓❾和江陵天星观楚墓❿。有关的考古资料已大致可以勾画出中国古代

❶ 山西省考古研究所、太原市文物管理委员会:《太原晋国赵卿墓》，文物出版社，1996 年。

❷ 山西省考古研究所:《上马墓地》，文物出版社，1994 年。

❸ 河南省文物研究所、河南省丹江库区考古发掘队、淅川县博物馆:《淅川下寺春秋楚墓》，文物出版社，1991 年。

❹ 河北省文物研究所:《𰿋墓——战国中山国国王之墓》，文物出版社，1995 年。

❺ 湖北省文物考古研究所:《江陵九店东周墓》，科学出版社，1995 年。

❻ 河南省文物研究所、周口地区文化局文物科:《河南淮阳马鞍冢楚墓发掘简报》，《文物》1984 年第 10 期，第 1~17 页。

❼ 洛阳博物馆:《洛阳中州路战国车马坑》，《考古》1974 年第 3 期，第 171~178 页。

❽ 湖北省博物馆:《曾侯乙墓》，文物出版社，1989 年。

❾ 湖北省荆沙铁路考古队:《包山楚墓》，文物出版社，1991 年。

❿ 湖北省荆州地区博物馆:《江陵天星观 1 号楚墓》，《考古学报》1982 年第 1 期，第 71~116 页。

车战最兴盛时期战车和车战用兵器装备的大致面貌，但要注意以下问题。

首先，东周时期已出现在装备和细部结构方面与一般乘坐用车不同的专用战车，并增强了远射兵器的威力。从已获得的东周车马坑资料，可以看出当时马车依其使用功能不同已有所区别。例如中山王譽墓的车马坑中出土的马车，已可据其形制和装饰的不同，区分出华美的乘车以及军事和田猎所用车❶。这里不拟具体分析东周马车，只重点观察与战车及其装备的有关资料。由河南淮阳马鞍冢二号车马坑出土的四号车（图3-15），是一乘特征明显的战车。该车轮径136厘米，32辐，轴长294厘米、径11厘米，轨距208厘米，辕长304厘米，一衡二轭，车厢宽142~148厘米、进深94~110厘米、高34.5厘米，后开宽48厘米的车门。作为战车，有两点突出之处，第一是在车厢外侧钉装青铜护甲，甲板每块长13.6厘米、宽11.6厘米或12.4厘米、厚0.2厘米，共钉80块。其中48块分别钉装在左右两侧车厢后半部，每侧有4列，每列6块。另32块分别钉装在厢后车门两侧，每侧4列，每列4块。第二是增强了车毂外侧伸出部位的牢固程度，从外向内套装有4道铜箍，箍上均有小孔，以将其牢牢钉附于毂上，经过铜箍加固，可以增强战斗中错毂格斗时抗撞碰的能力。马鞍冢四号车主是要增强在战斗中战车的防护能力，保护乘员免受伤害以持续作战。而在洛阳中州路出土的战

---

❶　河北省文物研究所:《譽墓——战国中山国国王之墓》，第514~516页。

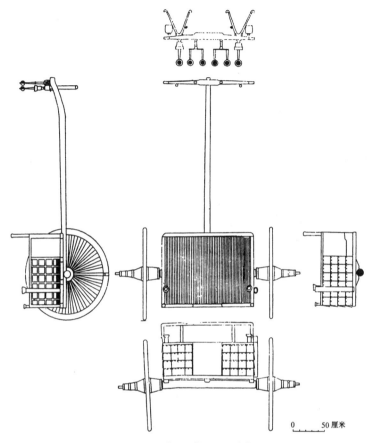

图3-15 河南淮阳马鞍冢四号车复原图

国驷马战车，则着眼于增强战车远射兵器的威力，将强弩
装备于车上。弩力较弓强劲，射程也较弓矢远得多，用于
战车自然极大地增强了远射兵器的射程。在该车前挡板外
侧安装有一双带有错金银纹饰的铜承弓器，木车出土时承
弓器尚保留于原位（图3-16）。但当时发掘者误将其复原于

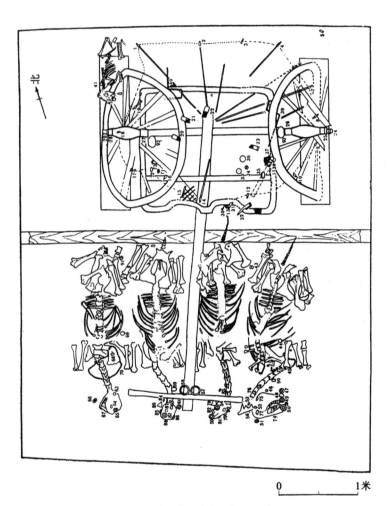

图3-16　洛阳中州路战国车马坑平面图

31、32.错银铜承弓器　37.铜镞　38.铜弩机

弩臂前端❶。当秦始皇陵
一号铜车出土后，车厢挡
板外侧装有承弩的双承弓
器❷，明确了承弓器的位置
及作用，据此也明确了中
州路战国木车已使用了同
样的装置。该车装备的弩
和箭仍保留在车厢中。弩
除铜弩机和臂盖外，木弩
臂也存残痕，总长54厘
米（图3-17）。弩箭50支，
仅存铜镞和部分残杆。此
外，在陕西户县宋村春秋
秦墓❸（图3-18）和湖北
随州战国曾侯乙墓都出土
过前带矛刺的铜车軎，曾
侯乙墓出土的一件连矛刺
长37厘米❹（图3-19）。但
在已出土马车上还没有

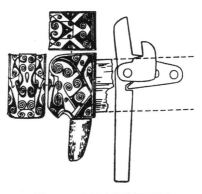

图3-17　洛阳中州路战国马车
出土铜承弓器和弩机（1/3）

---

❶　洛阳博物馆:《洛阳中州路战国车马坑》，第177页图七。

❷　"承弓器"应名"弩輒"，见孙机:《略论始皇陵1号铜车》，《中国古舆
　　服论丛（增订本）》，第22页。

❸　陕西省文管会秦墓发掘组:《陕西户县宋村春秋秦墓发掘简报》，《文
　　物》1975年第10期，第55~67页。

❹　湖北省博物馆:《曾侯乙墓》，第322~325页。

图3-18　陕西户县宋村出土秦铜带矛车軎　图3-19　曾侯乙墓出土铜带矛车軎

图3-20　曾侯乙墓马胄复原模型

见到过装有带矛刺车軎的实例。这种车軎装在轴头，可以在战车冲击时损伤敌方车毂，也可杀伤徒步的士兵❶。

其次，为了保持战车的战斗力，这时采取了有效保护辕马的措施，制作了皮质的马甲和马胄。先是在曾侯乙墓中发现了髹漆皮马甲，保存比较完整的是防护马头部的马胄（图3-20）。马胄是用整块皮革模压而成，鼻脊近平，

---

❶　孙机：《有刃车軎与多戈戟》，《文物丛谈》，第42~50页，文物出版社，1991年。

顶部正中压出圆涡纹，两侧开出耳孔和目孔，鼻部也有透孔，两颊压成凸出的云纹状颊护。皮冑表里均髹黑漆，上绘有朱红、金黄等色纹饰，细致精美。马甲虽有保存，但散乱残损较甚。在墓中记录从葬车马兵器的简文中，记录的马甲有彤甲、画甲、黎（漆）甲、素甲等名目。后来在荆门包山楚墓又出土有皮马甲，保存较完好，可以进行复原。包山马甲的马冑，是由顶梁片、鼻侧片、面侧片共6片甲片组成（图3-21）。马甲胸颈部分由25片甲片组成，分5列，每列5片。身甲由48片甲片组成，左右对称，各分4列，每列6片，特殊部位的甲片形制不同。复原后马冑长66厘米、最宽处74厘米、胸颈部分长70厘米、最宽处约60厘米，身甲长130厘米、每侧宽约60厘米**❶**

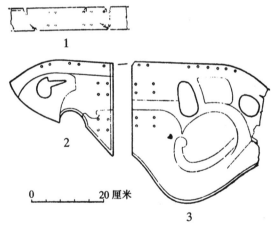

图3-21　包山二号墓出土皮革马冑甲片（2:381）形制图
1.顶梁片　2.鼻侧片　3.面侧片

❶ 白荣金:《包山楚墓马甲复原辨正》,《文物》1989年第3期,第71~75页。

（图3-22）。辕马披上这种皮马甲，可以有效地保护头、颈和躯干，免遭敌方矢石损伤，从而保证战车正常进行战斗。在文献中还有以虎皮蒙马❶，以及金属马甲，如《诗·秦风·小戎》中的"俴驷孔群"，《诗·郑风·清人》中的"驷介旁旁"。过去注家均认为指金属马甲❷，但是目前的考古发现，还没有获

图3-22　包山楚墓出土皮马甲复原示意图

---

❶ 《左传·僖公二十八年》，城濮之战中晋将胥臣"蒙马以虎皮，先犯陈、蔡。陈、蔡奔，楚右师溃。"《春秋左传注》，第461页。

❷ 《诗·秦风·小戎》中的"俴驷孔群"，注"俴驷，四介马也。孔，甚也。……笺云：俴，浅也，谓以薄金为介之札。介，甲也。"《十三经注疏》，第370页。

得过以金属制作的供战车辕马使用的护甲。

最后，车战使用的成组兵器已颇完备，曾侯乙墓出土的兵器可以为典型代表，出土的装长柲的格斗兵器有矛、戟、殳、晋杸，装短柲的格斗兵器有戈。矛共有49件，除一件短柲粗矛全长225厘米外，余皆长418~436厘米。戟有30件，分三戈有刺、三戈无刺和双戈无刺3型，装柲全长325~340厘米。殳7件，全长327~340厘米。晋杸14件，全长312厘米。戈66件，全长127~133厘米。这些格斗兵器的长度依次是矛、戟、殳、晋杸、戈，其长度比例，大致可与《考工记》所记相对应。《考工记》："车有六等之数：车轸四尺，谓之一等；戈柲六尺有六寸，既建而迤，崇于轸四尺，谓之二等；人长八尺，崇于戈四尺，谓之三等；殳长寻有四尺，崇于人四尺，谓之四等；车戟常，崇于殳四尺，谓之五等；酋矛常有四尺，崇于戟四尺，谓之六等。"❶又记"庐人为庐器。戈柲六尺有六寸，殳长寻有四尺，车戟常，酋矛常有四尺，夷矛三寻"。❷兵器柲长也是矛、戟、殳、戈递减，戈柲长不及人高。从曾侯乙墓兵器柲长可以看出，全长超过300厘米的矛、戟、殳、晋杸，均适于在战车上两车错毂时搏战。只有短柲的戈仍保持殷商以来的传统长度，难于错毂格斗，仅适于步战，或是车毁后下车近战格斗时使用。上述成组合的格斗兵器配合远射的弓矢，

---

❶ 《十三经注疏》，第907页。八尺曰寻，倍寻曰常，故戈长六尺六寸，殳长一丈二尺，戟长一丈六尺，酋矛长二丈，分别约合今152、276、368、460厘米。

❷ 《十三经注疏》，第926页。

使车战兵器臻于完备。防护装具是盾和皮甲胄，曾侯乙墓出土的成套皮甲胄已有多领被剥剔后复原。由于皮甲胄（图3-23）足以有效抵御青铜兵器的伤害，所以这一时期除铜胄外，极少使用青铜护甲。

十分明显，专用于作战的战车和完备的车战兵器装备，正反映着东周时期车战兴盛的史实。文献也留下来许多描绘车战的诗文作品，其中最生动地描绘车战情景的是《楚辞·国殇》。除了没有讲战车的队列外，清楚地表现出车战的特点：

操吴戈兮披犀甲，（盾牌手里拿，身披犀牛甲。）

车错毂兮短兵接。（敌我车轮两交错，互相来砍杀。）

旌蔽日兮敌若云，（战旗一片遮了天，敌兵仿佛云连绵。）

图3-23 曾侯乙墓出土皮甲胄复原示意图

矢交坠兮士争先。（你箭来我箭往。恐后争先谁也不相让。）

凌余阵兮躐余行，（阵势冲破乱了行，）

左骖殪兮右刃伤。（车上四马，一死一受伤。）

霾两轮兮絷四马，（埋了两车轮，不解马头缰）

援玉枹兮击鸣鼓。（擂得战鼓冬冬响。）

天时坠兮威灵怒，（天昏地暗，鬼哭神号，）

严杀尽兮弃原野。（片甲不留，死在疆场上。）

……

带长剑兮挟秦弓，

首身离兮心不惩。（身首虽异地，敌忾永不变：依然拿着弯弓和宝剑。）❶

这一篇作品，悲壮而生动地描写了一场英勇但最终失败的战斗。它不仅记录了车战的兵器装备和指挥工具：犀甲、吴戈、秦弓、长剑、旌旗、鸣鼓，还讲述了从远距离弓箭对射开始，经错毂格斗，直到车毁马伤，乘员牺牲的战斗的全过程。特别是还分别叙述了车上的三个乘员，依照他们具体职责不同的英勇表现：披甲执锐、英勇杀敌的戎右；在飞矢交坠下驾驭战车冲锋、在辕马死伤后又埋轮絷马坚持战斗的御者；直到牺牲仍旧保持鼓声不绝、坚持指挥战斗的主将。最后，他们全都英勇地战死了，"诚既勇兮又以武，终刚强兮不可凌。"诗歌结束了，但是车战的情景却牢牢地印在读者的记

---

❶ 今译采用郭沫若译文，见郭沫若：《屈原赋今译》，第34~36页，人民文学出版社，1953年。只"车错毂兮短兵接"一句译文因郭将"短兵"误为"刀剑"而有改动。

忆之中。

《国殇》是车战盛期对车战中为国牺牲的英雄的颂歌，也可视为预示驷马战车这种笨重的军事装备行将退出战争历史舞台的挽歌。就在诗人屈原生活的年代，车战已逾越了春秋时期它达到的历史最高峰，导致车战衰亡的诸因素已孕育成长。钢铁兵器和防护装具的出现，步兵的复兴和骑兵的崛起，逐渐改变着战国晚期军队的面貌，最终导致车战的衰微。驷马战车和与之配合的成组青铜兵器，行将退出战争舞台，虽然其衰亡还会延续较长的时间，直到秦和汉初，但最终只能让位于骑兵和步兵为主力的新型军队，装备的是新锐的适于骑战和步战的钢铁兵器。青铜制作的适合于车战的各种兵器及装具，自然随着历史长河，顺流而逝。

第三节　青铜兵器类型分析

一、格斗兵器：戈、戟、矛、铍、殳、钺、剑、刀

戈：是中国青铜时代最主要的常备格斗兵器，在考古发掘中最早发现于二里头文化时期。目前还不清楚戈的起源，或认为是由镰刀类工具演化而来。虽然有一些关于东南沿海地区新石器时代晚期石戈的考古发现，但那些遗址的年代较晚，当时中原已进入夏商时期，所以那些石戈不仅不是中原铜戈的原型，反而可能是受到中原铜戈影响的产物。

目前从二里头遗址出土的青铜戈，是直援，援与内的分

界不明显，尚无阑（栏），有的戈内后尾微向下曲。到殷商时期，铜戈的使用已极普遍，成为军中必备的主要格斗兵器。由于戈以钩斫为主，因此克服它在战斗中戈头易于从秘上脱落的缺点，就成为改进铜戈形制的重点。殷商时曾采用了3种不同装秘方式的戈，即銎内、曲内和直内，并开始在援与内分界处设阑（图3-24），又出现了在阑前下刃向下伸延的"胡"。关于商戈的长度，因木秘易朽，发现不多。已知殷墟西北冈1004号墓发现的銎内戈，秘长为1米。大司空村M21发现的中

图3-24　安阳殷墟武官村出土商代铜戈

胡二穿戈，柲长为1米。河北藁城台西M7出土銎内戈，柲长为87厘米。再结合金文中手执戈、盾的图像，戈柲都刻划得比人的体高略矮。因此大致可知商戈全长应在0.8~1米，是适于步兵一手执戈一手持盾的格斗兵器。殷商以后，銎内和曲内的戈都消失了，最后是直内而在援内之间加阑的戈，用于实战性能最佳，逐渐成为最主要的形制。西周的铜戈基本上是延袭着这种形制。为了加强钩击的效能，还不断改变戈头与柲相交的角度，由90度直角，逐渐改为大于90度的钝角。同时加长胡的长度，并增加胡上的穿孔。在西周到春秋时，流行戈锋呈圭首的短胡直内戈（图3-25），春秋以后则大量使用戈援上翘的长胡多穿戈（图3-26），有时还在长胡前缘铸出子刺，或在直内后尾制成利刃，以增强杀伤效能（图3-27）。但是自春秋时刺体以柲联装的青铜戟的使用日渐普遍，它不但可以钩、啄，而且可以直刺，同时具有戈、矛两种兵器的功能，因此

图3-25　　　　　　　　　图3-26
三门峡市上村岭虢国墓出土铜戈　　洛阳中州路出土铜戈

图3-27　河北怀来北辛堡出土战国青铜戈

逐渐成为车战使用的主要长柲格斗兵器，也适于骑战，戈的地位有所下降。但戈仍是车战五兵之一，也常是步兵的标准兵器。《荀子·议兵》记载，魏国步兵的标准装备就是戈和弩、剑、盾。

戟：是将矛和戈的功能结合在一起的兵器。目前发现的年代最早的标本，出土于河北藁城台西商墓M7，是用柲将1件铜矛和1件铜戈联装在一起，全长85厘米（图3-28）。但迄今在商代遗存中仅发现这一孤例，表明它只是个别人企图改进兵器的尝试，并未在社会范围造成影响。西周时期，开始使用一种整体铸造的"十"字形的铜戟。大致有两种，一种

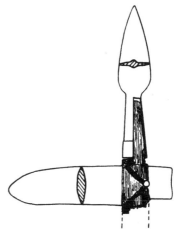

图3-28　河北藁城台西商墓出土戈矛合体戟

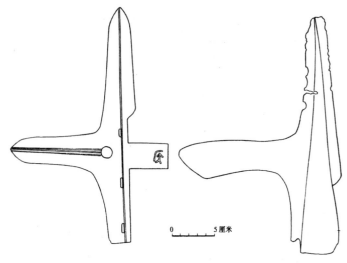

图3-29　辛村出土西周青铜戟

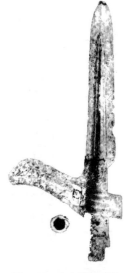

图3-30　山东胶县西庵
出土西周青铜戟

是以矛为主体，旁伸侧支；一种以戈为主体，前伸锋刺，有时刺端成弧刃并向后钩曲（图3-29）。前一种较少见，只在河南浚县和山东西庵等地西周墓出土过（图3-30）；后一种较常见，在河南、陕西、北京等省市的西周墓都有出土（图3-31）。但是这种"十"字形戟工艺较复杂，又易折损，因此使用不够普遍。西周以后它的踪迹就从战场上消失了，代之兴起的是将戈形的戟体与矛形的戟刺以柲联装的青铜戟（图3-32、图3-33），并成为东周时期军中装备的

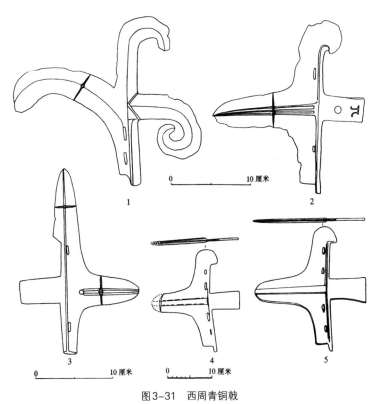

图3-31　西周青铜戟

1、2.北京昌平白浮出土　3.甘肃灵台白草坡出土　4.陕西岐山贺家村出土　5.陕西宝鸡斗鸡台出土

主要格斗兵器。但是由于竹木制作的戟柲易朽，致使出土时戟体和戟刺分离，长期以来被金石家误为戈和矛，所以到清末乃至民国初年，学者还弄不清古戟的形貌[1]。直到20世纪30年代郭沫若等学者的考证开始明确了戟体和戟刺以柲联装戟的

---

❶ 戴震:《考工记图》。

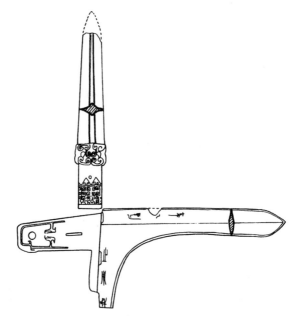

图3-32　安徽舒城九里墩春秋墓出土青铜戟

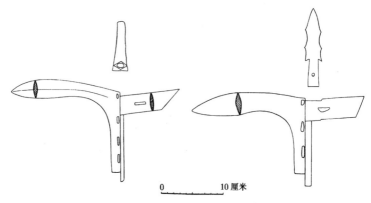

0 　　　　　　10厘米

图3-33　河北邯郸百家村出土战国青铜戟

形貌，郭宝钧更利用考古发掘成果阐述了周青铜戟的演变等问题，从而明确了东周以柲联装铜戟的形制❶。20世纪下半叶，在考古发掘中不断获得戟柲保存较完好的标本，如江苏六合程桥春秋墓出土铜戟，戟体长胡二穿，戟刺长骹窄叶，髹漆木柲遗痕尚存，长179厘米，柲尾端装平底椭圆筒形铜镦，全戟总长227厘米❷（图3-34）。后来在湖北和湖南发掘的战国墓中，不断获得戟柲保存完好的青铜戟。在湖北随州曾侯乙墓中出土有30件戟，多为髹漆木芯积竹柲，断面呈前宽后窄的杏核形，长320~340厘米，径2.3~2.8厘米❸。湖北包山2号墓出土的3件戟，亦为积竹柲，并束饰羽毛，全长370厘米❹。在曾侯乙墓出土铜戟中，除了通常的戟体和戟刺以柲联装的戟外，还有在戟体下再加装1~2件戟体，使戟体增为2~3重，以增强戟的杀伤力，同墓简文中称为"二果"或"三果"戟（图3-35）。以N139西周车马坑出土铜戟为例，3件戟体自上而下援长依次减短，分别为18.3厘米、17厘米、15.7厘米，且只有最上1件有内，余2件无内。它们装在柲上的距离，第1和第2件间距5.5厘米，第2和第3件间距5.3厘米。此外，还有的戟

---

❶ 马衡：《戈戟之研究》，《凡将斋金石丛稿》，第121~126页，中华书局，1977年；郭沫若：《说戟》，《殷周青铜器铭文研究》，科学出版社，1961年；郭宝钧：《戈戟余论》，《历史语言研究所集刊》第5本第3分，1935年。

❷ 江苏省文物管理委员会、南京博物院：《江苏六合程桥东周墓》，《考古》1965年第3期，第105~115页。

❸ 湖北省博物馆：《曾侯乙墓》，文物出版社，1989年。

❹ 湖北省荆沙铁路考古队：《包山楚墓》，文物出版社，1991年。

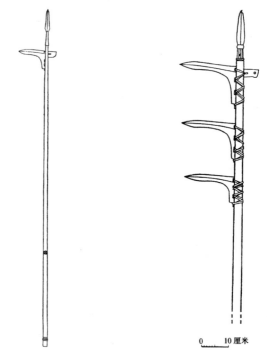

图3-34 江苏六合程桥出土春秋青铜戟　图3-35 曾侯乙墓出土三果戟

是平头形状，仅以柲联装2~3重戟体，但前端不装戟刺。

　　矛：商代青铜兵器中，重要性仅次于戈的是矛。安阳殷墟出土青铜矛的形制，大致可分为两种：一种是阔叶呈凹腰形，叶底近骹口，叶底两角有穿；另一种是矛叶为底呈圆角的三角形，长骹，骹两侧附双环，这种矛的矛叶又有较大的和较小的两型（图3-36）。值得注意的是，以上两种矛主要流行于殷代后期（即大司空村三、四期），在安阳殷墟发现的早于殷代后期的铜矛极少。而早于殷墟阶段的二里冈阶段，中

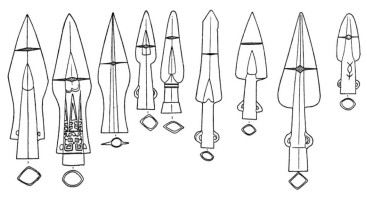

图3-36　安阳殷墟出土商代青铜矛（3/10）

原的商墓如河南郑州和辉县的商墓中，通常都没有随葬铜矛。即使在殷墟的殷代后期墓中，随葬铜矛的数量也较戈少得多。以1969—1977年殷墟西区墓地发掘所获兵器为例，共有矛70件，只及戈数的1/3强。惟有侯家庄西北冈1004号大墓（系殷王陵墓）发现数量众多的铜矛，应属特例。但另一座殷代王室大墓妇好墓中，出土的青铜格斗兵器戈多达91件，但没有青铜矛。与中原相反，在长江流域的商墓中，二里冈阶段已常随葬铜矛，湖北黄陂盘龙城的发掘中已获有实物标本。后来在时间与殷墟妇好墓相当的江西新干大洋洲商墓中，出土的铜矛不但形制多样，而且数量也超出同墓出土铜戈。正与殷墟妇好墓没有随葬铜矛，形成鲜明对比。据此推测青铜矛这类格斗兵器，似非商文化原有的因素，而是由长江以南的青铜文化传入的❶。至于商代后期矛的全长，发现的资料不多，

---

❶ 杨锡璋：《关于商代青铜戈矛的一些问题》，《考古与文物》1986年第3期，第64~71页。

大司空村312号墓保留有矛矜朽痕，约长140厘米左右❶。虽较商戈略长，但仍比人的体高略低，故其性能仍属利于步兵的近距格斗兵器。从西周到春秋战国时期，一直沿用青铜矛，在形制方面，由商代的阔叶铜矛演变成为战国时的窄叶铜矛（图3-37），并且随着车战的需要，矛矜增长，制作也更为精细，出现了"积竹"矜。在湖北随州曾侯乙墓出土的矛（图3-38），积竹矜长一般在320~380厘米之间，最长的达436厘米，超过戟的长度，在车战"五兵"中占有重要位置。

铍：东周时开始出现的一种阔刃矛，矛头形似短剑，中脊扁平，两侧设刃，前聚成锋，后端与剑同，设扁平的短茎，插合于长柄内。《左传》襄公十七年（前556年），宋乱，"华臣弱皋比之室，使贼杀其宰华吴，贼六人以铍杀诸卢门合左师之后"，❷表明当时已用铍杀人。战国时，中原各国及秦、楚军中都使用铜铍，且多有制作年代及监制官员、工师的刻铭，存世者以三晋——韩、赵、魏较多（图3-39）。

殳：棍棒类兵器。西周时王公出行，前导卫土执殳开道。《诗·卫风·伯兮》："伯也执殳，为王前驱。"也是车战中装备的实战兵器，为车战五兵之一，用于砸击敌方和推挡对方战车。其形制长柲前端装青铜殳首，一般无刃，湖北随州曾侯乙墓出土的殳也有在殳首装刺球前端伸出三棱尖锋的有刃的殳，还在柲上另施刺球。殳柲皆作八棱形，积竹柲，末端装铜

---

❶ 马得志、周永珍、张云鹏：《一九五三年安阳大司空村发掘报告》，《考古学报》第9册，第25~90页，1995年。
❷ 《春秋左传注》，第1031页。

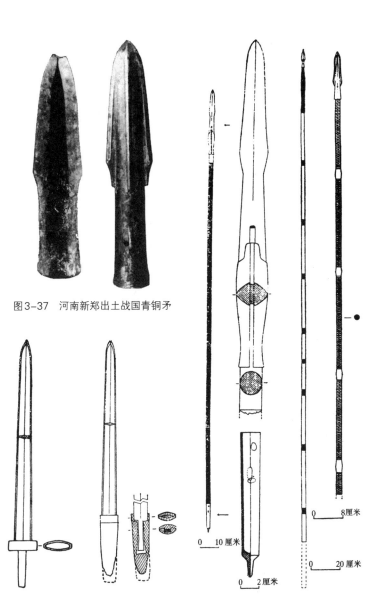

图3-37 河南新郑出土战国青铜矛

图3-39 湖南慈利石板村
战国墓出土青铜铍及木柄

图3-38 曾侯乙墓出土青铜矛
左、短杆粗矛；右、长杆细矛

镦。通长 327~340 厘米（图 3-40）。

　　钺：由史前玉石钺发展而来的青铜劈砍兵器，也是刑杀时斩人的刑具。一般是阔刃，刃角微翘，以内垂直装柄。在河南偃师二里头遗址已出土有青铜钺，但形体薄平，刃较钝，或为礼仪用器❶（图 3-41）。商周时期，青铜钺是实战兵器，但大型而装饰华美的青铜钺，主要是持有者权威的象征物。殷墟妇好墓随葬有两件带妇好铭文的大青铜钺（图 3-42），一件上饰双虎噬人头图像，长 39.5 厘米、刃宽 37.3 厘米，重 9 千克。另一件饰一头两身的龙纹，长 39.3 厘米、刃宽 38.5 厘米，重 8.5 千克。

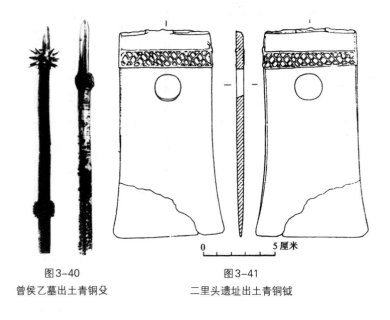

0　　　　　5 厘米

图 3-40
曾侯乙墓出土青铜殳

图 3-41
二里头遗址出土青铜钺

---

❶ 中国社会科学院考古研究所二里头工作队：《河南偃师市二里头遗址发现一件青铜钺》，《考古》2002 年第 11 期，第 31~34 页。

在各地方国的君主的墓葬中，也有类似的大青铜钺随葬。山东青州苏埠屯大墓出土过两件透雕人面形的大青铜钺❶（图3-43），一件长31.7厘米、宽35.7厘米，另一件长32.5厘米、宽34.5厘米。后一件上面还有"亚醜"族徽铭记，可能是殷末薄姑氏君主的

图3-42　安阳殷墟妇好墓出土大青铜钺

陵墓❷。此外，商周时期还有一些装饰华美的异形钺。如甘肃灵台白草坡西周墓出土的异形钺（图3-44），钺体弧曲，上铸

图3-43
山东青州苏埠屯出土商代大青铜钺

图3-44
甘肃灵台白草坡出土西周异形青铜钺

❶ 山东省博物馆：《山东益都苏埠屯第一号奴隶殉葬墓》，《文物》1972年第8期，第17~30页。

❷ 殷之彝：《山东益都苏埠屯墓地和"亚醜"铜器》，《考古学报》1977年第2期，第23~34页。

虎纹，虎口含銎，尾部延长为短胡，有二穿，以拱曲的虎背为刃，形貌奇异，虽也可用于实战，但可能还是仪仗用器。

刀：商周时期，用于实战的青铜刀较罕见。安阳殷墟出土过少量刀身较宽、刀尖翘起的青铜刀（图3-45），在脊背附铸有精美的花饰。在殷代晚期（殷墟文化第三、四期）还出现一种背有多个銎孔的卷头刀，可装长柲，数量很少，不是一般战士用于实战的格斗兵器。这类背有銎孔的卷头刀，西周时也还使用，北京昌平白浮西周墓曾有出土。

剑：以刺击为主的手握短柄格斗兵器，也称为"直兵"，利于近距格斗。西周时的柳叶形剑，是青铜剑的最早形态。陕西长安张家坡西周墓出土的标本（图3-46），全长不过27厘米，形状似细长的柳叶，装柄的茎部略窄，上有两个纵列的圆穿孔，可用于钉合在两侧贴附的木柄。类似的铜剑在陕西、甘肃、北京等地的西周墓屡有出土，剑体呈狭长的等腰三角形，后接较窄的扁茎，有的还附带有镂空纹饰的铜剑鞘（图3-47）。到春秋早期，中原地区出现了柱脊剑，由圆柱体的茎，直向前伸延而形成剑的凸脊，有的茎末端装有剑首，如三门峡上村岭虢国墓地出土的标本。洛阳中州路第2415号墓出土的柱脊剑没有剑首（图3-48），剑长28.5厘米，装有象牙柄，并插

图3-45　安阳妇好墓出土青铜刀

图3-46 陕西长安张家坡出土铜剑

图3-47 甘肃灵台白草坡出土
西周铜短剑和剑鞘

图3-48 洛阳中州路出土铜剑和象牙剑鞘

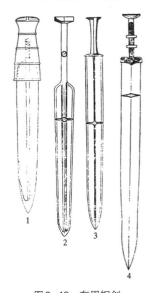

图3-49 东周铜剑
1. 洛阳中州路出土象牙柄铜剑
2. 上村岭虢国墓出土铜剑
3. 长沙东郊329号墓出土铜剑
4. 洛阳中州路2729号墓出土铜剑

在象牙鞘内。鞘中部雕出凸起的璏，表明当时已采用璏式佩剑法。而在水网纵横的南方吴、越地区，利于步战，青铜剑的制作技术更趋精良。早在西周时已有铜剑出现，到春秋晚期至战国早、中期，吴越的铸剑技术在古代中国处于领先地位。这时的铜剑尺寸增长，一般超过50厘米。剑的侧刃不是平直的，全剑最宽处约在距剑格2/3处，然后侧刃呈弧线内收，至近剑锋处再次外凸然后再内收成锐锋。刃口的这种两度弧曲的外形，更凸显出铜剑直刺的功能，也是中国式铜剑在形体上独有的特征（图3-49、图3-50：1）。工艺最精美的是一些为吴王或越王制作的剑，从湖北江陵望山1号墓出土的越王勾践剑 **❶**，是其中的代表作。该剑出土时完好如新，锋刃锐利，全长55.6厘米，剑茎两侧夹有两块弧形木片，未见缠缑，剑格两面分别用绿松石和蓝色琉璃嵌饰有几何花纹，剑身满布黑色菱形的暗纹，衬出8个错金的鸟篆体铭文，为"越王鸠浅自作用鐱"。"鸠浅"即卧薪尝胆终于灭吴的越王勾践（图3-50：2）。吴越的铸剑工艺，以后为楚所承袭。终东周时期，南方的制剑工艺一直处于领先地位。在车战中，错毂格斗时，因铜剑过短，是没有什么实战价值的。但是战国时步兵的作用日趋重要，铜剑则是步兵抵近格斗的有力兵器，因而成为步兵的标准装备。从河南汲县山彪镇战国墓出土的铜鉴上的水陆攻战图像，可以清楚地看到当时装备着剑和盾的战士步战格斗的景象 **❷**（图3-51）。

---

❶ 湖北省文物考古研究所：《江陵望山沙冢楚墓》，文物出版社，1996年。
❷ 郭宝钧：《山彪镇与琉璃阁》，科学出版社，1959年。

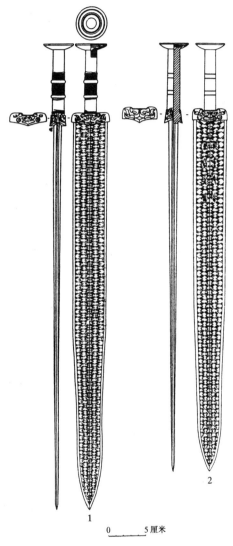

图3-50　湖北江陵出土铜剑

1.D型（WM1∶B127）　2.C型（WM1∶G9）

图3-51 山彪镇出土战国铜鉴战斗图像

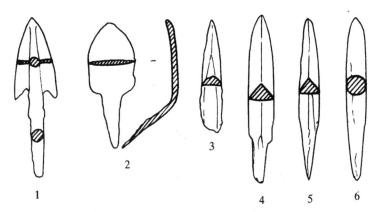

图3-52 二里头文化铜镞和骨镞（2/3）

1~3.铜镞 4~6.骨镞

二、远射兵器：弓矢、弩

弓矢：二里头遗址没有发现过弓的遗痕，但已出土有箭上安装的铜镞（图3-52）。有的只是扁平的圆叶形，尾部有不规则的铤，形态拙陋，代表着铜镞的早期形态。另一些镞形态规整，在凸起的镞脊两侧，伸出扁平的双翼，向前聚成锐利的尖锋，整体呈顶角为锐角的等腰三角形，两翼末端还做出倒刺，镞尾有用以插入箭杆的圆铤，代表着比较进步的形态。

商代的铜镞主要就是沿袭着这种扁平双翼凸脊的形态，但也不断有所改进，主要表现在两翼的夹角逐渐增大，翼末的倒刺日趋尖锐，沿着两翼的侧刃呈现出明显的血槽（图3-53）。总起来看，就是杀伤力日

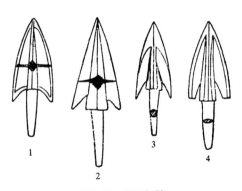

图3-53　殷周铜镞
1、2.安阳殷墟西区墓葬出土
3、4.甘肃灵台白草坡西周墓出土

益增强，当箭镞射入人体时，一方面扩大受创面积，另一方面使射入的镞更不易被拔取出来。与此同时，弓也有了很大改进，已经是有弓弣的复合弓，在甲骨文中可以看清弓的形貌。据安阳殷墟小屯C区M20保留的两张弛弓的遗痕，推测复原弓长约160厘米❶。在弓上常装有玉、象牙或铜质的弭（图3-54）。在河北藁城台西发现过1支箭杆遗痕完整的箭，可知箭长85厘米。西周时期，铜镞仍以凸脊扁平双翼的形制为主，只是两翼夹角更大些，翼尾倒刺更锐利或改为平铲状。到东周时期，除沿用传统的扁体双翼镞外，开始改成三棱锥体形状，由3条凸起的棱刃前聚成锋，因而既增强了穿透力又加强了杀伤力（图3-55）。

---

❶　石璋如：《小屯殷代的成套兵器》，《历史语言研究所集刊》第30本，1950年，台北。

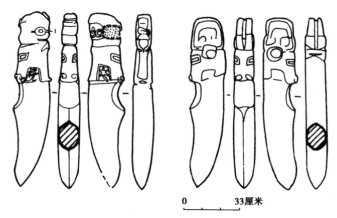

图3-54 安阳出土的殷代玉弓弭

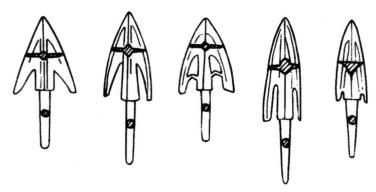

图3-55 上村岭虢国墓出土铜镞

弩：东周时期，装有青铜机的弩开始装备军队，在湖南、江苏、河南、河北、山东、四川等地的战国墓中，都发现有青铜弩机❶（图3-56）。在湖南的楚墓中，如长沙扫把塘138

---

❶　参看《弓和弩》，《中国古兵器论丛》，第190~232页。

号墓中还发现完整的
木弩臂（图3–57）和
竹弩弓❶。据此可以对
战国时的弩进行复原
（图3–58），其形制是
在木制弩臂前端横装
弩弓，在弩臂后端开
槽安装铜弩机，弩机
由悬刀（扳机）、望

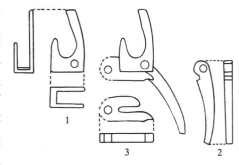

图3–56 长沙出土战国铜弩机结构图
（约1/3，长·左·M15出土）
1.弩牙及望山 2.悬刀 3.牛

山和牛（钩心）组成，望山下部前伸成钩弦的牙，在弩臂面
上刻有放弩箭的矢道。发射时将弩弓的弦拉张，扣在钩弦的
牙上，再将弩箭放在矢道上，扣动扳机，松开钩心，使望山
前倾，钩弦的牙下落，释放弩弦，将弩箭弹射出去。与弓相
比，弩有下述优点：其一是弓仅能靠一人的臂力张弦，而弩
除用臂力，还可用脚蹬、用腰引，甚至安装绞车，集中几个
人甚至几十个人的合力，还可利用兽力，因此弩的强度可比
弓成倍地增加，因此射程远、威力大。其二是用弓射箭时，因
人的臂力有限，不能长时间张弓，只能迅速瞄准，尽快放箭。
弩就不同了，当张开弩弓后先将弦钩在牙上，可以延时发射，
既有充分时间瞄准，又可持满傅矢，等待有利时机再发射。还
可全体齐射，矢道同的，充分发挥威力。最著名的齐魏马陵

❶ 高至喜：《记长沙、常德出土弩机的战国墓——兼谈有关弩机、弓矢的
　　几个问题》，《文物》1964年第6期，第33~45页。

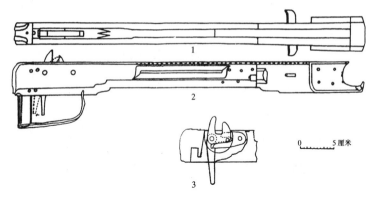

图3-57　长沙扫把塘138号墓出土战国弩机

1.俯视　2.右侧面　3.剖面

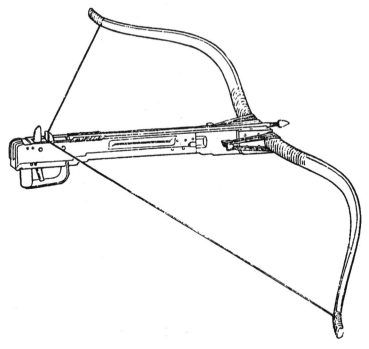

图3-58　战国弩复原示意图

之战（前343年），齐军就是伏善射者万弩，一时俱发，大败
魏军，获取胜利的。另一方面，弩与弓比，发射准备时间长，
是其弱点。同时，对于体量较大的战车，强弩是比弓更具威胁
性的远射兵器。除了一般的强弩外，战国时也尝试制作可以连
发的弩，曾在江陵秦家嘴墓地47号楚墓中出土1件双矢并射连
发弩（图3-59）。这件连发弩和短木弓和短矢一起，贮藏在竹
笥内。弩体较小，通长仅27.8厘米，上有虎形矢匣，匣内左右
均可贮矢。下为机体，机体由木臂、活动木臂、铜机件构成。
木臂内设活动木臂，木臂上平面有双矢发射面、发射管孔及
弦活动槽。可以集中进矢、贮矢、矢自动落槽、自动进入发射
管孔并控制运行方向。将矢装满矢匣，可连续发射10次，两

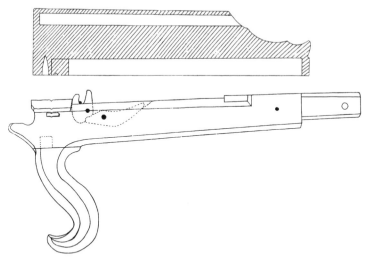

图3-59　江陵秦家嘴楚墓出土双矢连发弩
上：矢匣　下：弩体

个并列的发射孔又可以同时发射❶。这件弩设计思想虽很先进，但构造复杂，难于大规模制作和装备军队，且形体小，矢长仅14.3厘米，只能是稀罕的随身的手握式近战卫体兵器。

三、卫体兵器：短刀、短剑

短刀：在安阳殷墟出土的成套兵器中，常有卫体的青铜短刀。在小屯C区M20中出土的3组兵器中，含有青铜的兽首短刀，与砺石同出。短刀凸背曲刃，刀身与刀柄分界明显，有下阑，刀柄末端常饰马等兽首，应是殷代吸收北方草原文化的产物。这类短刀或可称为削，既可用作修整兵器的工具刀❷，也是在贴身肉搏时的卫体兵器（图3-60）。妇好墓中也有1件这种类型的短刀，柄末似龙形，头上双角。

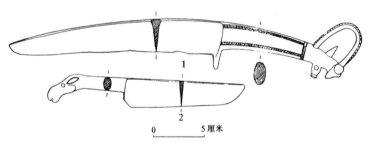

图3-60　安阳殷墟出土兽首铜短刀
1.龙首刀（M5: 690）　2.马首刀（M1713）

短剑：西周墓中常有青铜铸制的各式短剑，如北京昌平

---

❶　陈跃钧:《江陵楚墓出土双矢并射连发弩研究》,《文物》1990年第5期，第89~96页。

❷　陈梦家:《殷代铜器》,《考古学报》第7册，第15~59页，1954年。

白浮西周墓出土6件短剑，M2出土2件、M3出土4件，多在剑身与茎交接处两侧出翼，扁茎，茎首半球形或饰鸟兽头像，如鹰、马等，全长多在25~38厘米左右❶（图3-61）。它们也是吸收北方草原文化的产物。

图3-61　北京白浮西周墓出土青铜短剑

四、防护装具：盾、甲胄

盾：也称"干"，是青铜时代主要的单兵手持防护装具。由于以皮革和藤木制作的盾可以有效地抗御青铜兵器的攻击，所以在殷周时期还主要使用皮革（图3-62）和藤木的盾（图

---

❶　北京市文物管理处：《北京地区的又一重要考古收获——昌平白浮西周木椁墓的新启示》，《考古》1976年第4期，第246~258页。

3-63）。目前在考古发掘中，还没有发现过整体以青铜铸造的盾。为了增强盾的防护功能和威吓敌人，又常在盾上嵌有青铜的盾饰。简单的只是圆形的铜泡，复杂的铸制成面目狰狞的巨大人面或兽面。陕西岐山贺家村4号西周墓出土的人面形铜盾饰，高35厘米、宽37.8厘米[1]（图3-64）。西周时也有将人面或兽面分解成眉、目、鼻、口等部位，分别铸造，再钉缀在盾面上组合成完整的图案，如房山琉璃河西周墓的一组铜盾饰即由眉、目、鼻、口等共7件铜饰组成[2]（图3-65）。

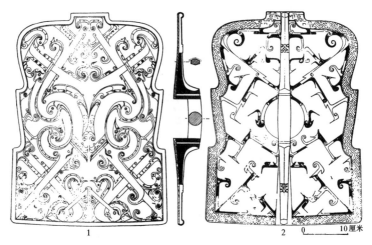

图3-62　包山楚墓出土革盾
1.正面　2.背面

[1] 陕西省考古研究所等编：《陕西出土商周青铜器（三）》图版3，文物出版社，1980年。

[2] 中国科学院考古研究所、北京市文物管理处、房山县文教局琉璃河考古工作队：《北京附近发现的西周奴隶殉葬墓》，《考古》1974年第5期，第309~321页。

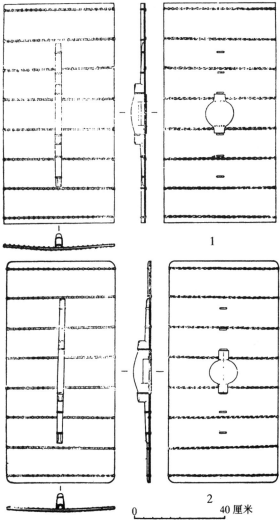

图3-63 包山楚墓出土木盾

1

2

0   40厘米

图3-64　陕西岐山贺家村出土人面形铜盾饰

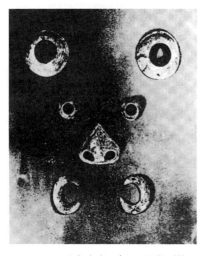

图3-65　北京琉璃河出土西周铜盾饰

甲胄：商代的甲胄，曾在安阳殷墟侯家庄1004号墓发现过皮甲和铜胄。皮甲仅存残迹，是皮革腐烂后遗留在土上的纹理，有黑、红、白、黄四色的图案花纹。发现的两处残迹，最大径都在40厘米左右，看来是一种整片的皮甲❶（图3-66）。青铜胄放置在南墓道的北口，总数在140件以上。胄的形制大体近似，范铸，合范的缝正当胄的中线，于是形成一条纵切的脊棱，把全胄均匀地分成左右两个部分，胄面上的纹饰就是以这条脊棱为中线向左右对称展开。胄的左右和后部向下伸展，用以保护耳朵和颈部。铜胄正面多饰兽面纹，在额头中线处是扁圆形的兽鼻，巨目、粗眉在鼻侧和鼻上向左右伸展，与双耳相接。兽

---

❶　梁思永未定稿、高去寻辑补：《侯家庄（安阳侯家庄殷代墓地）》第五本《1004号大墓》，1970年，台北。

首有虎和牛两种，虎首有一对大耳朵，牛首则加有两支上翘的尖角。在铜胄两耳侧还饰有大小不等的圆涡形图案。也有的胄上不饰兽面，仅铸出两只大眼睛，或是凸出两朵大圆葵纹。在胄的顶部，都有向上竖立的铜管，用以安装缨饰。整个铜胄的剖面呈扁圆形，一般高20厘米以上，重2~3千克之间 [1]（图3-67）。这些铜胄应是禁卫商王的军队装备的防护装具，所以在殷墟的其他商墓中没有发现过。在山东、江西、山西等省的商墓中也有铜胄出土。江西新干大洋洲商墓出土的1件铜胄（图3-68），前额亦铸成兽面纹样，顶设竖直的缨管，高18.7厘米，重2210克，其大小重量及形制大致与殷墟出土铜胄接近，但是纵向脊棱较为突出 [2]。山东滕州商墓出土的铜胄，随葬于第11号墓中，多达13件，其形制与殷墟铜胄有些区别，系由铜胄梁和皮革胄体结合而成。自胄顶外纵向伸向前后的宽脊梁以青铜铸制，有的脊梁前当额部分铸出兽面纹，而脊梁两侧胄体以皮革制作，并在双耳处嵌青铜铸的圆形护耳，有些胄的下缘缀护兽牙制成的长方形甲片 [3]。上述两处出土的青铜胄看来也不是一般战士的装备，可能是当地方国统治者所使用的防护装具。此外，还从山西柳林县高红出土过1件商代

[1] 梁思永未定稿、高去寻辑补：《侯家庄（安阳侯家庄殷代墓地）》第五本《1004号大墓》，1970年，台北。

[2] 江西省文物考古研究所、江西省博物馆、新干县博物馆：《新干商代大墓》，文物出版社，1997年。

[3] 胡秉华：《滕州前掌大商代遗址》，《中国考古学年鉴（1996）》，第159~160页，文物出版社，1998年。

青铜胄❶（图3-69），外貌较特殊，两侧垂下护耳部分，脊部纵置方钮，具有浓郁的地方特色，可能与北方游牧民族有关。遗憾的是还没有获得任何表明商代曾使用过青铜甲的考古发现。但是已在西周墓里发现了当时曾使用过青铜甲的踪迹。在陕西长安普渡村和张家坡的西周墓先后发现两项与青铜甲有关的遗物。在张家坡M170井叔墓随葬的铜甲，由半月形铜泡排成横列贴附在布帛或皮革上组成，每列半月形铜泡5枚，共12列❷。衬皮表面涂朱色，并钉铜质边框，边框上还等距离饰有扣形玉饰。经连接复原成布满半月形铜泡的长方体，总长度约为110厘米、宽29厘米，推测或许是围护胸腹的防护装具❸。普渡村M18出土42件铜甲片，均为长方形，四角有穿孔，分长短两种样式。长甲片14片，长10.4厘米、宽4.05厘米；短甲片28片，长7.2厘米、宽4.2厘米，厚度均为0.15厘米。甲片表面光洁，背面有附着物的痕迹，原是按一定规律编缀在附着物之上的❹。经复原研究，可能是连缀于皮革衬地上遮护前胸和腹部的护甲❺（图3-70）。这一发现使我们获得了有关中

---

❶ 杨绍舜：《山西柳林县高红发现商代铜器》，《考古》1981 年第 3 期，第 211~212 页。

❷ 中国社会科学院考古研究所沣西发掘队：《陕西长安张家坡 M170 号井叔墓发掘简报》，《考古》1990 年第 6 期，第 504~510 页。

❸ 白荣金：《长安张家坡 M170 号西周墓出土一组半月形铜件的组合复原》，《考古》1990 年第 6 期，第 559~562 页。简报称甲泡为 12 列，白文说为两组共 13 列。

❹ 中国社会科学院考古研究所沣西发掘队：《1984 年长安普渡村西周墓葬发掘简报》，《考古》1988 年第 9 期，第 769~777 页。

❺ 白荣金：《西周铜甲组合复原》，《考古》1988 年第 9 期，第 849~851 页。

图3-66　安阳殷墟出土的皮甲残迹

图3-68　江西新干大洋洲出土商代铜胄

图3-69　山西柳林出土商代铜胄

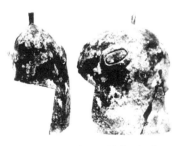

图3-67　安阳殷墟出土铜胄

国古代确曾使用青铜制甲的信息。西周墓也出土过青铜胄，如北京昌平白浮2号墓和3号墓各出土1件。2号墓的1件已修复，铜胄左右两侧向下伸展，形成护耳，在胄顶中央纵置网状长

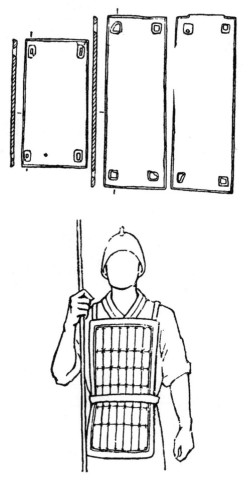

图3-70　陕西长安普渡村西周墓出土铜甲片和铜甲复原示意图

脊，脊的中部有可以系缨的环孔，全胄表面平素，通高23厘米、脊高3厘米、脊长18厘米（图3-71）。3号墓的1件残破较甚，形制相近，但无纵脊，在胄顶纵置一圆钮，钮中穿孔，用以系缨，胄面平素，高23厘米❶。

图3-71　北京昌平白浮出土西周铜胄

五、边疆民族的青铜兵器

先秦时期边疆民族使用的青铜兵器，常常具有浓郁的地域特色，从北方、东北、西南、东南各地的考古发现中，可以看到这些带有地域特征的青铜兵器。概略来看，北方游牧

❶ 北京市文物管理处：《北京地区的又一重要考古收获——昌平白浮西周木椁墓的新启示》，《考古》1976年第4期，第246~258页。

民族的青铜兵器，最具特色的是柄端饰以动物纹饰的青铜短剑或短刀。短剑的刃有直刃和曲刃两类，短刀则是弧背凹刃，柄端常饰马、羊、鹿等兽首（图3-72）。东北地区流行的青铜短剑，两侧刃有颇为明显的两度弧曲，有短茎，并在柄端加装石质或金属的加重器（图3-73）。

图3-72　河北青龙抄道沟出土羊首铜短剑

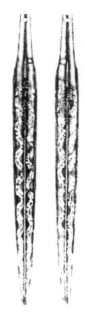

图3-73　辽宁喀左南洞　　　图3-74　巴人青　　　图3-75　云南江川李
　　沟出土曲刃铜短剑　　　　　铜剑　　　　　　家山出土滇人铜啄

在西南，主要是在今四川地区的巴蜀兵器，以及在今云南地区的滇人兵器。具有特征的巴蜀兵器是带有心手纹、虎纹等纹样的扁茎柳叶形剑（图3-74），还有矛和钺❶。滇人兵器则以装饰各种立体鸟兽纹的啄类（图3-75）和异形戈类兵器最具特色，引人注意的还有三角形刃铜剑、前带矛头的狼牙棒、双叶吊人矛，以及装饰华美线雕纹样的整片铜甲❷。

在东南地区，古越人的短剑和不对称形钺（图3-76），都具有特色。

图3-76　广西平乐银山岭出土不对称铜钺

---

❶　四川省博物馆:《四川船棺葬发掘报告》，文物出版社，1960年。
❷　云南省博物馆:《云南晋宁石寨山古墓群发掘报告》，文物出版社，1959年;《云南江川李家山古墓群发掘报告》,《考古学报》1975年第2期，第97~156页。

第四章　青铜兵器向钢铁兵器的过渡

第一节　陨铁刃兵器的出现

图4-1
河北藁城台西出土铁刃铜钺

1972年在河北藁城台西遗址，采集到一件青铜钺，嵌铸有铁刃（图4-1），估计应是一座墓中的随葬品❶。当时经初步鉴定❷，认为是人工冶铁。在那个年代，有人就认为这是给经典著作说奴隶社会用铁剑在中国找到的物证。但是也有学者指出那铁刃可能是利用了天降的陨铁所制❸。后经重新检验，"藁城铜钺铁刃中没有人工冶铁所含的大量夹

---

❶　河北省博物馆、文物管理处：《河北藁城台西村的商代遗址》，《考古》1973年第5期，第266~270页。

❷　同上，第270~271页附录：《冶金工业部钢铁研究院试验报告》。

❸　关于藁城铜钺铁刃问题，我在《夏鼐先生对中国科技史的考古学研究》中回忆了当时的情况，见《中国考古学研究论集——纪念夏鼐先生考古五十周年》，第15~30页，三秦出版社，1987年。

杂物，原材料镍估计在6%以上，钴含量在0.4%以上。更为重要的是，尽管经过锻造和长期风化，铁刃中仍保留有高低镍、钴层状分布，高镍带风化前金属镍含量达到12%，甚至可能在30%以上。这种分层的高镍偏聚，只能发生在冷却极为缓慢的铁镍天体中。根据这些结果以及与陨铁、陨铁风化壳结构的对比，可以确定，藁城铜钺的铁刃不是人工冶炼的铁，而是用陨铁锻成的。"[1]表明这是先将陨铁锻制成约2毫米厚的薄刃，再与青铜钺身浇铸在一起。1977年，又在北京平谷刘家河发掘的商墓内发现了另一件铁刃铜钺[2]（图4-2），经鉴定钺身为铜锡合金，薄刃为陨铁锻制[3]，厚2毫米左右，再与青铜浇铸成一体，铁刃包入铜内的根部残存约1厘米（图4-3）。这两件铁刃铜钺的形体都较小，藁城的钺残长仅11.1厘米，阑宽8.5厘米。刘家河钺更小，残长仅8.4厘米，阑宽仅5厘米。这样小的钺没有实战价值，很可能因为铸嵌了天降的陨铁，所以有与宗教信仰有关的含义。

类似商代铁刃铜钺的陨铁刃铜兵器，在西周墓葬里也有出土。近年在河南三门峡市西周虢国墓地的M2009中出土有一件铁援铜内戈，据检验镍含量27.4%。同墓出土的铜工具中也有两件以陨铁作刃，一件是锛，另一件是刻刀。此外，还有

---

[1] 李众：《关于藁城商代铜钺铁刃的分析》，《考古学报》1976年第2期，第17~34页。

[2] 北京市文物管理处：《北京市平谷县发现商代墓葬》，《文物》1977年第11期，第1~8页。

[3] 张先得、张先禄：《北京平谷刘家河商代铜钺铁刃的分析鉴定》，《文物》1990年第7期，第66~71页。

图4-2　北京平谷刘家河商墓出土　　　　图4-3　北京平谷刘家河商墓
　　　　铁刃铜钺　　　　　　　　　　出土铁刃铜钺x光照片

两件20世纪30年代出土于河南浚县的西周铁刃铜器，现已流出国外。那两件器物的铁刃也是以陨铁制作的。

这几件陨铁刃铜器，"表明至迟在公元前14世纪中国古代工匠已认识和熟悉了铁的热加工性能，了解铁与青铜在性质上是有差别的。但是使用陨铁与人工冶铁之间有什么联系，目前尚不清楚。"[1]同时也应注意到在三门峡市西周虢国墓地的M2001与M2009中，分别出土有用人工冶铁作刃的铜茎玉柄钢短剑和铁刃铜刀，对陨铁与人工冶铁制品同时共存的事实，被认为"是

---

[1]　韩汝玢：《中国早期铁器（公元前5世纪以前）的金相学研究》,《文物》1998年第2期，第87~96页。

值得重视的新结果"❶。但它们之间有什么联系，目前同样还不清楚。总之，以陨铁作刃制作钺、戈等兵器，虽然那些兵器不一定是实战兵器，但它们总是中国最早将铁用于兵器制作的实例。

第二节　钢铁兵器开始出现

依据目前的考古发现，在河南三门峡西周虢国墓中出土的铜茎玉柄钢短剑❷（图4-4），经检验系块炼渗碳钢制作，是已发现的年代最早的人工冶炼的钢制品，也是可以作为卫体兵器使用的钢制兵器❸。从出土情况看，这件短剑是作为珍贵物品随葬的，它被用丝织品包裹后，装入牛皮鞘内。短剑全长34.2厘米，本身的装饰也颇富丽华美，铜茎外包镶玉柄，并饰有绿松石，在剑身与柄衔接处也嵌饰绿松石片。上述情况表明当时钢短剑还被贵族视为罕见的珍贵品，所以才被如此重视，也正证明当时恰是古人懂得钢铁冶炼技术的初起阶段，还不能进行大批量生产，人们才会对小件钢制品如此珍重。"早期冶铁都是在较低温度下，铁矿石在固态状态下用木炭还原而得到的纯铁，在锻制成器时，同炭火接触使碳渗入而成块炼渗碳钢。""用渗碳技术制作的钢铁兵器，其性能才能赶

---

❶　韩汝玢：《中国早期铁器（公元前5世纪以前）的金相学研究》，《文物》1998年第2期，第89页。

❷　河南省文物考古研究所、三门峡市文物工作队：《三门峡虢国墓》第一卷，文物出版社，1999年。

❸　韩汝玢、姜涛、王保林：《虢国墓出土铁刃铜器的鉴定与研究》，《三门峡虢国墓地》第一卷，第559~573页。

图4-4
三门峡虢国墓（M2001）
出土铜茎玉柄钢剑

上甚至超过青铜兵器，这一技术的使用对冶铁技术的传播和发展起了极重要作用。"❶西周虢国墓出土铜茎玉柄钢短剑，正是迄今所知中国古代块炼渗碳钢的最早标本，同时也表明人们刚一掌握这一先进的工艺技术，立刻就尝试着用其为上层统治者制作卫体兵器。但是这类被视为珍贵品的短剑之类的卫体兵器，不可能普遍装备军中的将士，更不能在战斗中起什么重要作用，更难于动摇当时青铜兵器作为军队主要装备的地位。

到了春秋乃至战国早期，冶铁炼钢技术有了进一步发展，已在陕西、甘肃、山西、河南、湖南、湖北、江苏、内蒙古、宁夏等省区的考古发掘中陆续获得了较多的铁器标本，其中至少有28件标本经过金相鉴定，其中有12件是锻造铁器，另16件是铸铁器❷。据研究12件锻件都是块炼铁或块炼渗碳钢制品。16件

❶ 韩汝玢：《古代金属兵器制作技术》，《中国军事百科全书·古代兵器分册》，第193~200页，军事科学出版社，1991年。

❷ 韩汝玢：《中国早期铁器（公元前5世纪前）的金相学研究》，第91页表三"春秋至战国早期（公元前5世纪前）出土铁器统计表"、第92页表四"金相鉴定的早期铁器"。

由生铁铸造，说明中国古代至迟于公元前5世纪已生产出液态生铁铸成工具、农具，并创造出改善铸铁脆性的退火工艺。表明在中国古代，块炼铁与块炼渗碳钢，以及生铁和退火处理，两种冶铁技术几乎同时发展，形成中国古代钢铁技术发展具有特色的技术体系。掌握了冶铁炼钢技术的诸侯国，国力和军力得以发展：液态生铁并经退火处理改善性能，制成的工具、农具，促进了农耕技术的变化，提高了国力；块炼渗碳钢用于兵器制作，可以生产出优于青铜兵器的钢铁兵器，提高了军力。正是在这一阶段，除了一些用于卫体的钢制短剑外，已经出现了用于近战格斗的兵器。

1976年，在长沙杨家山65号墓的清理工作中，获得一件装

图4-5　长沙杨家山出土春秋钢剑

有铜剑格的钢剑❶（图4-5），剑首已残，剑全长38.4厘米，剑体长30.6厘米、宽2~2.6厘米，有中脊。经过鉴定为含碳0.5%的中碳钢，金相组织均匀，由块炼渗碳钢制成，已是真正可用于装备军队的钢制近战格斗兵器。

第三节　钢铁兵器初现战争舞台

在南方楚地，春秋时已能制作钢剑，到战国时钢铁兵器的制作有了更长足的进展。《史记》曾记秦昭王临朝叹息，大臣问

---

❶ 长沙铁路车站建设工程文物发掘队：《长沙新发现春秋晚期的钢剑和铁器》，《文物》1978年第10期，第44~48页。

叹息原由，昭王曰："吾闻楚之铁剑利而倡优拙。夫铁剑利则士勇，倡优拙则思虑远。夫以远思虑而御勇士，吾恐楚之图秦也。"❶楚之铁剑能令秦王忧虑，不仅说明当时楚之铁剑制工精良，更表明当时楚军已大量装备了这种先进的钢铁格斗兵器。从考古发现来看，在战国时楚国境域内的墓葬发掘中，已获得了数量较多的铁兵器，品种也不少，有剑、戟、矛等格斗兵器，也出现了用于远射兵器的铁镞❷。使秦王忧虑的铁剑，发现较多，而且有的剑长已达140厘米，几乎超过同时使用的铜剑长度一倍之多。可以看出当时楚国制作铁兵器的工艺技术较为先进，所以《荀子·议兵》也说楚之"宛钜铁钯，惨如蜂虿"❸。

在中原三晋地区，前已记述早在西周时就出现过钢短剑，《史记·苏秦列传》记苏秦说韩宣王时称誉韩卒之剑"当敌则斩坚甲铁幕"，注家多谓"铁幕"是"以铁为臂胫之衣"❹，言其剑利，能斩之也。青铜剑自难斩断铁铠，所以通常认为只有钢剑才有可能。同时据近年的考古发现，河南登封阳城的铸铁遗址，从战国早期到晚期都在生产，出土有镤、锄、削等工具，还发现有熔炉壁、铸范、鼓风管残片等遗物❺，表明当时

❶ 《史记·范睢蔡泽列传》，第 2417~2418 页。
❷ 湖南省文物工作队：《长沙、衡阳出土战国时代的铁器》，《考古通讯》1956 年第 1 期，第 77~79 页；湖南省博物馆：《湖南省文物图录》，湖南人民出版社，1964 年。
❸ 《荀子简注》，第 159 页，上海人民出版社，1974 年。
❹ 《史记·苏秦列传》，第 2251~2252 页。
❺ 河南省文物研究所、中国历史博物馆考古部：《登封王城岗与阳城》，文物出版社，1992 年。

这一地区已有一定规模的冶铁能力。在泥质铸范中，发现有戈范❶和匕首范，还有较多的中条材范与板材范，表明当时这里较多地铸造可供锻制用的条材和板材，正说明韩地具有制作铁兵器的雄厚的物质和技术基础。

同时在北方燕地，钢铁兵器也有所发展。后来并入燕版图的中山，据说已使用铁甲，并使用铁杖作兵器。《吕氏春秋·贵卒篇》记有"赵氏攻中山，中山之多力者曰吾丘鸠，衣铁甲操铁杖以战"。在河北易县燕下都战国晚期遗址中，出土有铁兵器以及许多零散的铁铠甲片，例如在21号遗址，就曾发现铁矛、铁剑、铁镞等兵器，还有多达261片铁甲片❷。特别是1965年在武阳台村西发现了一座埋葬阵亡将士的丛葬墓（44号墓），其中埋有22人，以及他们携带的货币和使用的兵器和防护装具❸。出土的格斗兵器有戟、矛、剑、戈四种（图4-6），其中只有剑和戈各1件为青铜制作，其余均为钢铁兵器，计有戟12件、矛19件、剑15件。此外，还有铁匕首4件，可充卫体兵器。铁制防护装具有1件由89片铁甲片编缀的兜鍪。只有远射兵器仍以青铜为主，有1件铜弩机但带有铁廓底座，还有19件铜镞但附有铁铤。经过金相鉴定的5件兵器是块炼法制成

❶ 炼铁遗址出有戈范，但目前尚未发现战国兵器中有铁戈，这一情况今后应加注意。

❷ 河北省文物管理处：《河北易县燕下都第21号遗址第一次发掘报告》，《考古学集刊》第2集，第69~82页，1982年。

❸ 河北省文物管理处：《河北易县燕下都44号墓发掘报告》，《考古》1975年第4期，第228~240页。

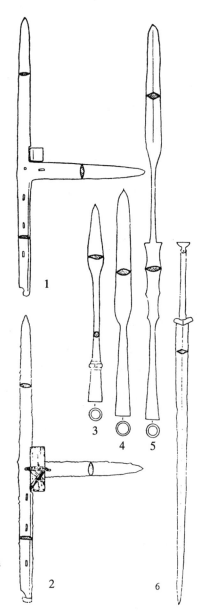

图4-6
燕下都44号墓出土铁兵器
1~2.戟　3~5.矛
6.剑（1~5.1/6；6.1/10）

的纯铁或钢制品，提供了用块炼渗碳钢，经过反复折叠锻打，以提高性能的最早证据。同时，当时还广泛使用淬火技术，使刃部更坚硬锋利，这也是迄今中国发现最早的经淬火的兵器❶。44号墓出土的兵器，给人们一个明确的信息：钢铁兵器以极强劲的发展势头，走上了战争舞台，预示着钢铁兵器取代青铜兵器的时刻，已经为期不远了。

但是从目前的考古发现来看，楚地和燕地出土的可用于实战的钢铁兵器数量较多，三晋地区发现很少，秦地则颇为缺乏，显示出战国晚期各地区钢铁兵器的发展很不平衡。这也反映着钢铁兵器初现战争舞台的实际情况。

第四节　步、骑兵的发展对兵器的影响

谈起东周时期步兵和骑兵的发展，必然要联想起"毁车为行"和"变服骑射"两则历史故事，而这两则故事又都是与对边疆的古代民族作战有关。

"毁车为行"，发生于公元前541年。《左传·昭公元年》："晋中行穆子败无终及群狄于大原，崇卒也。将战，魏舒曰：'彼徒我车，所遇又陜，以什共车，必克。困诸陜，又克。请皆卒，自我始。'乃毁车以为行，五乘为三伍。荀吴之嬖人不肯即卒，斩以徇。为五陈以相离，两于前，伍于后，专为右角，参为左角，偏为前拒，以诱之。翟人笑之。未陈而薄之，

---

❶　北京钢铁学院压力加工专业：《易县燕下都44号墓葬铁器金相考察初步报告》，《考古》1975年第4期，第241~243页。

大败之。"❶由于山戎及群狄的军队是步兵，又在大原的山区作战，晋军战车兵的缺点暴露无遗，所以不得不采取魏舒的主张，临时放弃不适于山区作战的战车等笨重装备，让战车上的战士下车徒步作战。许多不肯放弃车上战士高于徒兵身份的人，以荀吴的宠臣为代表，不肯接受改为徒兵的命令，只有将他杀掉示众，才顺利地将战车兵改编成步兵，排成五个互相呼应的阵。狄人看到晋军临阵才把战车兵改成步兵，感到很好笑，结果轻敌致败，没等狄人排成阵势，就遭晋军迫近攻击，狄人大败。但这只是统帅依据战场地形及敌我态势，为了取得这一战斗胜利选用的权宜之计，出奇兵以制敌，并不是此后晋军就真全部"毁车为行"，撤除战车兵，改以步兵方阵为军队主力兵种了。所以认为这次战斗就是成建制组建步兵的开始时期，恐怕并不符合历史事实。很可能打败狄人以后，那些战车兵依然回到自己的战车上去，晋军仍是以战车兵为军队主力。迟于这次战斗几乎半个世纪，即公元前493年的铁之战，就仍是一场典型的车战。那次战斗中赵简子和为他御车的邮无恤和车右卫太子蒯聩的表现，则被认为是车战中三个乘员的楷模："简子曰：'吾伏弢呕血，鼓音不衰，今日我上也。'大子曰：'吾救主于车，退敌于下，我右之上也。'邮良曰：'我两靷将绝，吾能止之，我御之上也。'驾而乘材，两靷皆绝。"❷这也并不奇怪，正如恩格斯所指出的"装备、编

---

❶ 杨伯峻编著：《春秋左传注》，第 1215~1216 页，中华书局，1981 年。
❷ 《春秋左传注》，第 1617~1618 页。

制、战术和战略，首先依赖于当时的生产水平和交通状况。这里起变革作用的，不是天才统帅的'悟性的自由创造'，而是更好的武器的发明和士兵成分的改变。"**❶**当几十个分立的诸侯国终于兼并成了七个，中国历史迈入战国时期，社会性质不断发生变化，各国纷纷变法，核心内容之一就是要拥有强大的军事实力。仅靠士以上阶层组成的战车兵，难以满足各国扩军的需要，为了动员数量达到几十万的兵员参战，只有将众多的农民吸收到军队中来。士兵成分在改变，开始不光靠出身，只要多砍敌人首级，就可以晋爵升迁。同时社会生产水平不断提高，其标志就是冶铁炼钢工业的发展，新锐的钢铁兵器得以大量装备军队。同时，出现了新型的远射兵器——弩。与仅靠臂力的弓矢相比，强弩不仅增大了射程和提高了杀伤力，还可以延时集中放射，万弩齐发，对打击战车阵列极具威力。所以到战国晚期，各国军队虽仍以战车兵为核心，但拥有数量巨大的步兵部队，以苏秦到处游说时所引述的诸国军力可见一斑。燕："带甲数十万，车六百乘，骑六千匹。"赵："带甲数十万，车千乘，骑万匹。"韩："带甲数十万，天下之强弓劲弩皆从韩出。"魏："武士二十万，苍头二十万，奋击二十万，厮徒十万，车六百乘，骑五千匹。"齐："带甲数十万。"楚："带甲百万，车千乘，骑万匹。"**❷**张仪说楚王时

---

❶ 恩格斯：《反杜林论·暴力论（续）》，《马克思恩格斯选集》第 3 卷，第 206 页，人民出版社，1972 年。

❷ 《史记·苏秦列传》，第 2243、2247、2250、2255、2257、2259 页。

说"（秦）虎贲之士百余万，车千乘，骑万匹"。❶虽然说客夸大之辞难以全信，但也反映出当时各国步、车、骑之间的比例关系，战车约六百至千乘，骑兵约五千至万匹，而步兵则多达数十万众。

还应注意到，在北方让战车上的乘员走下战车是那样困难，被认为是大丢面子而有失身份的事，但是在水网交错的江南水乡，笨重的驷马战车就失去了用武之地❷。那里的强国争霸的军队主力一直是步卒，还有水军和战船。当吴王夫差引兵北上争霸，主力亦为步兵方阵❸。因此适于步兵近战的格斗兵器——剑，以吴越所铸造的最为精良。

"变服骑射"，是赵武灵王于公元前307年开始实行的，目的是对付"三胡"，即东胡、林胡、楼烦。"三胡"都是善于驰马射箭的游牧部族。赵国原来的主力部队是驷马战车，笨重的战车难于对付轻捷的骑士，处处被动挨打。为了争取主动，赵武灵王不得不考虑学习敌人的长处，改变传统的上衣下裳的服制，改穿"胡服"，也就是脱掉宽袍大袖的袍子，穿上裤子与窄袖短服，以便于骑马射箭。赵武灵王欲胡服的主张，虽

---

❶ 《史记·张仪列传》，第2298页。

❷ 据《左传·成公七年》，晋使巫臣至吴"以两之一卒适吴，舍偏两之一焉。与其射御，教吴乘车，教之战阵，教之叛楚"。说明是公元前584年晋使巫臣带着30乘兵车去吴，给吴留下了15乘兵车，并教授了御车战阵之术，这时吴才开始有了战车兵。《春秋左传注》，第834~835页。

❸ 《吴越春秋·夫差内传》："吴师皆文犀，长盾，扁诸之剑，方阵而行。"江苏古籍出版社，1986年。

然得到楼缓、肥义等大臣的支持，但以公子成为首的王公贵族极力反对，赵武灵王力排众议，亲去说服公子成，终于出胡服令，组建骑兵，获得了对三胡、中山的战争的胜利。赵武灵王曾宣言："吾不疑胡服也，吾恐天下笑我也。狂夫之乐，智者哀焉；愚者所笑，贤者察焉。世有顺我者，胡服之功未可知也。虽驱世以笑我，胡地中山吾必有之。"❶但是赵武灵王最后的结局是颇为悲惨的，被公子成、李兑围于沙丘宫饿死。赵武灵王变服骑射以后，赵国军队的主力依然是战车兵和依附它的步兵。即使到赵武灵王变服骑射七八十年以后，名将李牧重组赵国军队时，还是以战车兵一千三百乘为主，以骑兵一万三千匹为辅，而在军队总数中，骑兵所占的比例也不过8%❷。终战国之世，骑兵的比例仍不多，前引苏秦、张仪等的说辞中所列各国军队，秦有兵员百余万，只有骑万匹；燕有数十万军队，只有骑六千匹。均不及兵员总数的1%。

战国时骑兵数量虽然不多，也没有成为军队的主力兵种，但作为具有发展前途的新兴兵种，已经发挥着与其他兵种不同的重要作用。依仗轻捷迅速的特点，常常担负着突然冲击、迂回包抄、断敌粮道、追歼溃敌等任务。当时还认为"夫骑者，能离能合，能散能集，百里为期，千里而赴，出入无闲，故名离合之兵也"，认为"用骑有十利：一曰迎敌始至；二曰乘敌虚背；三曰追敌散乱；四曰迎敌击后，使敌奔走；五

---

❶ 《史记·赵世家》，第 1805~1811 页。
❷ 《史记·廉颇蔺相如列传》，第 2450 页；《史记·张释之冯唐列传》，第 2758 页。

曰遮其粮食，绝其军道；六曰败其津关，发其桥梁；七曰掩其不备卒，击其未整旅；八曰攻其懈怠，出其不意；九曰烧其积聚，虚其市里；十曰掠其田野，系累其子弟"。❶同时为了加强主力部队的机动性，往往将车骑组编在一起，"轻车锐骑"配合战斗。在军事著作中，也开始有了关于骑兵的论述。竹简本《孙膑兵法·八阵》中就讲述了车骑参与战斗的情况，并指出根据不同的地形，兵力布置也应有变化，"易（平坦）则多其车，险则多其骑"。

骑兵的发展又与供骑乘的成套马具的完善分不开。但战国时期的乘骑马具还较原始，也显示着骑兵处于尚待发展的初始形态。在考古发掘中获得的有关战国时骑兵的形象资料，目前只有陕西咸阳塔儿坡秦墓（28057号）中出土的两件绘彩灰陶骑马俑（图4-7）。那座墓的年代估计在秦惠文王至秦武王时期❷，也就是公元前337—公元前307年之间，其时正与赵武灵王变服骑射相近。且秦人历史上善养马，又与赵国同样需对抗戎狄人的侵扰，出现骑兵自在意料之中。这组陶骑俑制工较古拙，但还能从其观察当时马具的一般情况，可以看出辔头由额带、鼻带、颊带构成，大致与当时驾车辕马的辔头相同，因缺乏细部刻画故未绘出马镳，但推测当时也是以铜衔与骨镳控御马匹。值得注意的是骑士直接跨在光背马上，并无坐

---

❶ 《通典》卷一四九引孙膑曰"用骑有十利"，中华书局影印本，第779页，1984年。

❷ 咸阳市文物考古研究所：《咸阳石油钢管钢绳厂秦墓清理简报》，《考古与文物》1996年第5期，第1~8页。

垫，恐非失误忘绘，而是反映当时乘马马具尚较原始。在洛阳金村出土铜镜背面的骑士刺虎图像中，骑士蹲踞在马背上而非跨骑，且足作兽爪状，虽带有神异色彩，但马背上绘出鞯或坐垫，胸前有鞅带，较塔儿坡秦俑马具稍显完备（图4-8）。

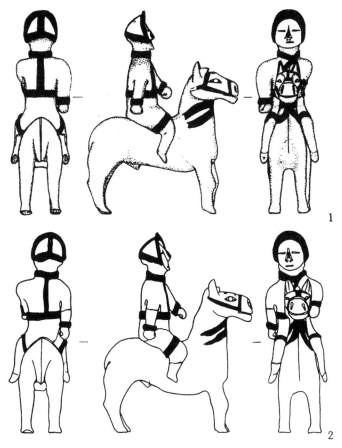

图4-7　陕西咸阳塔儿坡秦墓出土陶骑俑
1.M28057：5　2.M28057：6

图4-8　洛阳金村出土铜镜骑士刺虎图像

正是由于战国时期，特别是到了战国晚期，随着步兵和骑兵的日益发展，生产大量适合于步兵和骑兵使用的兵器和防护装具，成为各国当务之急。步兵必须装备适合一个人体力负担，并能长途行军的兵器和防护装具，《荀子·议兵》所讲魏氏之武卒的装备，应反映着当时步兵的标准装备："衣三属之甲，操十二石之弩，负服矢五十个，置戈其上，冠胄带剑，赢三日之粮，日中而趋百里。"❶至于骑兵，除了适于跨马战斗的成套马具外，还需要适于马上作战的格斗兵器和防护装具。格斗兵器要配合马上格斗而长短适宜，更要与马速冲击相配

<hr />

❶《荀子简注》，第151~152页。

合。防护躯体的铠甲更要长短适宜便于骑乘，盾牌同样要求其尺寸和形制合于跨马战斗。原来供车上战士使用的成组合的长柄格斗兵器，以及厚重而长大的皮甲，都只适于在马车运载的条件下战斗，虽不适合徒步战斗，有些还勉强可转用于步兵，但那些供车战用的长柄成套青铜兵器组合，特别是长大厚重的皮甲，却根本无法转用于骑兵部队。改造已形成固定模式的车战兵器，十分费力。刚刚诞生的钢铁兵器，恰好与步兵和骑兵同时走上战争舞台，而且由于材质和制作技术等各方面的原因，主要靠锻打的钢铁兵器，很难与用铸模成型的青铜兵器保持完全相同的外貌细部特征。例如将铁剑锻成铜剑侧刃两度弧曲的形貌，就是一个难题。所以有必要对传统兵器的外形，进行适于锻制技术的修正。这种修正，恰好与当时各国极需大量装备步兵和骑兵的格斗兵器相契合，因此成批量生产的钢铁兵器，正是为了装备步兵和骑兵。从燕下都44号墓出土的人骨和兵器，可以看出那正是一处埋葬阵亡步兵将士的丛葬坑，出土的铁戟、矛、剑，外形已与同类青铜兵器有很大不同，正是适合步兵近战格斗的兵器。

第五节　先秦钢铁兵器类型分析

目前从考古发掘获得的先秦人工冶炼的钢铁兵器，主要有格斗兵器戟、矛和剑；远射兵器只有极少量的铁镞，更多是在铜镞后装有铁铤；卫体兵器有短剑和匕首；防护装具有铠甲和兜鍪。

一、格斗兵器：戟、矛、剑

在湖南、河北等地出土的先秦钢铁格斗兵器，主要有戟、矛和剑。比较集中出土的地点是河北易县燕下都44号战国晚期丛葬墓，出土的钢铁格斗兵器正是戟、矛和剑，每种的数量都超过10件。各类兵器不仅保存较好，而且都有标本进行过金相鉴定，因此是了解先秦钢铁兵器最值得注意的一组考古标本。

戟：东周时青铜铸造的刺、体以秘联装的戟，其外貌已达到这种青铜格斗兵器具有的最佳造型，很难按原貌改用钢铁锻造。例如用铸范能铸出的戟体上刃和下刃那种圆润、流畅而平滑的弧曲度，改用锻打技术难度极大，费时费工，无法保证大批量装备部队。所以必须按适合钢铁材质和锻造技术的特点，重新设计戟的形制。开始可能还想模拟铜戟原形，在湖南长沙月亮山战国墓出土的铁戟，还大致保持着铜戟戟体有内有胡的形貌，但上刃和下刃已没有铜戟的弧曲度了❶。以后开始重新设计铁戟的形貌，出现了新型的"卜"字形戟。最重要的一批关于"卜"字形铁戟的考古标本，是从河北易县燕下都遗址44号丛葬墓出土的。

燕下都44号丛葬墓出土铁戟12件，大致保存完整（图4-9）。其中1件（44：9）曾经金相鉴定，由含碳不均匀的钢制

---

❶ 湖南省文物工作队：《长沙、衡阳出土战国时代的铁器》，第78页、图版拾捌：4。

成，并经整体淬火。制钢戟的原料采用块炼铁渗碳钢。检验时观察到钢戟各部分含碳不均匀，分层比较明显，又看不出明显的折叠，因此推测它可能是将增碳的钢片叠在一起锻打，或是将铁片叠好增碳锻打成形，整体淬火得到的❶。改用钢铁锻造，去掉了青铜质脆易折的缺点，采用淬火技术，即把加热的钢骤然放入水或油中迅速冷却，以提高钢铁的强度和硬度，这样使得制成的兵器的刃部刚硬、锋利，更是青铜兵器无法比拟的。于是原来为了提高青铜戟的效能而在形体方面采取的各种改进办法，全然变得

图4-9　河北易县燕下都44号墓出土战国铁戟

毫无意义了。为了适于锻打制作，原来体、刺分铸的办法不可取了，原来那难于锻制的戟体弧线，以及后伸的带刃或钩距的长内，都成为制作中的累赘，必须革除。同时，由于钢铁的坚韧大大超过青铜，可以适当增长刺的长度，而减小其宽度。基于以上种种原因，到战国晚期将钢铁戟设计成与青铜戟完全不同的新形貌。戟体向前伸出长而锐利的戟刺，与戟刺相垂直旁伸戟枝，以代替过去青铜戟体上那扁平弧曲有脊的援，

---

❶　北京钢铁学院压力加工专业：《易县燕下都4号墓葬铁器金相考察初步报告》。

并取消了援后的内，戟体在旁枝下方附有直体的长胡，上设三方穿。为了缚柲牢固，又在刺、枝相交处加一圆穿，以及在枝的基部设一横长方形穿。由于全戟形似"卜"字，过去又常被俗称为"卜"字形戟。据44号墓中4件保存完整的铁戟计量，由刺锋到胡末全长为43~49.5厘米。以M44：16号戟为例，全长49.5厘米、刺高27厘米、胡长22.5厘米、枝的横长19.5厘米。如与战国的青铜戟相比，铁戟的旁枝长度，与铜戟的戟体援长相近或稍短一些。如44号墓铁戟旁枝横长19.9~22.4厘米，而湖北天星观1号楚墓的Ⅰ式戟体援长23厘米、Ⅱ式戟体援长22.5厘米。两者相差不多，只是铁戟旁枝更为尖锐。但是铁戟戟刺的高度，则比青铜戟有较大增加，44号墓铁戟的戟刺高23~27厘米，而天星观1号墓出土的三式铜戟刺，最高的标本313号高15.1厘米，最矮的标本284号只有10.2厘米[1]，还不及铁戟戟刺高度的一半。在取消了戟内以后，为了使戟体缚牢在柲上避免前脱，采取了加装青铜柲帽的办法。从44号墓出土铁戟标本观察，加装柲帽有两种办法。第一种以M44：54号铁戟为例，青铜柲帽较长，帽銎蛋圆形，正与戟柲形状相当，柲帽长2.7厘米、銎径2.5厘米，将帽安置在刺、枝呈直角相交处，戟枝穿过柲帽，然后用绳索通过戟穿将铁戟、柲帽与木柲捆扎成一体。第二种以M44：11号铁戟为例，青铜柲帽较前一种为短，柲帽长仅2.4厘米，它套装在柲端，位置在刺、枝

---

[1] 湖北省荆州地区博物馆：《江陵天星观1号楚墓》，《考古学报》1982年第1期，第71~116页。

直角相交处上侧，然后再将戟体与柲捆扎成一体，但不将柲帽缚在一起。因此铁戟的戟柲位置又与青铜戟不同，青铜戟的柲与刺成一直线，因刺装在柲端，而柲装在援后，以阑固定位置，胡在柲前，向后缚柲。铁戟则不同，因刺、胡上下一体，故柲在它们的前侧，由胡向前缚柲，戟枝穿柲前伸，因此用戟枝横研或钩研时，戟体完全不会出现青铜戟或戈易于向前脱落的缺点，所以比青铜戟的装柲法更为牢靠。

战国晚期，先进的"卜"字形钢铁戟虽已出现，但目前所获标本数量很少，且主要发现于燕国境内。至于从整个中国的范围来看，铁戟的使用还极不普遍，在战场上居垄断地位的还是东周式的青铜体刺分铸联装戟，特别是秦国更是如此。但是燕下都44号墓出土的这组钢铁制作的"卜"字形戟，正如报春的花朵，告诉人们大量用这种新型钢铁格斗兵器装备国家军队的日子已经不远了。"卜"字形钢铁戟真正在战场上充分发挥它的功效，还应是迟到秦朝的短暂的统一局面陷于崩溃时的事。特别是楚汉相争的战场上，随着骑兵和步兵野战的需要，钢铁制作的"卜"字形戟才真正进入它的发展期。

矛：在燕下都遗址44号丛葬墓出土的铁兵器中，数量最多的是矛，共达19件之多。曾取其中1件（M44：115）进行金相鉴定，骹部取样为低碳钢正火组织，含碳量稍高于0.2%。也是块炼渗碳钢制品。这些铁矛通长32~66厘米，绝大多数在36~38厘米之间。都是扁体窄叶长骹的形制。有2件矛叶较短，仅长11.5~12厘米，叶、骹间有一段较长的茎。另16件都是长叶，长19~22厘米。只有1件较特殊，叶长24厘米，叶、骹间有带有节子的长茎，全矛长达66厘米。可以看出钢铁制作的矛也较同时期的铜矛体长，特别是矛叶更长，也更锐利，具有更大的杀伤力。

剑：铁剑是先秦铁兵器中出土数量最多的一种，过去在楚地出土较多，前已述及目前所知最早的钢剑，即出土于长沙春秋墓中[1]，为块炼渗碳钢制品，属于早期钢铁制品。可能受当时钢铁冶炼技术尚不发达的影响，所以该剑仅比短剑略长，全长仅38.4厘米。1956年统计长沙、衡阳出土的战国铁兵器，已有33件，其中格斗兵器（戟、矛、剑）17件，14件是剑，占绝大多数，分别出土于14座楚墓中。这时铁剑的长度，早已超过长沙春秋钢剑，最长的140厘米，其次长72~77厘米，最短的58厘米，均已超过了当时青铜剑的平均长度。常装有铜剑格和铜剑首，还有1件饰有玉剑格[2]。燕下都44号丛葬墓出土的铁剑中基本完整的有8件，有的附有铜剑格和铜剑首，或附有木鞘。除1件长度为69.8厘米外，其余的都超过70厘米，其中4件长在98.8~100.4厘米之间，除去剑茎，刃长已超过80厘米。对其中3件进行了金相鉴定，两件（M44：12、M44：100）为块炼渗碳钢，并经淬火处理；另外一件（M44：19）为块炼铁锻造而成。除了因钢铁比青铜坚韧故剑体普遍增长以外，在剑的外形也有较大变化。由于钢铁剑是锻打成形，难于保持原来青铜剑两侧刃两度弧曲的曲线，改为平直的侧刃，向前斜聚成

---

[1]　长沙铁路车站建设工程文物发掘队：《长沙新发现春秋晚期的钢剑和铁器》。

[2]　湖南省文物工作队：《长沙、衡阳出土的战国时代的铁器》，第78页。

锐锋。这也与青铜剑主要功能是刺击不同，因为钢剑用于装备骑兵时，更需要发挥侧刃劈砍的功能，所以侧刃平直更为适合。

二、远射兵器：铁镞和铁铤铜镞

在燕下都遗址44号丛葬墓，出土的远射兵器有弩机（图4-10）和箭镞，反映着当时军中最具威力的远射兵器是强弩的实际情况。但弩机和箭镞还都是以青铜铸制，由于这时钢铁制品还都是块炼铁渗碳反复锻打而成，所以很难大量生产消耗性的箭镞，同样对较精密的弩机的零件，也是仍以模铸技术更为可靠，所以仍会在较长时期延续以青铜铸制。但是已在铜镞后安装铁铤，44号丛葬墓出土的19件铜镞都装有铁铤，选取其中1件（M44：87）进行金相鉴定，鉴定结果"断面为正火组织，由铁素体和珠光体组成，有分层现象，含碳量约为0.2%左右"[1]。在湖南长沙战国墓也出土有铁铤铜镞，据报导也出现有铁镞[2]。

图4-10　河北易县燕下都44号墓
出土铁廓铜弩机

---

❶　北京钢铁学院压力加工专业：《易县燕下都4号墓葬铁器金相考察初步报告》，第242页。

❷　湖南省文物工作队：《长沙、衡阳出土战国时代的铁器》，第78页。

三、卫体兵器：短剑、匕首

以钢铁制作的卫体防身手握兵器中，最早出现的是短剑。前已述及，河南三门峡市西周虢国墓出土的铜茎玉柄钢短剑，是目前中国所发现年代最早的人工冶炼钢制品。短剑全长34.2厘米，其中柄长12.2厘米、铁刃长22厘米、宽3.8厘米。剑身先用丝织物包裹，然后才插于鞘内。看来当时很珍重这柄短剑。迟到春秋时期，墓葬中也常随葬有受到当时上层贵族珍重的钢铁短剑，还常饰有黄金柄。在甘肃灵台景家庄春秋早期墓中，出土有铜柄铁剑❶，柄长8.5厘米、铁刃残长9厘米，为块炼渗碳钢制品❷。陕西宝鸡益门村春秋晚期墓，出土的3件铁短剑都装有精致的黄金剑柄❸（图4-11）。以最精致的M2:1为例，金柄饰透雕的交纠缠绕的蟠虺纹，还嵌饰有一绿松石和料珠，颇为华美。短剑全长35.2厘米、金柄长12.8厘米、铁刃长25厘米。在河南陕县后川M2040号战国

图4-11 益门村M2出土金柄铁短剑（1/2）

---

❶ 刘得祯、朱建唐：《甘肃灵台县景家庄春秋墓》，《考古》1981年第4期，第298~301页。

❷ 韩汝玢：《中国早期铁器（公元前5世纪以前）的金相学研究》，第92页表四。

❸ 宝鸡市考古工作队：《宝鸡市益门村二号春秋墓发掘简报》，《文物》1993年第10期，第1~14页。

早期墓中，也曾出土过带有金质蜡首的铁短剑（2040：399），
通长27.7厘米，剑侧还有1件玉璏❶。可见先秦时钢铁制作的短
剑，尚为各国贵族的珍贵品，也可充作近距贴身搏斗的卫体
兵器。到战国晚期，随着钢铁冶炼技术开始普及，一般士卒也
能使用钢铁制作的卫体兵器，通常是匕首。燕下都44号丛葬
墓中就出土有4件铁匕首，锐锋短刃，锋刃以下凸面凹背，背
上附有朽木，原应装有木柄，长16.6厘米、宽1.6厘米❷。

四、防护装具：兜鍪、铠

先秦时期铁制的防护装具，目前只在河北易县燕下都遗址
有出土，都是战国晚期遗物。在燕下都44号丛葬墓发掘中，获
得了1顶铁兜鍪❸，由89片铁甲片编缀而成，出土时仅缺失3片，
尚存86片，保存几近完整（图4–12），为了解战国晚期的铁制
防护装具，提供了十分宝贵的实物标本。兜鍪全高26厘米。顶
部用两片半圆形甲片合缀成圆形平顶，以下主要用圆角长方形
甲片自顶向下编缀，共7层。甲片的编法都是上层压下层，前
片压后片。仅用于护颊、护额的5片甲片形状较特殊，并在额
部正中1片甲片向下伸出一个护住眉心的突出部分。每片甲片的
大小视其位置不同而有差异，一般大约高5厘米、宽4厘米左右。

❶ 中国社会科学院考古研究所：《陕县东周秦汉墓（黄河水库考古报告之
　 五）》，第71页，科学出版社，1994年。
❷ 河北省文物管理处：《河北易县燕下都44号墓发掘报告》，第234页。
❸ 河北省文物管理处：《河北易县燕下都44号墓发掘报告》，第230~231
　 页。

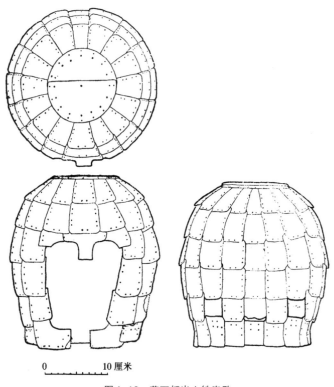

图4-12 燕下都出土铁兜鍪

　　燕下都44号丛葬墓出土的铁兜鍪，并不是燕地使用铁铠甲的孤证。在燕下都的发掘中不断获得有关铁铠甲的考古资料，在燕下都第13号、21号、22号等遗址的发掘清理工作中，都发现有铁甲片。例如在对第21号遗址东部的发掘中，在属于战国时期的地层里，出土有大量碎铁块、铁渣、铜渣和陶范，还有铁质及铜质的兵器，可以认定这处遗址曾是制造兵器的作坊❶。

❶　河北省文物管理处：《河北易县燕下都21号遗址第一次发掘报告》。

出土的铁甲片多达261片，大体可以区别为兜鍪甲片和铠甲片两类。兜鍪甲片完整的有55片，与编缀44号墓铁兜鍪的甲片形制相同，包括护额甲片、护颊甲片和编缀兜鍪体的甲片，其中护额甲片有两片，作"T"字形，上缘有3穿，较大的1片宽6.4厘米、高7.7厘米，小的宽5.85厘米、高4.6厘米。护颊甲片有5片，作曲尺形，多已残损。其余的是用来编兜鍪体的甲片，有15片呈三角形或梯形，用以编缀上接圆顶的第一层；另32片呈圆角长方形，用于编缀下面几层。甲片一般宽4.5~5.4厘米、高3.4~5.7厘米，厚度多为2毫米，个别的较薄，为1.2毫米。还有两件半圆形胄顶甲片的半成品。铠甲片完整的有62片，它们的基本形制是圆角长方形。根据在铠甲上不同部位的需要，有的甲片略有弧度，也有的形状近于梯形。甲片大小不一，其中较大型的甲片，长8.6~9.8厘米、宽5.3~6.9厘米；较小的甲片，一般长6~6.5厘米。甲片一般厚2毫米，个别的厚达2.5毫米。在甲片的两侧或上、下缘开有数目不等的圆形穿孔，多的达13孔，少的仅有1孔，一般在3~9孔之间，孔径约2毫米。也发现了一些没有钻孔的半成品。由于没有发现保持编缀情况的铠甲资料，因此还不了解编成后整领铠甲的式样。

燕下都发现的战国铁铠甲片和铁兜鍪，表明中国古代甲胄的发展步入了一个新阶段，也可以说是铁器时代的甲胄开始发生的阶段。从制造工艺看，这时期的甲片形制极不统一，上引燕下都21号遗址东部发掘中获得的62片甲片，报告中就可区分为15种不同的形式，且穿孔部位和数量，也没有形成规律，这都反映出当时铁铠甲的制造还处于开始阶段，没有形成定制。同时除了燕下都遗址以外，全国其他各地都还没有发现战国铁铠的踪迹，这也表明当时钢铁兵器的使用还不普遍，与之相应铁铠甲的使用更没有普及。所以在战国晚期，青铜兵器和与之相配合的皮质甲胄，在战国七雄的军事装备中仍占据着主要的位置。但是，燕地战国铁铠甲的出现，雄辩地说明青铜兵器向钢铁兵器过渡的历程已经开始。

第五章　秦汉兵器

第一节　秦始皇陵园发掘所见秦代兵器

秦代统一全国后，始皇帝曾"收天下兵，聚之咸阳，销以为钟𬭚，金人十二，重各千石，置廷宫中"。❶六国原有的青铜兵器中的绝大部分，很可能于这时被没收销毁。但当时秦军所装备的兵器，通过目前的考古发掘所获材料，尚难全面了解，仅能由近年来对秦始皇陵园的考古发现，特别是对陵园东侧的陶俑坑群和陵园内 K9801 号坑等的发掘资料，来进行分析。但它们都是些与葬仪葬制有关的遗迹和遗物，只能从一个侧面局部反映出当时军队的兵器和防护装具的情况。

秦始皇陵园东侧的陶俑坑群，自 1974 年开始发掘至今工作尚未结束。经探查和试掘，已知陶俑坑群包括 3 座陶俑坑和 1 座未建成的废弃坑（图 5–1）。一号坑东西长 230 米、南北宽 62 米，总面积为 14260 平方米。二号坑在一号坑东端北侧约 20 米处，平面呈曲尺形，东西长 96 米、南北宽 84 米，面积约 6000 平方米。三号坑在一号坑西端北侧，平面呈"凹"字形，东西长 17.6 米、南北宽 21.4 米，面积约 520 平方米。在

---

❶ 《史记·秦始皇本纪》，第 239 页。

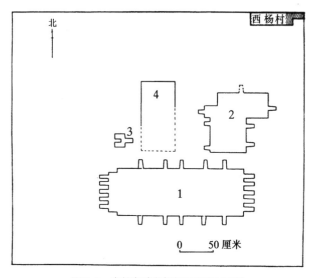

图5-1　秦始皇陵东侧俑坑位置示意图

1.一号俑坑　2.二号俑坑　3.三号俑坑　4.未建成俑坑

二号与三号坑之间，还有一座面积约4600平方米的废弃坑。1974~1984年对一号坑的发掘工作，已有报告出版。从一号坑东端的5个探方内共出土陶俑1087件（内着铠甲的687件，着袍服的400件），木质战车8乘，驾车陶马32匹（图5-2）。出土青铜兵器486件，其中器形完整的有剑17件、钩形器2件、矛5件、戈1件、戟4件、铍16件，成束铜镞280束（每束为一簇，约100件）、零散的镞10896件、弩机158件。铁兵器有矛1件、镞1件。还有2件铁铤铜镞，以及矢箙、弩的遗迹❶。二号坑的部分发掘，曾有简报，在清理的约6000平方米的范

　陕西省考古研究所、始皇陵秦俑坑考古发掘队：《秦始皇陵兵马俑坑一号坑发掘报告（1974—1984）》，文物出版社，1988年。

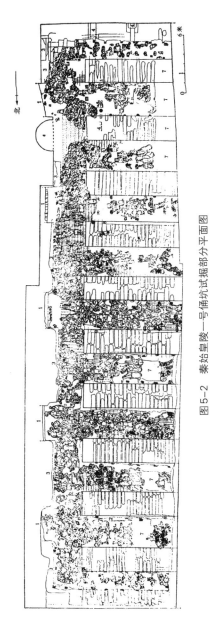

北→

图5-2 秦始皇陵一号俑坑试掘部分平面图

1.门道 2.矛柄遗迹 3.夯土台 4.梁槽遗迹 5.席纹遗迹 6.封门横木炭迹 7.未清理处 8.枋木遗迹

围内，出土木质战车11乘，驾车陶马67匹，战车兵俑28件、军吏俑1件、骑兵俑32件、骑兵乘马29匹，步兵俑163件。出土铜兵器有镞1462件、弩机6件、矛3件、钺1件和残铜剑5件，以及2件铁铤铜镞。还有一些铜车器和马具。铁器只有工具，有铲1件和锤6件。当时据局部发掘的情况估计，全坑应放置有木质战车89乘、驾车陶马356匹、战车兵俑261件、骑兵俑116件、骑兵乘马116匹，步兵俑562件❶。三号坑较小，已全部发掘（图5-3），出土髹漆木质战车1乘，驾车陶马4匹，战车兵俑4件，步兵俑64件。出土铜兵器有殳30件、镞3件（内2件有铁铤）、标枪1件和残铜剑1件。铁器只有工具，有大锤和小锤各1件，还有些铁钉和构件❷。

1980年在秦始皇陵园内封土西侧发掘1座大型陪葬坑，清理出两乘铜车马，其中一号车为驷马战车的1/2比例模型，车上装备有弩、矢箙和盾❸（图5-4）。1998年在秦始皇陵园内开始发掘1座大型陪葬坑（K9801），总面积达13000多平方米，现仅试掘了153平方米，出土大量石质铠甲模型。据不完全统计，至少已清理出甲87件、兜鍪（胄）43件和马甲1件❹。以

---

❶ 始皇陵秦俑坑考古发掘队：《秦始皇陵东侧第二号兵马俑坑钻探试掘简报》，《文物》1978年第5期，第1~19页。

❷ 秦俑坑考古队：《秦始皇陵东侧第三号兵马俑坑清理简报》，《文物》1977年第12期，第1~12页。

❸ 秦始皇兵马俑博物馆、陕西省考古研究所：《秦始皇陵铜车马发掘报告》，文物出版社，1998年。

❹ 始皇陵考古队：《秦始皇陵园K9801陪葬坑第一次试掘简报》，《考古与文物》2001年第1期，第3~34页。

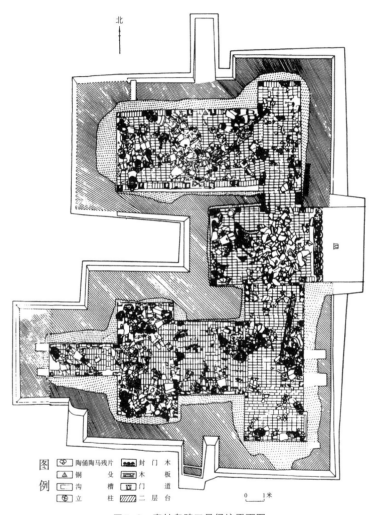

北

图5-3　秦始皇陵三号俑坑平面图

图5-4　秦始皇陵一号铜车马实测图

石材模拟真实铠甲的甲片制成同样尺寸、形状的石甲片，再
以扁铜丝联缀成整领石铠甲及兜鍪，工艺颇为精细。现在至
少已提取了2件石铠甲和1件石兜鍪，并修复了其中1件甲和1
件兜鍪，还对1件石马甲作了推测复原示意图。过去仅能从秦
陶俑身上塑出的铠甲去推测秦甲的形制和特点，现在获得完
全与实物相同的石质模型，它们能使我们对真实的秦代铠甲
有进一步了解。1999年又在秦始皇陵园内发掘的另一座陪葬
坑（K9901）中出土有兵器，其中除铜镞（有的带有铁铤）外，
还有1件通长23.5厘米的扁叶长体铁矛❶。

　　除秦始皇陵园的发现以外，在甘肃等地秦墓中也多有兵器
出土，特别值得注意的是1976年在秦安上袁家秦墓中发现的铁

---

❶　始皇陵考古队：《秦始皇陵园 K9901 试掘简报》，《考古》2001 年第 1 期，
　　第 59~73 页。

质兵器❶。在M7前室随葬的马车右后侧，放有铁戟、铜戈等兵器，后室西侧木棺内所葬的男性尸骨右手旁，随葬有铁剑和铁刀。墓中全部出土兵器有铜戈1件（配有铜镦）和铜镞13件，铁戟、铁剑、铁刀各1件，铁镞10件，还有铁斧2件。在M6中有铁匕首1件。

秦始皇陵园和甘肃等地秦墓的考古发现，大致可以反映出秦朝军队的兵种构成和装备的兵器、防护装具的一般情况。

首先看秦朝军队的兵种构成。从一号和二号陶俑坑已揭露的部分观察，秦军的主力兵种仍是战车兵，装备的是前驾四匹马的木质战车，战车的基本形制仍沿袭着先秦驷马战车的传统，单辕双轮，横长方形车舆。从一号坑出土的8乘车和二号坑出土较完整的8乘车综合来看，车辕长350~390厘米，衡长140厘米，轭宽40厘米、高57.4厘米，舆广140厘米、进深110~120厘米，轴长250厘米，轮径135厘米，轮辐无保留完好者，从有的保存半个车轮来观察，应在28幅左右❷。车上有3名乘员，御手居中。乘员均披甲，从陶俑身上塑出的甲来看，应是模拟皮甲，均由甲身、披膊和垂缘组成，御手将披膊改成防护整个膀臂的长甲袖，并联有护住手背的手护（图5-5）。由出土石铠甲资料，可知辕马也装备有结构完备的马甲（图5-6）。由陵园内出土的一号铜车上装备有弩来看（图5-7、图5-8），

---

❶ 甘肃省文物考古研究所：《甘肃秦安上袁家秦汉墓葬发掘》，《考古学报》1997年第1期，第57~79页。

❷ 参看《秦始皇陵兵马俑坑一号坑发掘报告（1974~1984）》，第224页"木车各部分尺寸登记表"；《秦始皇陵东侧第三号兵马俑坑清理简报》，4页表一。

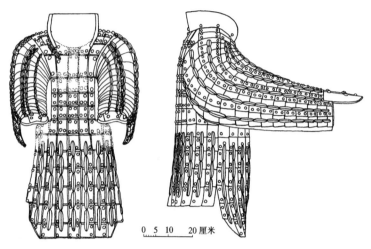

0 5 10   20 厘米

图5-5 秦始皇陵二号俑坑出土御手俑所披铠甲

图5-6 秦始皇陵园出土石马甲复原示意图

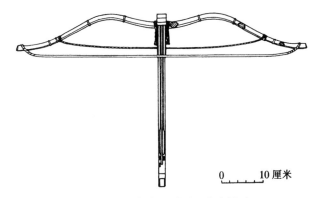

0   10厘米

图5-7 秦始皇陵一号铜车上铜弩模型

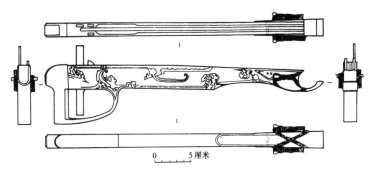

0   5厘米

图5-8 秦始皇陵一号铜车上铜弩模型之弩臂

当时战车兵的远射兵器可能以强弩为主,每弩备箭一箙共100支。格斗兵器是长柄的戟、铍、矛之类,但俑坑中出土的均是青铜制品,并佩有剑,以用于贴身格斗。从一号铜车的装备来看,防护装具除皮甲胄外,还有盾(图5-9)。除了战车兵以外,秦俑坑中出土陶俑大量模拟的是步兵,多与战车编组在一起。步兵有轻装和重装两种,轻装步兵仅着战袍,数量很少;重装步兵披甲,数量较多。从陶俑身上塑出的甲来看,也是模拟皮甲,由甲身、披膊和垂缘组成(图5-10)。装

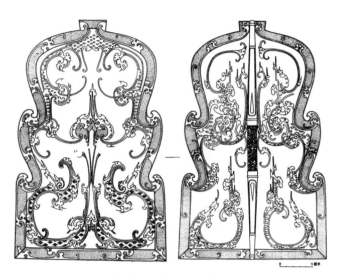

图5-9　秦始皇陵一号铜车上铜盾模型正面和背面

图5-10　秦始皇陵一号俑坑出土披铠陶俑（T20G9：58）

备的远射兵器以弩为主，格斗兵器长柄的有戟（图5-11）、铍（图5-12）、矛（图5-13）、殳（图5-14）等，短柄的有剑（图5-15），俑坑中出土的均青铜制品。秦俑中模拟骑兵的俑数量最少，皆出土于二号坑中（图5-16），而且集中于俑坑的西北角，表明在秦军中不占主要位置。骑兵所披甲与战车兵和步兵不同，仅有甲身，没有披膊和垂缘，且长仅及腰，这是为了便于骑马的缘故（图5-17）。因为当时马具很不完备，陶马只装备有络头衔镳，马背只有简单的鞍垫，还没有真正的马鞍，更没有镫（图5-18）。所以人跨骑在马上，要靠双腿夹控马匹，十分困难和费力。

由以上情况可以看出：

第一，秦朝军队仍沿袭战国旧制，以驷马战车为主力。步兵地位已提高，数量增多，装备改善，但仍多与战车兵编组在一起。骑兵仍不发达，缺乏完备的马具，数量有限，在战争中只起辅助作用。

第二，秦军的装备已比战国诸国军队有许多改进。以皮甲为例，秦俑中战车兵的皮甲比曾侯乙墓等战国皮甲，更灵便适用，简化了披膊的编缀方法，将长而笨的甲裙改为短的垂缘。但是为御手增加了长甲袖和手护，增强了防护效能。战车大量装备强弩。格斗兵器中以秘联装的戟，增加了戟刺与戟体间隔的长度，突出发挥远距扎刺、近距钩斩的功效。而且青铜工艺达到前所未有的高峰，铜剑的长度多超过90厘米，几乎比先秦铜剑增长1/3。兵器的标准化也达到很高水平，例如三棱铜镞（图5-19）的三个棱脊几乎相等，经抽样测试84

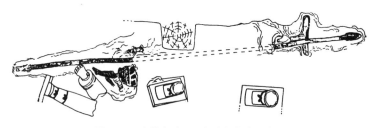

图5-11　秦始皇陵一号俑坑铜戟出土情况

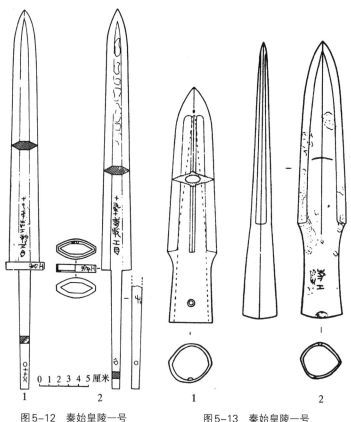

0 1 2 3 4 5 厘米

图5-12　秦始皇陵一号	图5-13　秦始皇陵一号
俑坑出土铜铍	俑坑出土铜矛
1. T2G2：0396　2. T2G2：0401	1.T19G8：0205　2.T10G7：0639（约1/3）

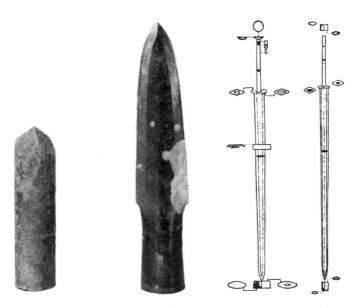

图5-14 秦始皇陵一号俑坑出土铜矛和殳　图5-15 秦始皇陵一号俑坑出土铜剑

图5-16 秦始皇陵二号俑坑出土骑兵俑和陶马

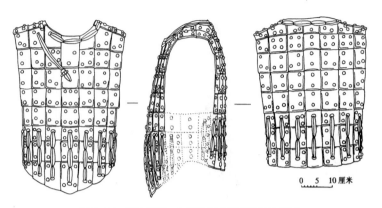

图5-17　秦始皇陵二号俑坑出土骑兵俑所披铠甲

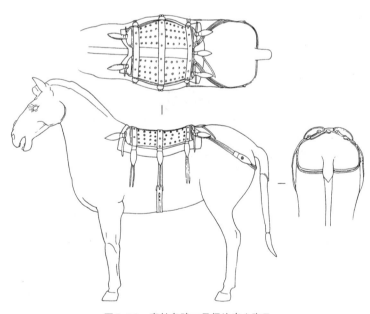

图5-18　秦始皇陵二号俑坑出土陶马

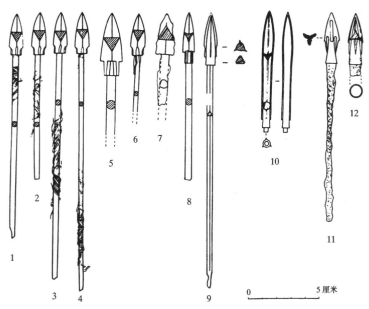

图 5-19　秦始皇陵一号俑坑出土铜镞和铁镞

1~6、8~10.铜镞　11、12.铁铤铜镞　7.铁镞

件铜镞所获得的252个数据，最大差值为0.55毫米，最小差值仅0.02毫米，确实显示了当时青铜兵器制造工艺的高水平[1]。

　　第三，从俑坑中出土的陶俑身上所塑出的铠甲，可以看出秦朝军队中按身份不同，身披不同形制的铠甲。一般士卒所披的是具有甲身、披膊和垂缘的皮甲；下级军吏的甲只有胸甲，用两条背带十字交叉系于背后，甲片大小与士卒的皮甲大致相同，但外侧有宽缘（图5-20）；高级军吏的铠甲是以整片皮革作底，胸部以下缀以小型甲片，应是模拟金属甲片，结构细

❶ 《秦始皇陵兵马俑坑一号发掘报告（1974—1984）》，第307页。

图5-20　秦始皇陵一号俑坑出土披甲军吏俑（T19G10：14）

密，周缘饰彩色图案，胸部平素无甲片，但缀结有花饰彩带，或表示里面衬有金属护板，有的双肩有小甲片编缀的披膊（图5-21）。但所着服装的色彩，目前还看不出有等级贵贱的区别。

此外有两个问题值得注意。一是过去因为秦陶俑头上没有塑出兜鍪（胄）❶，以为秦军作战时真不戴兜鍪，这次大量石兜鍪模型被发现，全面反映出秦军防护装具的真实面貌（图5-22）。二是秦俑坑大量出土的实战兵器是制工精良的青铜兵

---

❶　关于秦俑头上没有戴胄的问题，请参看拙著《古兵二题》的"免胄"一节，《华学》第4辑，第43~45页，紫禁城出版社，2000年8月。

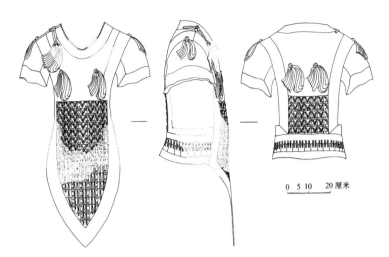

图5-21　秦始皇陵二号俑坑出土高级军吏俑所着铠甲

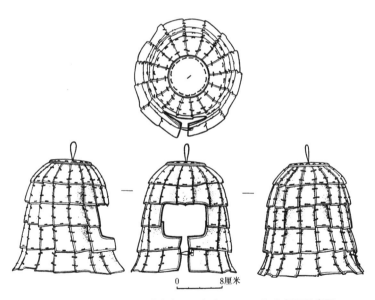

图5-22　秦始皇陵园从葬坑出土石胄（K9801T4G1）复原示意图

器，出土铜铍铭有十五年、十六年、十七年、十八年、十九年等，即公元前233—公元前228年，距秦统一仅差7年，可知应是秦军当时装备的实战兵器。又从绝大多数陶俑所着甲看，应是模拟皮甲，且大部分石铠甲可能也是模拟皮甲。因此，秦军是否已普遍装备钢铁兵器，一直是让人关心的问题。在秦俑坑发掘中曾出土有零星的铁兵器，如矛、镞和铁铤铜镞，还难以说明问题。现在K9801坑中发现的石铠甲，虽大量是模拟皮甲，但也有模拟鱼鳞甲等的石铠甲片，明显是模拟金属铠甲。从其形貌与尺寸均近似于西汉时的铁铠甲片，似不能排除是模拟铁铠的可能性（图5-23）。秦始皇陵一号俑坑出土过铁矛（图5-24），K9901坑中又出土长23.5厘米的铁矛。特别是甘肃上袁家秦墓出土的兵器，铜、铁兵器并存，而铁兵器明显受重视。死者棺中随身放置的兵器是铁剑和铁刀，出土铁戟的形制与燕下都44号丛葬墓出土铁戟相同，为"卜"字形，附有青铜柲帽（图5-25），与后来西汉刘胜墓钢戟形制也相同。上述材料都给我们带来当时应使用铁质兵器的信息，

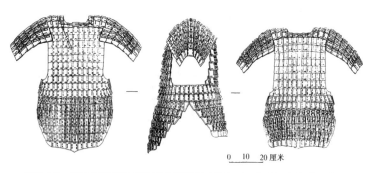

0　10　20厘米

图5-23　秦始皇陵园从葬坑出土石铠甲（K9801T2G2甲1）复原示意图

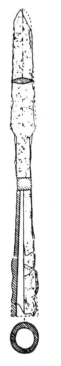

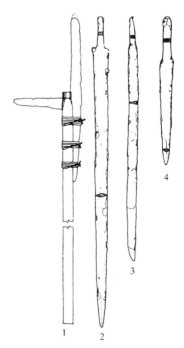

图5-24　秦始皇陵
一号俑坑出土铁矛
（T2 G1：0277，约1/4）

图5-25　甘肃上袁家秦墓出土铁兵器
1.戟（M7：106）　2.剑（M7：7）
3.刀（M7：8）　4.匕首（M6：44）
（1.1/4、2~4.1/8）

虽然还不够充分，但已表明过去仅据秦俑坑出土的青铜兵器
去推断秦军装备的实战兵器的材质，恐不够全面。因此我们
今后应注意有关的考古新发现，进一步探寻秦代兵器的真实
面貌。

第二节　汉承秦制对西汉初年兵器的影响

　　西汉时礼仪制度，"大抵皆袭秦故"[1]。随着西汉政权的巩固，从秦制沿袭下来的从中央到地方的军事制度已臻于完备。主要军事装备在西汉初也应沿袭秦故，但是经过秦末起义和楚汉之争，兵器装备也会在实战中不断发展改进。在研究西汉兵器的新发展时，也应进一步探寻西汉初年的兵器与秦代兵器的联系。

　　目前至少可以看出西汉初年仍沿用的少量青铜兵器，其品种和类型还是沿袭着秦代传统，如剑、铍、矛、弩、镞等，有的器形仍沿用秦代式样，例如临淄齐王墓随葬坑出土的铜矛[2]，形短而阔，断面呈菱形，銎孔较深，体长15厘米左右，不及20厘米，均与秦矛特征接近。但有的銎底上凹，又与秦矛銎底平直有异。再如西汉的铜镞，较多的仍是秦俑坑大量使用的剖面呈正三角形的式样，这种式样的铜镞占满城汉墓出土铜镞数量的93%[3]。但是西汉铜镞也有些改进，在材质上为了增加硬度含锡比例增高，据检验其成分为：铜74.74%、锡22.1%、铅2.7%，而秦镞经检验为：铜85.14%、锡11.39%、铅1.95%。另外，汉镞普遍装有铁铤。还有些兵器虽然与秦的

---

[1]　《史记·礼书》，第 1159 页。又《汉书·百官公卿表》："秦兼天下，建皇帝之号，立百官之职。汉因循而不革，明简易，随时宜也。"第 722 页。

[2]　山东省淄博市博物馆：《西汉齐王墓随葬器物坑》，《考古学报》1985年第 2 期，第 223~266 页。

[3]　中国社会科学院考古研究所、河北省文物管理处：《满城汉墓发掘报告》，文物出版社，1980 年。

品种和类型相同，但具体器形有所变化。如徐州狮子山楚王陵出土铜戟，援和内都向上斜昂，且形体硕大，体长达49.7厘米。同墓出土铜铍均呈侧刃两度弧曲的剑形，且有中脊。均与秦器不同，可能具有地区特征。再如淄博齐王墓随葬坑出土铜戟和铜戈，形状与秦俑坑出土的不同，但与南方楚地的战国时铜戈、戟的形状颇为一致，也表明西汉初青铜兵器不仅承袭自秦，也受到楚等不同地域兵器式样的影响。

西汉初年钢铁兵器与秦的联系，尚待今后探寻。过去常因秦始皇陵东侧诸陶俑坑出土的兵器中，除个别铁镞外率皆铜质，陶俑所着甲又多模拟皮甲，使人产生秦军的装备从材质到制作技术均落后于关东六国的印象。但是近来在秦始皇陵园内K9801和K9901两座陪葬坑的发掘中，出土有铁矛，出土的石铠甲中有的明显系模拟铁铠的制品，包括精致的鱼鳞甲和方形小甲片组成的札甲。这些发现带来了秦军装备铁兵器和防护装具的新信息。同时甘肃秦安等地秦墓发现的铜、铁兵器共出的现象，更加强了上述信息。秦安上袁家秦墓出土的铁兵器中，铁戟是带青铜秘帽的"卜"字形戟，铁剑长体有脊，剖面菱形，都与燕下都44号丛葬墓出土的同类钢铁兵器相同，是战国晚期兴起的新样式。西汉钢铁兵器中的戟和剑，正沿袭着这样的形制，是否应与承袭秦制有关？从秦始皇陵园K9801出土的模拟铁鱼鳞铠甲的石铠甲，又表明西汉初年铁质防护装具的发展也可能与沿袭秦代铁铠有关。因此，今后在更加注意探寻秦代兵器的庐山真貌时，也应同时对西汉初兵器装备沿袭秦制问题，进行深入探索。

第三节　汉代兵器的新发展

在中国古代兵器发展史上，汉代是一个转折时期，汉代兵器在品种、形制、性能、组合等方面，都呈现出与秦以前不同的面貌❶。这一转折的出现，是当时社会生产发展和社会关系变更的必然结果。与兵器的发展演进相适应，军队的装备、编成、编制、战术和战略无不发生变化。随着我国田野考古发掘的新进展，近半个世纪不断获得新的有关汉代兵器的实物标本，丰富了关于汉代兵器和防护装具的资料。同时，对汉代兵器材质的检测，以及对汉代兵器特别是防护装具的结构、形制的复原研究，都取得新的研究成果，从而加深了对汉代兵器的认识。依据有关文献和考古发现，现已能对汉代兵器的新发展进行分析。

一、汉代军队的新面貌

汉代军队与先秦时期的军队相比，出现了与秦以前不同的面貌。使得汉代军队和兵器得以呈现出新面貌的决定性因素，第一方面是军队士兵成分的变化。秦代开始实行征发农民戍边服役，建立新的从中央到地方的军事制度，开始改变士兵的成分。但是只有经过秦末农民大起义怒潮的涤荡，军队士兵成分

---

❶　杨泓：《汉代兵器综论》，《中国历史博物馆馆刊》1989年总12期，第55~66页，1989年5月；《汉代兵器二论》，《揖芬集——张政烺先生九十华诞纪念文集》，第115~123页，社会科学文献出版社，2002年。

的变化才告彻底完成。在农民大起义中，反抗暴秦的农民，以及丧失自由的刑徒和奴隶，潮涌般地投入起义军行列。甚至秦王朝方面，为了解燃眉之急，也不得不采取大赦天下的办法，以"郦山徒"匆促组建成军队随章邯去抗击起义军❶。在这一时期军队成分与以前不同的变革，更突出地表现在不仅士兵的成分彻底变化，而且军中指挥人员乃至高层将帅，其成分同样发生变化。席卷一切的起义狂飚，摧垮了贵族世家在军队中的世袭领地，大泽乡起义后，"陈胜自立为将军，吴广为都尉"，后陈胜为王，号"张楚"❷。"山东郡县少年苦秦吏，皆杀其守尉令丞反，以应陈涉，相立为侯王，合从西乡，名为伐秦，不可胜数也。"❸于是，许多中小地主、低级县吏、贫苦农民，乃至商贩、游民、屠夫、刑徒都有机会显露自己的军事才能，成为叱咤风云的将帅。以刘邦军中的著名将相为例，除留侯张良为韩国没落贵族以外，相国萧何与曹参在秦时均为小吏，分别为沛的"主吏掾"和"狱掾"❹。绛侯周勃"以织薄曲为生"，汝阴侯夏侯婴原为"沛厩司御"，舞阳侯樊哙"以屠狗为事"，颍阴侯灌婴系"睢阳贩缯者也"。淮阴侯韩信因"贫无行"，连小吏和商贾都做不成，甚至乞食于漂母。至于梁王彭越，"常渔巨野泽中，为群盗"。淮南王英布，则是"坐法黥"的郦山刑徒。可见西汉王朝建立之时军中将帅成分，与先秦时发生完全不同

❶ 《史记·秦本纪》，第 207 页。
❷ 《史记·陈涉世家》，第 1952 页。
❸ 《史记·秦始皇本纪》，第 269 页。
❹ 《史记·萧相国世家》，第 2013 页；《史记·曹相国世家》，第 2021 页。

的变化。军中士兵到将帅成分的改变，是社会关系变更的必然结果，从而导致了军队的编成、编制和战术的变革。

军队成分的变化，随之导致组成军队的各兵种的地位发生新变化。殷周以来长期居于军队主力地位的战车兵，虽然在西汉初还有遗留，轻车尚与骑士、材官（步兵）并重，但终于让位于骑兵和步兵。特别是在汉王朝抗御北方古代游牧民族侵扰的战争中，骑兵不断成长壮大，从而确定了它在中国古代战争舞台上的主角地位。汉代军队出现的上述变化，必然导致军事装备的设计和制作随之变化，由主要服从于战车部队的特点和战术要求，转向适应于步兵和骑兵作战的需要和战术要求。又因骑兵在西汉时期的迅速发展，适用于跨马作战的兵器、防护装具和马具的创制和改进，更受到重视。因此汉代的兵器呈现出与先秦时期完全不同的新面貌。

二、汉代钢铁冶炼技术的新发展

除了社会关系变更，使得军中士兵、指挥人员乃至统军将帅成分的改变以外，导致汉代军队出现新面貌的决定因素，第二方面在于当时社会生产力的发展和经济的进步，主要是冶铁工业的发展和炼钢技术的新成就，使钢铁兵器质量不断提高而且得以普及，结束了殷周以来青铜作为兵器主要材质的历史。20世纪80年代以来对西汉兵器材质的金相鉴定研究，取得了可喜的成果。对西汉兵器材质的金相检测，主要是对钢铁兵器的检测，重点是检测徐州狮子山楚王陵、广州象岗山南越王墓、河北满城中山靖王墓等诸侯王陵墓的出土品，并对兵器种

类、材质、制作技术进行比较研究❶，阐明西汉钢铁兵器技术
获得较大发展。块炼铁、块炼渗碳钢、铸铁脱碳钢、炒钢等钢
铁制品普遍存在，淬火、冷加工等多种热处理工艺都得到了
广泛的应用，表明当时工匠对钢铁性能的认识提高到新水平。

从战国以来经过西汉前期的大发展，我国古代钢铁冶炼
工艺技术已经达到比较成熟的水平，为钢铁兵器的生产提供
了雄厚的物质基础。钢铁冶炼新技术的应用和推广，改进了
西汉钢铁格斗兵器的质量和战斗性能，也促进了钢铁兵器取
代青铜兵器的进程。

根据对有关西汉钢铁兵器金相检测研究，先秦时已用于
制作兵器的块炼渗碳钢技术，到西汉时更加成熟。块炼渗碳钢
经过反复锻打，钢中碳的均匀性不断改善，夹杂物含量减少，
质量日益提高。狮子山楚王陵出土铁矛（样品号2453），为块
炼渗碳钢叠打制成。质量更高的代表是满城刘胜墓出土的钢
剑，虽仍为块炼渗碳钢，但夹杂物减少，高、低碳之间碳含
量差别减小，钢材质量明显提高。

西汉时期还创造了简易、经济的铸铁脱碳成钢的新方
法，及用生铁为原料的炒钢技术❷。在战国时期铸铁脱碳工
艺进一步发展的基础上，西汉时期又发明了一种新的制钢工
艺，其方法是将含碳3%~4%的低硅铸铁件，在氧化气氛中进

---

❶ 陈建立、韩汝玢：《汉诸侯王陵墓出土铁器的比较》，《文物保护与考古
科学》第12卷第1期，第1~8页，2000年5月。

❷ 冶金史研究室：《我国古代钢铁冶金技术的重大成就》，《中国冶金史论
文集》，第147~151页，北京钢铁学院学报编辑部，1986年10月。

行整体脱碳，得到高碳、中碳和低碳的钢制品，这种钢称为固体脱碳钢。其特点是夹杂物少，金相组织均匀，性能与铸钢相近。中国古代这种独特的生铁炼钢方法，也应用于制造兵器，如河北满城出土的箭镞。

炒钢技术是西汉早期出现的一项钢铁冶炼技术的重大发明。20世纪50年代以来，先后在河南巩县铁生沟和南阳瓦房庄两处汉代冶铁遗址中，都发现了炒钢炉的遗迹。前一处遗址生产的时期约在东汉初期以前，后一处遗址使用时期较长，约自西汉中期至东汉晚期❶。最早发现的以炒钢为原料制作的兵器，是江苏徐州出土的东汉建初二年（77年）五十涷钢剑❷，所以当时只能推论为始于西汉的炒钢技术，到东汉时已相当普及，生产出以炒钢为原料的"百炼钢"兵器。等到1994年在徐州狮子山发掘了西汉楚王陵，对墓中出土铁器进行金相鉴定时，发现1件矛（样品号2454）是由炒钢叠打制成。此外该墓出土铁器中还有一些炒钢制品的标本，如工具中凿（样品号2440 –2）为炒钢制品，刀（样品号2432）为炒钢与块炼渗碳钢折叠锻打而成。在已经检测的21件标本中，共有5件是炒钢制品❸，表明当时炒钢技术已较普遍，能应用于兵器

---

❶ 河南省博物馆、石景山钢铁公司炼铁厂、《中国冶金史》编写组：《河南汉代冶铁技术初探》，《考古学报》1978年第1期，第1~24页。

❷ 徐州博物馆：《徐州发现东汉建初二年五十涷钢剑》，《文物》1979年第7期，第51~52页。

❸ 北京科技大学冶金与材料史研究所、徐州汉兵马俑博物馆：《徐州狮子山西汉楚王陵出土铁器的金相实验研究》，《文物》1999年第7期，第84~91页。

和工具等不同器物的制作。据推测楚王陵中所葬为第二代或第三代楚王，下葬时间为公元前175年至前154年。狮子山楚王陵发现的炒钢制品是迄今为止年代最早的标本，表明西汉早期（前2世纪中叶），即不晚于公元前154年中国已发明了炒钢技术❶。时间稍后的广州南越王墓和高邮天山汉墓出土铁器中，也检测出了炒钢制品，更表明炒钢技术在西汉时的普遍应用。炒钢技术被誉为继铸铁发明以后钢铁发展史上又一里程碑，炒钢用于制作兵器，无疑加速了西汉初期钢铁兵器发展的进程。曾对河南古代136件钢铁制品进行研究，东汉以后的铁器中不再发现有块炼铁制品，就是因为炒钢技术发展及炒钢制品大规模使用的结果❷。

　　另外应注意的是西汉时制作钢铁兵器既能通过局部淬火工艺来提高锋刃部位的硬度，又能通过冷加工硬化的方法来强化金属即冷锻工艺提高制品的使用性能。满城刘胜墓出土钢剑和戟经分析是经过了淬火处理，近年又发现广州南越王墓出土钢剑也已经过淬火处理。狮子山楚王陵出土钢矛虽没有发现淬火马氏体组织，但发现了折叠锻打和表面渗碳现象，而同墓中出土凿子等工具曾经过淬火处理。说明在西汉时期，局部淬火工艺已在较大范围内流传并应用❸，这也对提高兵器

---

❶　北京科技大学冶金与材料史研究所、徐州汉兵马俑博物馆：《徐州狮子山西汉楚王陵出土铁器的金相实验研究》，《文物》1999年第7期，第90页。

❷　陈建立、韩汝玢：《汉诸侯王陵墓出土铁器的比较》引苗长兴硕士学位论文，北京科技大学冶金史研究室，1991年。

❸　陈建立、韩汝玢：《汉诸侯王陵墓出土铁器的比较》，第6页。

效能有极大促进作用。西汉时也已掌握了通过冷加工硬化的方法来强化金属而提高制品的使用性能，并用于兵器制作。狮子山楚王陵出土的铁甲片中，经过金相鉴定的7件内有3件使用了冷锻工艺，产品有较好的质量。

西汉初年钢铁冶炼技术和钢铁冶炼工业的发展，也与当时西汉王朝恢复和振兴经济的政策措施有关。西汉王朝克服了初创时的经济困难，经过文景时期的恢复和发展，使得钢铁冶炼工业获得迅猛发展有了坚实基础。武帝时盐铁官营制度的建立，进一步扩大了钢铁冶炼生产的规模，也更有利于工艺技术的提高，从而促进了兵器和防护装具的材质和制造工艺的重大变革。这也是汉代军事装备呈现出与秦以前不同的新面貌的重要因素。

三、西汉长安城遗址和帝王陵墓出土的兵器

从20世纪50年代以来，通过对西汉长安城遗址和有关帝陵、诸侯王墓的考古发掘，获得的兵器和防护装具，大致可以观察出西汉时期的兵器和防护装具的发展概貌。

首先看西汉皇帝陵园发掘出土的兵器和防护装具，其中值得注意的有汉景帝阳陵和汉宣帝杜陵的考古发现。

汉景帝刘启死于后三年（前141年），葬阳陵，位于今陕西咸阳市渭城区张家湾村北。1991年3月，开始正式发掘阳陵陵园南区从葬坑，已发表两期考古简报❶。据两期简报，已在

❶ 陕西省考古研究所汉陵考古队：《汉景帝阳陵南区从葬坑发掘第一号简报》，《文物》1992年第4期，第1~13页；《汉景帝阳陵南区从葬坑发掘第二号简报》，《文物》1994年第6期，第4~23页。

图5-26 西汉阳陵从葬坑陶俑出土情况

诸从葬坑中发掘出大量模拟士兵的陶俑（图5-26），陶俑体高约当真人体高的三分之一，均塑成无臂裸体形貌，然后配装木臂，再披穿丝织品制作的衣服，有的还披有木甲片制的铠甲，并佩执模型兵器。模型兵器也按原大三分之一比例制作，工艺精细，包括铁戟、矛和剑，铜弩机、箭镞和承弩器，以及木盾。据两期简报的不完全统计，已获得完整陶俑及残俑头总数超过1300件，模型兵器有铁戟135件、铁矛93件、铁剑140件、铁镞159件，铜镞2556件、铜弩机38件、铜承弩器4件，木盾因多已朽难以计数。还在20号坑发现3处木质兵兰遗迹，其中2件兵兰各竖插10件铁戟，另一件兵兰除戟外还挂有盾。阳陵陵园南区从葬坑发掘所提供的资料，对了解当时军中士兵的标准兵器装备极为重要。

汉宣帝刘询死于黄龙元年（前49年）十二月，初元元年（前48年）春正月葬杜陵，在今陕西西安雁塔区三兆村附近。1982年开始对杜陵考古勘查，并对部分遗址进行发掘[1]。在宣帝陵陵园的寝园遗址出土的兵器有铁剑1件、铁矛1件、环首刀4件、镞2件和甲片53件，还有铁锭铜镞9件。在孝宣王皇后陵陵园寝园遗址出土铜镞2件。在杜陵陵园以北的1号陪葬坑中，还发现铁剑5件、铁矛3件、铁斧1件和铁戟17件。这些兵器有的应是陵园守卫者的实用兵器，陪葬坑中的出土物也可能是模型明器。

在各地发掘的西汉诸侯王陵墓，比较重要的有下面6座。这6座墓出土的兵器，已能大致反映出西汉文帝至武帝这一阶段兵器材质和品种的主要变化。

山东淄博窝托村齐王墓随葬坑出土兵器。淄博齐王墓，可能为死于文帝元年（前179年）的哀王刘襄的陵墓，或是死于惠帝六年（前189年）的悼惠王刘肥的陵墓。在已发掘的三号和五号随葬坑中出土大量兵器[2]。出土青铜兵器有剑2件、矛14件、戈2件、戟4件、弩机72件、镞1810件，铁器有戟141件、矛6件、铩20件，以及铁铠甲3件、铁兜鍪1件，还有两件细长的铁棍。另有木弓71件、箭杆1000余件、泥弹丸约3000枚及漆木盾12件。

---

[1] 中国社会科学院考古研究所：《汉杜陵陵园遗址》，科学出版社，1993年。
[2] 山东淄博市博物馆：《西汉齐王墓随葬器物坑》。

安徽阜阳双古堆汝阴侯墓出土兵器。双古堆1号墓，推测为死于文帝十五年（前165年）汝阴侯夏侯灶的坟墓❶。墓中随葬的铜兵器有剑2件（其一可能为铍）、戈2件、矛1件、弩机（鎏金）3件、镞35件，铁器有剑2件和铠甲（存甲片3038片，总重20.2千克）。还有黑漆木弓3件、箭箙1件。

江苏徐州狮子山楚王陵出土兵器。早在1984年，已经发现了狮子山楚王陵侧的兵马俑坑，在已清理的一号和二号俑坑中，出土陶兵马俑总数超过2300件❷。并在俑坑处建立了"徐州汉兵马俑博物馆"。1994年又对楚王陵墓室进行发掘❸，虽然该墓早经盗掘，主要墓室已被劫掠一空，但是在内墓道西侧南部一间耳室（W1）未遭盗扰，室内随葬物品保存完好，其中有大量兵器，只是原装的木柄多已朽毁。其中铜兵器有剑4件、戟5件、铍24件、戈1件和矛5件，铁兵器有的锈蚀严重而器形难辨，现知有铁剑25件，还有成捆的铁戟和铁矛。此外在耳室W3、甬道及后室等地，还发现铁铠甲片3000余片，铜弩机2件，以及许多箭镞，有铜镞和骨镞两种。推测陵中所葬为第二代楚王刘郢客或第三代楚王刘戊，下葬时间为文帝五年（前175年）或景帝三年（前154年）。

---

❶ 安徽省文物工作队、阜阳地区博物馆、阜阳县文化局：《阜阳双古堆西汉汝阴侯墓发掘简报》，《文物》1978年第8期，第12~31页。

❷ 徐州博物馆：《徐州狮子山兵马俑坑第一次发掘简报》，《文物》1986年第12期，第1~16页。

❸ 狮子山楚王陵考古发掘队：《徐州狮子山西汉楚王陵发掘简报》，《文物》1998年第8期，第4~33页；韦正、李虎仁、邹厚本：《江苏徐州市狮子山西汉墓的发掘与收获》，《考古》1998年第8期，第1~20页。

南越王墓出土兵器。1983年在广州象岗山，发掘了第二代南越王墓❶。第二代南越王大约死于武帝元朔末、元狩初，估定在公元前122年左右，入葬年代亦以死年或稍后一二年为宜。南越王墓中随葬有大量兵器，在东耳室有铜戈3件；西耳室有铜剑1件、铜镞396件，铁短环首刀2件、铁服刀（拍髀）5件、铁铠甲1件（推测有709片甲片）；主棺室随葬的铜兵器有戈1件、弩机15件（附铅弹丸13件）、镞519件，铁兵器有剑15件、矛7件、戟2件和未名器1件；东侧室有铜矛1件；西侧室有铜镞12件（内9件带铁铤）、铁铍1件。总计有铜兵器950件，铁兵器34件。反映出当时岭南地区兵器材质、类型的实际情况。

河北满城陵山中山王墓出土兵器。满城1号墓内所葬为中山靖王刘胜，死于武帝元鼎四年（前113年）❷。出土的青铜兵器有剑2件、铍1件、匕首1件、戈2件、弩机37件（内实用器16件）、镞70，铁兵器有剑5件、铩4件、匕首1件、环首长刀1件、戟2件、矛1件、铤2件、镞371件，以及铠甲1件（甲片计为2859片）。还有1件细长的铁棍。另有银盾饰1件、银镞62件。

山东巨野红土山西汉墓出土兵器。推测巨野红土山西汉墓所葬死者为昌邑哀王，死于武帝后元二年（前87年）❸。墓

---

❶ 广州市文物管理委员会、中国社会科学院考古研究所、广东省博物馆：《西汉南越王墓》，文物出版社，1991年。

❷ 中国社会科学院考古研究所、河北省文物管理处：《满城汉墓发掘报告》。

❸ 山东省菏泽地区汉墓发掘小组：《巨野红土山西汉墓》，《考古学报》1983年第4期，第471~499页。

内随葬铜兵器有戈2件、弩机12件、镞241件，铁兵器有剑3件、铩2件、戟4件、矛4件、匕首2件、镞150件，以及箭铤200件。

　　除了西汉陵墓发掘中所获得的有关兵器的考古标本外，近年在西汉都城长安遗址的发掘中也有关于西汉兵器的重要考古发现。1980年至1989年，对长安城内主要宫殿未央宫遗址开展考古勘探和重点发掘[1]，在对宫门、角楼、中央官署、少府（或所辖官署）、椒房殿、未央宫前殿A区和B区等处建筑遗址的发掘中，都获得有遗留下来的兵器或兵器零件，以及防护装具等遗物。这些建筑时代均属西汉时期，废弃于王莽末年的战火之中，因此废墟中残留的兵器应为当年禁卫未央宫的士卒所装备。据发掘报告所附各遗址出土遗物登记表所作不完全统计，共出土铁兵器519件和铜兵器102件。铁兵器有剑4件、矛4件、戟2件、环首刀4件、弩机7件、弩机牙18件、弩机悬刀9件、弩机枢18件、镞205件、甲片227件和胄片19件，铜兵器有弩机4件、弩机牙3件、弩机枢17件和镞78件。此外，在中央官署建筑遗址还发现大量刻字骨签，约57000多片，其中许多刻铭为兵器名称、代号及数量，主要是关于远射兵器的弓弩箭镞等的记述，应是各地工官向中央上缴兵器等产品的记录。未央宫遗址有关兵器的诸多考古发现，对西汉兵器研究极为重要。

---

❶　中国社会科学院考古研究所：《汉长安城未央宫——1980~1989年考古发掘报告》，中国大百科全书出版社，1996年。

同时，还于1975—1977年发掘了长安城中的武库遗址 **❶**（图5-27），在武库中第一遗址和第七遗址（图5-28）出土了大量兵器。铁兵器有戟、矛、剑、刀等，仅铁镞就有1000余件，还有大量锈结成块的铁铠甲。铜兵器仅有1件残戈援和铜镦、铜剑格等附件，以及100余件铜镞，多装铁铤。武库始建于高祖初年，为西汉王朝的中央兵器库，王莽时毁于战火。

除了有关西汉兵器的重要考古发现以外，还对各地西汉墓出土的汉代铁铠甲进行了复原研究。首先完成的是对河北满城中山靖王刘胜墓出土铁铠的复原 **❷**，此后又陆续对广州象岗山南越王墓出土铁铠 **❸**、山东淄博齐王墓出土铁铠和兜鍪 **❹**、西安北郊西汉早期墓（91CTDXM2）出土铁铠和兜鍪 **❺**、汉长安城武库遗址出土的1件铁铠 **❻**，以及内蒙古呼和浩特市二十家子汉城遗址出土的西汉铁铠 **❼**，都进行了复原研究。还对吉林

---

❶ 中国社会科学院考古研究所汉城工作队：《汉长安城武库遗址发掘的初步收获》，《考古》1978年第4期，第261~269页。

❷ 中国社会科学院考古研究所技术室：《铁铠甲的复原》，《满城汉墓发掘报告》附录二，第357~369页。

❸ 中国社会科学院考古研究所技术室、广州市文物管理委员会：《广州西汉南越王墓出土铁铠甲的复原》，《考古》1987年第9期，第853~859页。

❹ 山东省淄博市博物馆、临淄区文管所、中国社会科学院考古研究所技术室：《西汉齐王铁甲胄的复原》，《考古》1987年第11期，第1032~1046页。

❺ 白荣金：《西安北郊汉墓出土铁甲胄的复原》，《考古》1998年第3期，第79~89页。

❻ 白荣金：《汉代考古发现的铠甲及复原研究》，第288页，《"迎接二十一世纪的中国考古学"国际学术讨论会论文集》，科学出版社，1998年版。

❼ 同上。

图5-27 汉长安城武库遗址

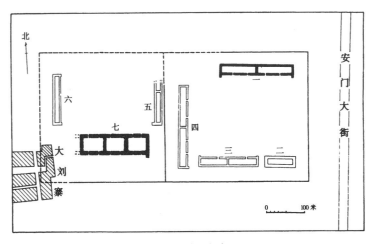

图5-28 汉长安城武库遗址平面图

榆树县老河深墓地出土铁铠和兜鍪进行了复原❶，那处墓地推测属西汉末至东汉初的鲜卑族。通过这些铁铠甲的复原研究，对西汉时期军队装备的钢铁防护装具有了进一步的认识。

四、汉代兵器材质的转变

汉代军队主要装备的兵器的材质由钢铁取代青铜的速度，以及钢铁冶炼新技术的应用和推广，看来不但比原来预计的快而且更彻底。下面分为格斗兵器、远射兵器和防护装具三项进行分析：

第一项观察格斗兵器。从汉景帝阳陵陵园南区从葬坑出土士兵陶俑群及装备的模型兵器，如实模拟着当时汉王朝中央卫戍都城长安的军队。出土的模型格斗兵器，不论是长柄的戟和矛，还是手握的短柄剑，皆为铁质。这表明早在汉景帝时，即公元前2世纪中叶，汉王朝中央军队装备中，青铜兵器已从格斗兵器的行列中被完全排挤了出去，当时卫戍都城的军队装备的格斗兵器已经全部使用钢铁制品。但是全国各地诸侯王控制的地区，钢铁兵器取代青铜兵器的进度，却较都城长安要慢，而且演变的进程并不平衡。但纵观前已列举的6座诸侯王墓出土格斗兵器的材质，明显可以看出，按年代早晚，钢铁兵器的比例明显增大，最终取代青铜兵器。年代最早的山东淄博齐王墓，墓室未经发掘，发现的兵器出土于三号随葬

---

❶ 吉林省文物工作队、中国社会科学院考古研究所：《铁甲胄的复原》，《榆树老河深》附录一，第123~145页，文物出版社，1987年版。

坑中，情况较特殊，系集中放置，仅铁戟即有141件之多，成捆放置，似为供齐王卒从所实用。另有铁矛、铩等格斗兵器28件，共计169件。而铜格斗兵器仅剑、矛、戈、戟共22件。铜铁兵器间的比例与墓室内随葬的兵器有所不同，其余5座均是墓室内放置的遗物。在较早的汝阴侯墓中出土青铜格斗兵器5件，铁兵器2件，二者比例为2.5：1。稍后的徐州狮子山楚王陵和广州象岗山南越王墓出土格斗兵器中都有青铜制品，有戈、戟、铍、矛和剑。狮子山楚王陵出土青铜格斗兵器39件，钢铁格斗兵器69件，比例为1：1.8。广州南越王墓出土青铜格斗兵器6件，钢铁格斗兵器25件，比例为1：4.2。这种情况到汉武帝时有了改变，满城刘胜墓和巨野红土山西汉墓中虽都有青铜格斗兵器，但钢铁兵器所占比例明显增大，中山靖王刘胜墓出土青铜格斗兵器5件，钢铁格斗兵器16件，比例为1：3.2。红土山汉墓出土青铜格斗兵器2件，钢铁格斗兵器13件，比例为1：6.5。但两墓均各有一对形貌华美的铜戈，饰有伏卧回首形貌的鸳鸯状篦，当是特殊的仪仗器，并非实战格斗兵器（图5-29）。如将其由实用的格斗兵器中去除，则刘胜墓只有1件铜铍和2件铜剑，青铜与钢铁格斗兵器的比例改为1：5.3。红土山墓中则没有青铜格斗兵器了，或许表明到武帝末年全国各地军队士兵装备的兵器材质已经和中央都城军队的装备趋于一致。由上列诸墓出土铜铁兵器比例的变化，明显看出西汉自文帝至武帝时钢铁格斗兵器取代青铜格斗兵器的强劲势头。到西汉末年，青铜格斗兵器被取代的过程已告结束，从汉长安城内武库遗址和未央宫遗址出土兵器正可证实这一结论。

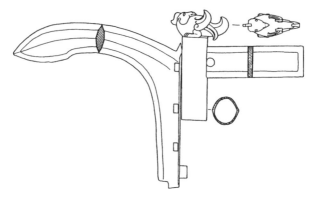

图5-29　满城刘胜墓出土铜戈（1:4219）

这两处遗址均毁于王莽末年战火，出土的兵器正是被毁当年的遗物。据统计武库遗存的钢铁格斗兵器有剑、矛、戟、长刀等50余件，青铜格斗兵器仅有1件戈。在未央宫已发掘的诸建筑遗址中，遗存的剑、矛、戟和环首刀等格斗兵器均钢铁材质，没有发现青铜格斗兵器的身影。

　　第二项观察远射兵器。在战斗时消耗量最大的兵器，是远射兵器弓弩发射的箭，以及箭上安装的箭镞，所以它也是表明钢铁兵器最终取代青铜兵器的标志物。从列举的6座诸侯王墓出土箭镞的材质来看，时间较早的4座出土的全是铜镞，只是有的带有铁铤，山东淄博齐王墓随葬坑出土1810件铜镞；安徽阜阳汝阴侯墓中出土35件铜镞；江苏徐州狮子山楚王陵出土有铜镞135件，还有骨镞；广州南越王墓在西耳室、主棺室和东侧室共出土铜镞927件。表明从西汉初到景帝初年，西汉军中远射兵器装备的箭镞材质仍用青铜，在偏远的岭南到武帝初年依然如此。大约汉景帝时发生变化，景帝死后所葬阳陵从葬坑中，随葬陶俑佩持的模型兵器中，箭镞虽绝大多数为铜质，但已出现铁镞，据南区从葬坑前两期发掘简报统计，已出土模型铜镞2556件和铁镞159件。到武帝时下葬的2座诸侯王墓，出土的既有铜镞也有铁镞，河北满城刘胜墓出土铜镞70件、铁镞371件、银镞62件，山东巨野红土山墓出土铜镞241件、铁镞150件。表明到武帝末年，铜镞的使用逐渐减少，铁镞的使用开始普遍。但是从这6座墓中出土的弩机，则全用青铜制成。不过到西汉末年情况又有了新变化，王莽末年毁于战火的长安城武库和未央宫废墟中出土的远射兵器遗物，正反映出这一新变化。据统计武库遗址出土青铜质远射兵器有铜弩机零件5件和铜镞196件，铁质远射兵器有铁镞1125件，其数量是铜镞的5.7倍。在未央宫遗址出土的远射兵器中，青铜质的有弩机4件和弩机零件20件、铜镞78件，铁质的有弩机7件和弩机零件45件、铁镞205件，不仅铁镞数量是铜镞的2.6倍，而且出现了铁质的弩机（图5-30）和弩机零件（包括牙、悬刀和枢）（图5-31），其数量还超过青铜制品。这

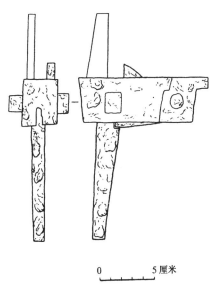

图5-30　汉长安城未央宫官署遗址出土铁弩机（3∶T7③∶13）

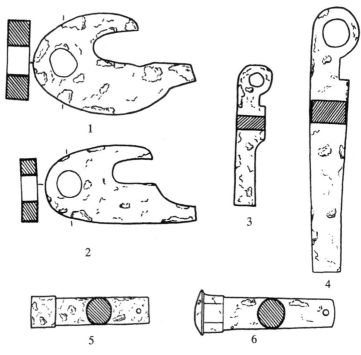

图5-31　汉长安城未央宫官署遗址出土铁弩机构件

1、2.牛（3：T14③：19、3：T2③：2）

3、4.悬刀（3：T12③：14、3：T③：10）

5、6.枢（3：T12③：12、3T1③：12）

一新发现纠正了过去的错误认识。过去曾一直认为弩机因需铸造精密，故汉代仍保持青铜材质，但是未央宫遗址出土的铁弩机和弩机零件，清楚地表明最迟至西汉晚期禁卫皇宫的卫士已装备了铁质弩机的强弩，说明过去的认识必须加以修正。弩机改用廉价的铁制品，表明青铜兵器在远射兵器中能保留的份额比过去认为的还小得多。

第三项观察防护装具。在列举的6座诸侯王墓中，除山东巨野红土山西汉墓外，另5座都随葬有铠甲，且均为铁铠，表明至少在西汉文帝至武帝时，王侯和军中将帅都装备了精坚的铁铠。5座墓所出铁铠，只有安徽阜阳汝阴侯墓出土铁铠甲尚未作复原研究，但从现存3038片铁甲片和甲片类型观察，原葬入的可能是铁铠和铁兜鍪各1件。其余诸墓出土铁铠甲均已作过复原研究（徐州狮子山楚王陵的复原研究尚未发表），再结合对西安北郊西汉早期墓（91CTDXM2）和汉长安城武库遗址出土铁铠的复原研究，清楚地表明西汉时作为个人防护装具的甲胄，已以钢铁为主要材质。再通过对呼和浩特二十家子汉城遗址铁甲片❶、徐州狮子山楚王陵铁甲片、广州南越王墓铁甲片、满城中山靖王刘胜墓铁甲片以及吉林榆树老河深鲜卑墓铁甲片的金相检测，通过铁甲片的显微组织分析研究其制作技术，可以看出各地出土铁甲片虽所选择的原料不同，满城刘胜墓和呼和浩特二十家子汉城遗址的铁甲片为块炼渗碳钢制品，广州南越王墓和吉林榆树老河深鲜卑墓的铁甲片为炒钢制品，徐州狮子山楚王陵铁甲片以铸铁脱碳钢为原料，但都是锻造成型，其中徐州狮子山楚王陵铁甲片还发现有冷锻成型的，制作的产品有较好的质量。作为防护装具的铁铠，所用甲片应具有较好的延展性和一定的强度，经检验这批西汉铁甲片含碳量不高，在强度方面有所提高，更有利于防护，证明西汉

---

❶ 内蒙古自治区文物工作队：《呼和浩特二十家子古城出土的西汉铁甲》，《考古》1975年第4期，第249~258页。

时已较好地掌握了锻造铠甲的技术❶。在铠甲片锻造技术日益提高的基础上，西汉铠甲片的规范化标准化程度也日益完备，编缀成型的技术也随之提高。经观察可以看出，死于文帝十五年（前165年）的汝阴侯墓中铁铠甲，出土甲片3038片，根据甲片大小和穿孔的不同，至少可分26类。但武帝元鼎四年（前113年）死去的中山靖王刘胜墓中随葬的铁铠，甲片总数2859片，但形制却只有两类，一类为1589片，另一类为1270片，形制规整（图5-32），说明从文帝到武帝近半个世纪间，甲片制作的规范化标准化程度已大为提高，既宜于大规模生产，也易于编缀和修补，保证铁铠甲可以普遍装备西汉军队。

综上所述，通过近年的考古新发现，西汉时格斗兵器、远射兵器和防护装具中，钢铁兵器取代青铜兵器的进程比原先推断的快得多。由钢铁兵器出现而引发的古代兵器材质方面

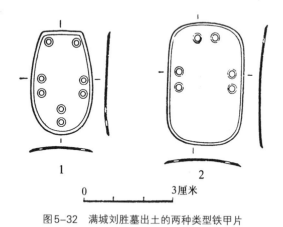

图5-32　满城刘胜墓出土的两种类型铁甲片

❶　陈建立、韩汝玢:《汉诸侯王陵墓出土铁器的比较》，第4页。

的革命基本上获得成功的时间，至迟应在西汉末年新莽时期，比过去的认识提早了近2个世纪。

五、汉代步兵和骑兵装备的兵器

汉代步兵的兵器和防护装具，可以从有关考古材料和文献中找到一些线索。

先秦时剑、盾配合，已是步兵抵近格斗的标准兵器，秦时沿袭使用。在云梦秦墓出土铜镜上，就有执盾持剑武士与猛兽搏斗的生动形象❶。到楚汉战争时，汉军步兵以剑盾配合使用的事例常见于文献记载。著名的"鸿门宴"中，樊哙得到张良通知匆忙赶去保护刘邦，就是"带剑拥盾入军门"的，后刘邦从宴会中脱身逃回汉营，樊哙等四将也是"持剑盾步走"护卫❷。除了剑和盾外，汉军步兵装备的长柄兵器是戟和矛（包括铩、鈹），但先秦步兵装备的戈已被淘汰。长沙马王堆3号西汉墓出土简牍❸，提供了汉文帝时诸侯王国步兵的兵器装备的线索。其中第55号木牍上记有该墓的墓主人（据推测可能是第三代轪侯利豨，葬于文帝十二年，前168年）的卒从人数，为"百九十六人从，三百人卒"。再检遣策竹简，可知这些卒从所装备的兵器。其中的"从"大约是"墓主人在禁中的亲近兵卫"，这196人的兵器如下：8人执长矛，第32号简：

---

❶ 湖北孝感地区第二期亦工亦农文物考古训练班：《湖北云梦睡虎地十一座秦墓发掘简报》，《文物》1976 年第 9 期，第 51~62 页。

❷ 《史记·项羽本纪》，第 313、314 页。

❸ 马王堆 3 号墓出土简牍，转引自傅举有：《关于长沙马王堆三号汉墓的墓主问题》，《考古》1983 年第 2 期，第 165~172 页。

"执长桯矛八人，皆衣绀冠。"60人执短铩，第33号简："执短铩六十人，皆冠画。"8人执革盾，第34号简："执革盾八人，皆衣□冠履。"60人执盾，第36号简："执盾六十人，皆冠画。"60人执短戟，第38号简："执短戟六十人，皆冠画。"其中的"卒"，应是正规的步卒，300人中100人执长戟和盾，第35号简："卒□操长戟应盾者百人。"100人执长铩和盾，第37号简："卒不□操长铩应盾者百人。"100人装备强弩，第39号简："卒不□操弩负矢百人。"可以看出，作为主将亲近兵卫的从，主要装备可以屏护主人的盾，以及短柄的兵器，其中又分两类，一类16人，其中执长矛和革盾的各8人；另一类是"皆冠画"的180人，其中1/3装备短戟，1/3装备短铩，另1/3装备盾牌。而正规的兵卒，则装备效能更强的格斗兵器和远射兵器，其中装备格斗兵器与装备远射兵器人数之比例为2∶1。格斗兵器是长戟和长铩，均与盾牌配合使用，远射兵器是强弩。至于长沙轪侯的亲卫以短戟、短铩与盾配合而不采用剑、盾配合的兵器组合，原因不详，也许与地区特点有关。

至于当时禁卫皇宫的部队的标准装备，可以通过对景帝阳陵从葬坑的试掘反映出来。从第17号坑中出土时基本保持原貌的士兵俑队列，可以看出横排8行、每行2~11人不等，所装备的兵器是腰间左侧斜佩1件长铁剑，手执柄髹红漆的铁戟或铁矛，长柄下端装有铜镦，以及木制的盾牌。在第20号坑中，行列整齐的士兵俑身上所披铠甲尚基本保存完好。已发现的模型兵器，长柄格斗兵器用戟、矛，皆用铁制，但戟的出土数量多于矛，约为矛的1.5倍。短柄的格斗兵器是剑，均为铁质。只有远射兵器弩上安装铜弩机，弩箭也还使用铜箭镞，但也出现了铁镞，但其数量与出土铜镞数量之比仅为1∶16。据此可以推知至迟到汉景帝时卫成都城部队步兵的标准装备是执长戟（或矛）和盾、佩剑、披铠，戟、矛、剑、铠已皆用钢铁制作，也应有以铁制的盾❶。远射兵器汉军重强弩，弩机尚以青铜铸制，弩箭安装的箭镞虽仍以青铜铸制为主，但已部分采用铁镞。阳陵陶俑的铠甲都保存不够好，难以看清其形制，但咸阳杨家湾出土的陶俑，则可补充有关西汉步兵防护装具的形象资料，主要是铠甲和盾牌。步兵只上身着甲，铠甲有两种，一种是仅护住前胸和后背，在肩上以带系结；另一种除胸、背外，还有护肩的披膊，以及垂于腰下作活动编缀的垂缘（图5-33）。

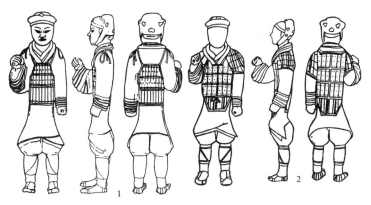

图5-33　陕西咸阳杨家湾出土西汉披铠陶俑
1.披胸甲和背甲　2.披胸、背甲加披膊

❶　汉军装备铁盾，楚汉之争时已有之，鸿门宴时樊哙闯入楚营护卫刘邦时即手持铁盾，见《史记·樊哙列传》："樊哙在营外，闻事急，乃持铁盾入到营。"第2654页。

图5-34　陕西咸阳杨家湾出
土披铠持盾步兵俑

所有铠甲均用甲片编缀而成，甲片大的长似简札，小的形如鱼鳞。盾牌的式样，大多数延续着战国以来的传统形制，总体呈长方形，中间有脊棱，上缘呈双度弧曲的花形（图5-34）。

关于骑兵装备的兵器和防护装具，西汉早期主要是长戟和铁铠。西汉时勇将持戟骑马突阵的例子，记录在史书中的，当推景帝时平息吴楚七国之乱时汉军中的灌夫。其父灌孟战死吴军中，灌夫"不肯随丧归，奋曰：'愿取吴王若将军头，以报父之仇。'于是灌夫披甲持戟，募军中壮士所善愿从者数十人。及出壁门，莫敢前。独二人及从奴十数骑驰入吴军，至吴将麾下，所杀伤数十人。"❶自此名扬天下。关于西汉时骑兵以戟为格斗兵器，还见于青海大通上孙家寨发掘的西汉晚期的马良墓（M115）出土木简，第132号简文为"□人擎马戟"❷，说明当时骑兵所用戟称为"马戟"。此

---

❶　《史记·魏其武安侯列传》，第2864~2865页。

❷　国家文物局古文献研究室大通上孙家寨汉简整理小组：《大通上孙家寨汉简释文》，《文物》1981年第2期，第22~26页。后来在正式发掘报告（青海省文物考古研究所：《上孙家寨汉晋墓》，文物出版社，1993年）中参照《考古学集刊》《考古》等刊登的有些学者的研究文章，重新编排了木简释文的组合与顺序，不知为什么将该简遗漏了，幸好在图版八九中还保留着原132号简的照片，可以参看。

外，骑兵也使用马矛——稍，还用剑、盾，环首长刀出现后改用刀、盾。骑兵装备的铠甲，仍沿袭秦制，使用便于骑马动作的甲身较短的铠甲，长仅及腰，护住前胸和后背，以带系结于肩头，不用披膊，可以从咸阳杨家湾骑俑看得很清楚（图5-35）。这与当时马具尚不完备有关。西汉时也还只有简单的鞍垫，到东汉时才出现高鞍桥的马鞍。马镫是迟至西晋才开始出现。至于远射兵器，骑兵还以弓矢为主，同时也使用弩。《汉书·韩延寿传》："令骑士兵车四面营陈，被甲鞮鍪居马上，抱弩负籣。"[1]说明骑兵用弩的情况，但因在马上只能用臂力张弩，故仅能用臂张弩，而无法像步兵那样可装备威力更大的

图5-35　陕西咸阳杨家湾出土西汉披铠骑兵俑及想象复原示意图

---

❶ 《汉书·韩延寿传》，第3214页。

蹶张、腰引等强弩。

西汉军队中包括了不同的兵种，同一兵种内有装备不同的作战单位，这对汉代将帅提出了指挥方面的新课题：必须在战斗中根据敌军的组训和装备特点，以及地形和景观的差异，考虑有针对性地部署不同兵种的部队，并且更大限度地发挥不同类型兵器的效能。晁错上书文帝言兵事❶，正是细致而准确地根据兵法结合汉初诸不同兵种和各类兵器的实际情况，分析了在不同地貌战场上各种兵器的优劣，适合哪一兵种投入战斗，以及汉军应对匈奴军队采取的策略以发挥优质兵器的威力，从而总结出带有指导性的作战原则。主要可归纳为下述几点：（1）用兵时"临战合刃之急者三：一曰得地形，二曰卒服习，三曰器用利"。关于器用利方面，指出"兵不完利，与空手同；甲不坚密，与袒裼同；弩不可以及远，与短兵同"，强调了兵器装具性能和质量的重要性。（2）不同地貌的战场与兵种威力发挥的关系，指出："兵法曰：丈五之沟，渐车之水，山林积石，经川丘阜，草木所在，此步兵之地也，车骑二不当一。土山丘陵，曼衍相属，平原广野，此车骑之地，步兵十不当一。"（3）不同地貌与发挥兵器效能的关系，指出："平陵相远，山谷居间，仰高临下，此弓弩之地也，短兵百不当一。两陈相近，平地浅草，可前可后，此长戟之地也，剑楯三不当一。萑苇竹萧，草木蒙茏，支叶茂接，此矛铤之地也，长戟二不当一。曲道相伏，险陀相薄，此剑

---

❶ 《汉书·晁错传》，第 2279~2281 页。

楯之地也，弓弩三不当一。"（4）针对汉军与匈奴的战争，应发挥汉军以下长处，特别是兵器性能方面的优势，"若夫平原易地，轻车突骑，则匈奴之众易挠乱也；劲弩长戟，射疏及远，则匈奴之弓弗能格也；坚甲利刃，长短相杂，游弩往来，什伍俱前，则匈奴之兵弗能当也；材官驺发，矢道同的，则匈奴之革笥木荐弗能支也；下马地斗，剑戟相接，去就相薄，则匈奴之足弗能给也。"晁错所据以进行分析的兵种和兵器情况，正与前引从文帝到武帝元鼎四年（前113年）间6处王侯墓出土兵器，以及咸阳杨家湾与徐州狮子山两处西汉兵马俑群所表现的兵种情况相合。当时汉军"平地用车骑，山阻用材官，水泉用楼船"，轻车尚与骑士、材官（步兵）并重❶，骑兵尚不够强大到可与匈奴骑兵抗衡，因此晁错只得提出"下马地斗"对汉军有利的说法。因为"上下山阪，出入溪涧，中国之马弗与也；险道倾仄，且驰且射，中国之骑弗与也。"匈奴骑兵这一优势并未持久，战争天平很快就倾向汉军一边，汉军从车骑并用向以骑兵为主力转化的过程，到武帝时终告完成，从元朔元年（前128年）到元狩四年（前119年）十年间，汉军与匈奴军发生了好几次重大战役，双方动员参战的骑兵总数常常接近20万骑之多。汉王朝已有能力一次集结10万之众的骑兵部队，如在元狩四年即如此，随军的"私负从马"竟多达14万匹。这时汉军的骑兵已有能力进行战略性的远程

❶《后汉书·光武帝纪下》注引《汉官仪》："高祖命天下郡国选能引关蹶张，材力武猛者，以为轻车、骑士、材官、楼船，常以立秋后讲肄课武，各有员数，平地用车骑，山阻用材官，水泉用楼船。"第51~52页。

奔袭，创造了大规模使用骑兵集团机动作战的战例。与此同时，战车退出战争舞台的中心场地，如元狩四年卫青击匈奴时"令武刚车自环为营，而纵五千骑往当匈奴"❶，武刚车即战车，这时只用于保障营地安全，或用于后勤运输。骑兵终于升为军队的主力，纵横驰骋于广阔的战争舞台之上。至此以后，兵器的生产完全供骑兵和步兵之需，从品种来讲格斗兵器还是以长戟为主，其次是矛（或铩）和刀盾，远射兵器是弓和弩。从已获知的东汉乃至魏晋的考古资料，上述兵器一直是军队中骑兵和步卒的标准装备。

汉代兵器的发展，也影响着军队攻防战法的多种式样，以及骑兵和步兵之间对抗的多种战法，因此出现了不同的临战战斗队形，以更好地发挥兵器长短相杂，互相配合的效能。从以下的战例，也可以看到汉代将领在战斗中如何利用临战的战斗队形以发挥兵器的威力。元朔二年（前127年）李广率四千骑兵与四万匈奴骑兵遭遇，面对十倍于己的优势敌军，李广采用"圜阵外向"的临战队形，充分发挥远射兵器，特别是强弩的威力，成功地抵抗了两天，终于坚持到援兵到达而解围❷。后来魏时田豫也用过同样的临战队形，"豫因地形，回车结圜阵，弓弩持满于内，疑兵塞其隙"，从而充分发挥了远射兵器的功效。关于步兵对抗骑兵的战例，如李陵于天汉二年（前99年）引步卒五千出居延，至浚稽山与匈奴骑兵三万

---

❶ 《史记·卫将军骠骑列传》，第 2935 页。
❷ 《汉书·李广苏建传》，第 2445 页。

遭遇。他以大车为营，然后"引士出营外为陈，前行持戟盾，后行持弓弩"，以格斗兵器在前卫护远射兵器，以发挥其效能，结果"虏见汉军少，直前就营。陵搏战攻之，千弩俱发，应弦而倒。虏走还上山，汉军追击，杀数千人"。[1]因兵力悬殊，后终归失败，但这样的临战队形，能够充分发挥步兵兵器长短结合的效能。另一个步兵战胜骑兵的战例，发生于东汉末年，"（公孙）瓒步兵三万余人为方陈，骑为两翼，左右各五千余匹，白马义从为中坚，亦分作两校，左射右，右射左，旌旗铠甲，光照天地。（袁）绍令麹义以八百兵为先登，强弩千张夹承之，绍自以步兵数万结陈于后。义久在凉州，晓习羌斗，皆兵骁锐。瓒见其兵少，便放骑欲陵蹈之。义兵皆伏楯下不动，未至数十步，乃同时俱起，扬尘大叫，直前冲突，强弩雷发，所中必倒，临阵斩瓒所署冀州刺史严纲甲首千余级"，[2]取得胜利。至于进攻中的临战队形，则常采取步兵居中，骑兵配置在两翼，以包抄敌阵，可举东汉建宁元年（168年）段颎与先零等族作战的战例。两军战于逢义山，"颎乃令军中张镞利刃，长矛三重，挟以强弩，列轻骑为左右翼。……颎驰骑于傍，突而击之，虏众大溃。"[3]上述战例充分说明，要想发挥兵器的威力，并不仅在于材质的优良和工艺的先进，还在于将帅临阵的指挥艺术和士卒的训练水平和勇敢精神。

---

❶ 《汉书·李广苏建传》，第 2452~2453 页。
❷ 《三国志·魏书·袁绍传》注引《英雄纪》，第 193 页。
❸ 《后汉书·段颎传》，第 2149 页。

第四节　汉代兵器类型分析

一、格斗兵器：戟、矛、稍、铍、铤、剑、刀

汉代的格斗兵器中，装长柄的主要是戟，还有矛类兵器，包括矛、稍、铍、铤等。手握短柄的主要是剑和刀。主要材质是钢铁，但也有少部分青铜制品仍在使用。

戟：是汉代步兵和骑兵必备的格斗兵器。秦朝时尚流行的刺、体以柲联装的青铜戟，西汉时就已绝迹，但在西汉初还可看到一种形体较大、援与内均向上扬的铜戟，在山东淄博齐王墓随葬坑和江苏徐州狮子山楚王陵都有出土。以楚王陵出土的W1：134号为例，在援下刃直到胡有三弧子刺，内下侧也有子刺，戟长49.7厘米、宽39.6厘米、内长18厘米，附有长12厘米的柲帽，在柲末还有长筒形鎏金铜镯，长18.8厘米（图5-36）。装柲后全戟长303厘米。这种铜戟出土数量很少，齐王墓随葬坑出4件，而同出铁戟多达141件；楚王陵出5件，而铁戟成捆出土。表明这种戟可能是诸王的特殊的仪仗用兵器，与实战用的钢铁戟性质不同。其形貌有些像雄鸡昂首翘尾、引颈长鸣之状，有可能是古文献中所说的"三刃枝"，即"雄戟"❶。

可以看出，西汉时青铜戈戟已成仪仗兵器，而在实战中

---

❶　关于"雄戟"的考证，见孙机：《汉代物质文化资料图说》，第123页，文物出版社，1991年。

已完全为钢铁材质的"卜"字形戟所取代。西汉钢铁戟的形制，承袭着战国晚期钢戟出现时的形制，典型标本就是燕下都44号丛葬墓出土的钢铁戟。但"卜"字形铁戟并不仅流行于燕地，前已述及甘肃秦墓中同样随葬有这种形制的铁戟。在西汉时，戟不仅是军队中各兵种必备的

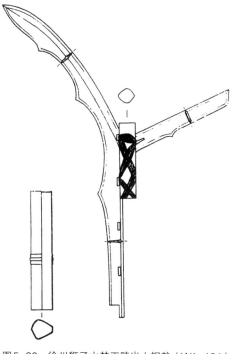

图5-36　徐州狮子山楚王陵出土铜戟（W1：134）

主要格斗兵器，也是宫廷卫士的主要装备❶，还是西汉政权最基层的亭长必备的"五兵"之一❷，说明这种兵器当时普及的面是很广的。西汉钢戟的典型标本，可举河北满城中山靖王刘胜墓钢戟，出土于棺室的主室东南角，共出两件（1：5023、

---

❶　戟是西汉宫廷卫士的主要兵器，又称"陛戟"。《汉书·东方朔传》"是时朔陛戟殿下"注，师古曰："持戟列陛侧"。第2856~2857页。

❷　《后汉书·百官志》："亭有亭长，以禁盗贼。"注引《汉官仪》："尉、游徼、亭长皆习设备五兵。五兵：弓弩，戟，楯，刀剑，甲铠。"第3624~3625页。

1:5077）。按照戟锋和柲尾的铜镦之间的距离计量，1件（1：5023）全长约226厘米，另一件（1：5077）全长约193厘米。戟柲积竹为之，铜镦作长筒形状，銎的断面略呈五边形，其一边短窄，故近似杏仁状。戟刺前伸，刺侧垂直横出旁枝，枝较刺为短。刺下延伸成长胡，上有四穿，在枝上还有一穿，在刺、枝垂直相交处安有铜柲帽，然后用麻往复交叉贯穿缚柲（图5-37）。在戟上套有木鞘，系由两木片夹合制成，外面可能缠有麻类纤维，外表髹褐漆。戟鞘保存尚好，因此只能连鞘一起量戟的尺寸，1：5023号戟刺锋微残，带鞘刺胡通高37厘米、枝

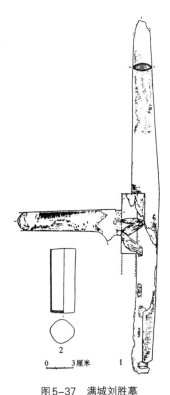

图5-37　满城刘胜墓
出土钢戟和铜镦
1.戟（1：5023）2.镦（1：50230）

长12厘米。1：5077号戟刺胡通高36.7厘米、枝长12.1厘米。1：5023号戟的旁枝经金相鉴定，知道它是经多次加热渗碳反复锻打制成的钢戟，而且曾经淬火处理。由于从钢戟的断面上看到有高碳和低碳的分层现象，但碳含量较均匀，分层不显著，说明制作时反复锻打的次数很多，质量较高。以其与战国晚期如燕下都出土钢戟金相鉴定相比较，可以看出西汉时

的块炼渗碳钢工艺有了较大的进步，因此制出的兵器更为锐利精良。在考古发掘中也已发现有戟秘保存完好的西汉铁戟，在江苏盱眙东阳西汉墓出土的一件（M7：83），连秘全长249厘米（图5-38），戟刺和枝上原套有棕黄色麻布胎漆鞘。浙江杭州古荡朱乐昌墓出土的一件，秘虽朽但依戟与铜镦距离度量，全长约250厘米。至于铁戟的大小，西安汉长安城长乐宫遗址（图5-39）和武库遗址均出土铁戟，武库出土的一件（7：2：23）刺胡通高35厘米、旁枝长14厘米。陕西长武出土的一

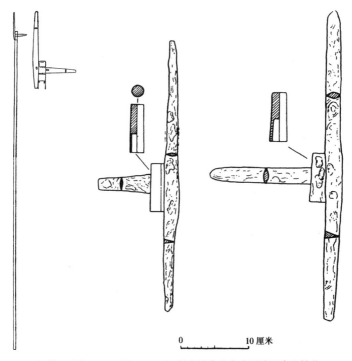

0   10厘米

图5-38　江苏盱眙东阳　　图5-39　汉长安城未央宫官署遗址出土铁戟
　　　出土西汉铁戟　　　　　　（左、3：T8③：29　右、3：T8③：28）

图 5-40
江陵凤凰山 167 号墓出土西汉持戟谒者木俑

件较长，刺胡通高 43.4 厘米。可以看出西汉至新莽时期的"卜"字形钢铁戟，一般刺胡通长 35~37 厘米左右，连柲全长 200~250 厘米左右。在湖北荆州江陵凤凰山 167 号西汉墓出土的"谒者"木俑❶，手执长柲戟，戟的长度比俑身高稍长一些（图 5-40）。如按真人身高估计，其所模拟的真实兵器的长度应超过 200 厘米，正与前述出土实物相符合。全长 200~250 厘米的长柲戟，正适于短兵相接时步兵和骑兵格斗，所以是西汉时广泛装备军队的格斗兵器。前引马王堆三号墓遣策简所记，有"长戟"，还有"短戟"，前者自是装长柲的长度超过 200 厘米的戟，后者则装短柲，目前因没有与之有关的考古发现，具体长度不详，推测或应与戈柲相近，超过 100 厘米，以利步战格斗，但不应是文献中所讲"手戟"。在西汉初尚是车骑并重时，还有装更长的

❶ 凤凰山一六七号墓发掘整理小组：《江陵凤凰山一六七号墓发掘简报》，《文物》1976 年第 10 期，第 31~37 页。

秘的车戟,《释名》:"车戟曰常,长丈六尺,车上所持也。八尺曰寻,倍寻曰常,故称常也。"其长度应超过360厘米,目前尚无有关考古发现。随着战车的衰落,车戟也随之衰落。

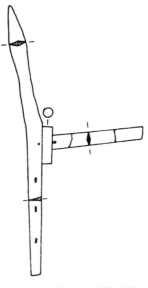

图5-41 保安山二号墓出土铁戟
（BM2K1：1672，1/8）

西汉钢铁戟的形制,除了通常的"卜"字形外,也还有一些形制特殊的标本。在巨野红土山汉墓出土的铁戟,有"卜"字形戟,还有一种形制特殊,戟刺不是与枝垂直前伸,而是向外侈约与秘成12度夹角,且刺体较宽,侧刃明显。保安山二号墓也出土有同样形制的铁戟（图5-41）。外貌与长沙出土战国残铁戟略有相似之处,又明显延续着前述青铜雄戟的传统,只是刃侧没有子刺,或即为钢铁材质的雄戟。

西汉以后,从东汉到三国时期,钢铁制作的戟一直是军队中骑兵和步兵的主要格斗兵器。东汉时铁戟的形制,仍沿袭着西汉的"卜"字形,但其形体明显增大。1958年河南荥阳河王水库CHM1号墓出土的铁戟,刺胡通高50厘米[1]。1972

❶ 河南省文化局文物工作队:《河南荥阳河王水库汉墓》,《文物》1960年第5期,第60~68页。

年洛阳涧西七里河东汉墓出土铁戟,刺胡通高59厘米,重875克❶。江西南昌72·南M1出土铁戟,刺胡通高49厘米、刺高27厘米、枝残长16厘米❷。1974年洛阳东汉光和二年(179年)王当墓出土铁戟(M1:86),依据发表的实测线图度量,刺胡通高69厘米、枝长27厘米,在枝、胡相交处有一铆钉,经化验系铅锡合金❸。1979年徐州铜山驼龙山汉墓出土铁戟,与建初二年(77年)铭五十湅钢剑同出,从墓葬平面图观察,戟"卜"字形,高约当钢剑长的1/2,估计戟刺胡通高超过50厘米。据鉴定戟亦钢质,戟的组织"是珠光体和铁素体组成,含碳量较高",是"用生铁炒成钢,加热锻打而成"❹。由此可见东汉钢铁戟的全高一般超过50厘米,以58~69厘米为多,普遍比西汉时增长约70%。戟体增长,重量也随之增大,威力也随之增强。同时自东汉时开始,戟的侧枝形状有新的变化,由与戟刺垂直侧伸,逐渐改为戟枝侧伸后,迅即向上弧翘成钩刺,增强了向前叉刺的力度。于是当面对敌人用戟搏斗时,采用了新的手法,用戟刺及前翘的戟枝叉敌人的胸部。例如迎立顺帝后,郭镇率直宿羽林与阎景相

---

❶ 洛阳博物馆:《洛阳涧西七里河东汉墓发掘简报》,《考古》1975年第2期,第116~123页。

❷ 程应林:《江西南昌市区汉墓发掘简报》,《文物资料丛刊》第1期,第114~121页,文物出版社,1977年12月。

❸ 洛阳博物馆:《洛阳东汉光和二年王当墓发掘简报》,《文物》1980年第6期,第52~56页。

❹ 徐州博物馆:《徐州发现东汉建初二年五十湅钢剑》,《文物》1979年第7期,第51~52页。

遇，"景因斫镇不中，镇剑击景堕车，左右以戟叉其胸禽之送廷尉。"❶1976年在湖南郴州市郊东汉墓出土的两件铁戟，都是这种侧枝向上弧翘的形制，惜均已残毁❷。但是在汉画像中，这种形制的戟较多。如徐州青山泉白集画像石墓中室西壁北部下层所刻兵兰上插的长戟❸，四川郫县石棺侧兵兰画像横放的长戟❹，南阳唐河针织厂汉画像石墓画像中的长戟❺，四川成都曾家包画像砖石墓M1西后室后壁兵兰画像上的戟图❻（图5-42），等等。徐州十里铺画像石墓中所刻披铠持戟的武

图5-42　四川成都曾家包
出土东汉兵兰画像石

❶ 《太平御览》卷三五二引《东观汉记》，第1619页。

❷ 湖南省博物馆：《湖南郴州市郊东汉墓发掘简报》，《考古》1982年第3期，第252~254页。

❸ 南京博物院：《徐州青山泉白集东汉画像石墓》，《考古》1981年第2期，第137~150页。

❹ 李复华、郭子游：《郫县出土东汉画像石棺图象略说》，《文物》1975年第8期，第63~65页。

❺ 周到、李京华：《唐河针织厂画像石墓的发掘》，《文物》1973年第6期，第26~40页。

❻ 成都市文物管理处：《四川成都曾家包东汉画像砖石墓》，《文物》1981年第10期，第25~32页。

图 5-43　徐州十里铺画像石中持戟武士拓本（1/7）

士，所持的长戟也是这种式样❶（图 5-43）。反映出这种新式样的戟日益流行，逐渐取代了刺、枝垂直的旧式样"卜"字形戟。

　　矛：西汉初年青铜矛仍继续使用，在齐王墓随葬坑、双古堆汝阴侯墓和狮子山楚王陵中都有铜矛出土（图 5-44）。齐王墓随葬坑出土铜矛，矛叶多与骹长大致相等，也有的略长，矛叶断面呈菱形，有空心和实心两种，空心的骹孔直深达矛叶中。骹末端多有上凹的弧曲，也有平直的，骹外侧有竖置的半环钮。矛长 11.2~19.5 厘米，均装有铜镦，矛矜多已朽，由铜镦銎孔看，剖面近圆形，按遗痕及矛与柲的位置度量，全矛长 210~240 厘米。铜矛的形制，基本沿袭着战国至秦的旧制。楚王陵铜矛形制大致相同，只是装饰较华美，长20.1 厘米，附有银质圆筒形镦，装矜长 216 厘米。与此同时铁矛已普遍使用，齐王墓随葬坑出土铁矛，矛叶断面呈菱

❶　江苏省文物管理委员会、南京博物院：《江苏徐州十里铺汉画象石墓》，《考古》1966 年第 2 期，第 66~83 页。

形，后接圆銎，銎末底端有的平直，也
有的上凹弧曲。其中5：43–5号铁矛长
18厘米。矜末均装筒状铜镈，在矜中
部还装有一银箍和一铜箍，装矜后全
长244~268厘米。狮子山楚王陵也出土
有铁矛，矛矜末装有筒形银镈。其中一
件经金相鉴定，为块炼渗碳钢叠打制
成。比上述两墓稍迟的满城中山靖王
墓和巨野红土山汉墓中，已经没有铜
矛的踪影，出土兵器中只有铁矛。满
城中山靖王墓出土铁矛，扁平似柳叶
形，断面为扁六棱状，后接长骹，圆
銎，在骹中部装有加固用的饰鹰纹的
铜箍。矜末端装下似蹄足的铜镈，镈
上饰错金兽首纹。装矜全长约196厘米
（图5–45）。在汉长安武库遗址、未央
宫遗址出土的矛，均为铁质。景帝阳陵
陶俑所持模型兵器，矛亦为铁制。矛的

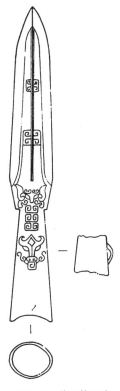

图5–44　徐州楚王陵
出土西汉铜矛

形制都是柳叶形扁体，长骹，圆銎，应是西汉铁矛的标准
形态。

　　矟：骑兵用的矛称为"矟"。《释名》："矛长丈八尺曰矟，
马上所持，言其矟矟便杀也。"在满城中山靖王墓出土的一种
形制较特殊的铁矛，矛叶细长扁平，后接长骹，上方下圆，
近口部成圆銎，以装积竹矜，矜末装长11.5厘米的筒形鎏金铜

博，装矜全长约204~214厘米，应即是矟❶（图5-46）。四川金堂焦山东汉崖墓出土铁矛头，长84厘米，也可能是矟。随着

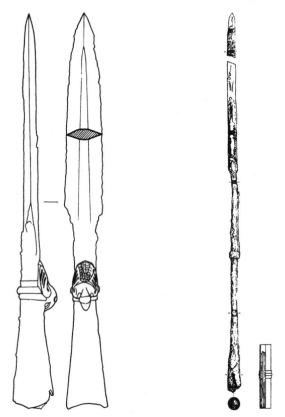

图5-45　满城刘胜墓出土西汉铁矛　　图5-46　满城刘胜墓出土铁矛和铜镦
　　　　（1∶5073）　　　　　　　　　　　　（1∶5012，1/4）

❶ 此类矛（1∶5012、1∶5070）在发掘报告中定为"镦"，见《满城汉墓发掘报告》，第108~109页。但镦为"小矛铁矜"，这两件标本均装有积竹长矜，不合文献中所说镦的特征。孙机将其考定为矟，见《汉代物质文化资料图说》，第126页，今从孙机。

骑兵的发展，东汉末年到三国时期，马稍的使用更趋重要。

铍：西汉初还使用青铜铍（图5-47），形制仍是沿袭着战

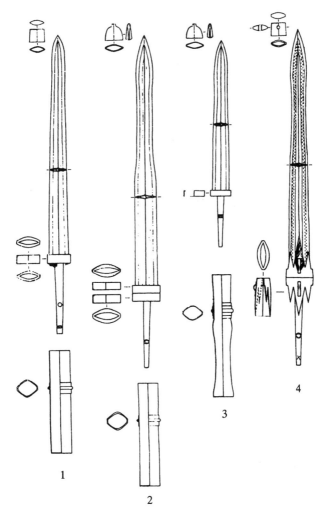

图5-47 徐州狮子山楚王陵出土铜铍及镈
1.W1：143 2.W1：196 3.W1：205 4.W1：199

图5-48 齐王墓从
葬坑出土铁铍和铜镦
（5:48-1，1/7）

国铜铍的传统，外貌仍近似短剑。在狮子山楚王陵出土铜兵器中有24件铍，外貌如剑，有一字形格，剖面菱形，后接扁平细茎。一般铍长超过50厘米，多为51.7~52.6厘米，较短的47.6厘米，最短的32厘米，矜末都装有铜镦，装矜全长250~253厘米。其与秦铍不同处，是秦铍两侧为直刃，楚王陵铜铍两侧刃与先秦铜剑相同，呈两度弧曲形状，或许是受当地（楚地）传统影响所致。满城中山靖王刘胜墓也出土1件铜铍，有中脊，剖面似扁菱形，两侧刃大致平直，有一字形白玉格，后接较细的扁茎，茎末有小圆孔，茎上尚残留有缠麻和夹木的痕迹❶。就在西汉时期，开始改用钢铁制作铍。齐王墓随葬坑中出土20件铁铍（图5-48），铍体比青铜铍修长，横断面呈菱形，茎扁锥形，并套有尖齿形铜箍。铍长72厘米，矜末装铜镦，镦长28厘米，装矜后总长290厘米。巨野红土山汉墓也有这种式样的铁铍，铜箍上下均有三尖的尖齿，铍身长66厘米、茎长10.5厘米❷。

---

❶ 此铍（1:5024）原发掘报告中定为"Ⅱ型剑"，见《满城汉墓发掘报告》，第82页。出土于棺室的主室南角，应是与戟等插于一座兵兰上的长柄兵器之一，兵兰朽后倒于地上。

❷ 此类铍（133、193号）在发掘报告中定为"剑"，见《巨野红土山西汉墓》，第487页。

可以看出铁铍的杀伤效能，明显较铜铍为大。将铍下装镡，则称为"铩"。《说文》："铩，铍有镡也。"镡形似剑格，但两侧尖向上翘，在江苏徐州青山泉画像石的兵兰画像，居中插放的就是长矜的铩。前引马王堆汉墓遣策简，可知汉代的铩除装长矜外，也可装短矜，分称为"长铩"与"短铩"，以装备步卒。

铤：前引《汉书·晁错传》："崔苇竹萧，草木蒙茏，支叶茂接，此矛铤之地也。"矛、铤并列。《史记·匈奴列传》："兵则刀铤。""集解"引韦昭曰："铤形似矛，铁柄。""索引"引《埤苍》云"铤，小矛铁矜"，可知铤为铁矜小矛。湖南资兴东汉墓出土的2件铁矛❶，均接铸铁柄，一件（287：31）矛长27厘米，连柄

图5-49　湖南资兴东汉墓出土铁矛
1.287：31　2.257：7（约1/16）

全长130厘米。一件（257：7）后接竹节状铁柄，共11节，全长157厘米（图5-49）。这两件铁柄小矛正是铤❷。

---

❶ 湖南省博物馆：《湖南资兴东汉墓》，《考古学报》1984年第1期，第53~120页。

❷ 资兴东汉墓铁柄矛，孙机考定为"铤"，见《汉代物质文化资料图说》，第126页。

剑：西汉时期，手握短柄格斗兵器主要是剑，常与盾配合使用。西汉初年，青铜剑仍在使用，基本形制沿袭先秦铜剑（图5-50）。前举6座诸侯王墓中，前5座如齐王墓随葬坑、汝阴侯墓、楚王陵、南越王墓和中山靖王墓都出土有铜剑，只有年代最迟的巨野红土山墓没有随葬铜剑。在汝阴侯墓中，出土的铜剑和铁剑各两件，铜剑一长92.3厘米，一长40.3厘米；铁剑完整的一件长120厘米。看来都是实战用兵器。楚王陵出土的4件铜剑，与1件铁剑同置于一个漆盒中，其中较长的如W1：53，全长62.8厘米，剑侧刃两度弧曲，剑格菱形，剑茎有2道箍，剑首圆形。较短的如W1：56，全长44.3厘米，剑茎有3道箍。两剑均饰有璏等玉剑具。中山靖王墓出土铜剑（1：5051）刃部鎏金，光泽锋利。剑有木鞘，鞘上附有璏等玉剑具。十分明显，这种刃部鎏金并饰玉剑具的铜剑，属礼仪用器，并非实战兵器。当时大量用于实战的已是钢铁制作的长剑，楚王陵中出土的25件铁剑，分两捆放置，装有菱形铜格，剑长约125厘米。中山靖王墓中出土的铁剑共有10件（图5-51），其中一件（1：5042）出土于棺床上，长105.8厘米（图5-52），附有玉剑具（图5-53），木鞘上原还有金饰，为中山靖王佩剑。在玉衣右侧随葬有2件铁剑（1：5105、1：5106），应为中山靖王随身兵器。1：5105带鞘通长104.8厘米，1：5106带鞘通长111.3厘米。1：5105曾经金相鉴定，以块炼渗碳钢制作，经反复加热锻打，刃部曾进行了局部淬火而得到高硬度，脊部则仍保持高韧性，使之刚柔相济，是质量很高的钢剑。铁剑的基本形制，仍承袭着战国晚期燕下都钢剑的传统，形体

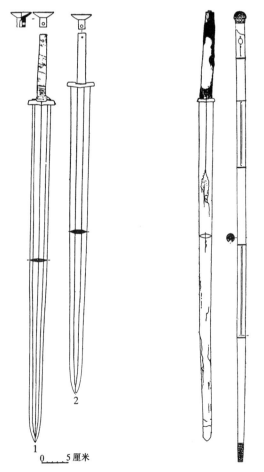

图5-50　满城刘胜墓出土铜剑　　　图5-51　满城刘胜墓出土铁剑
　　　1.1：5051　2.1：5046　　　　　　（1：5106、1：5110）

修长，两侧直刃，前聚成锐利的尖锋。由于钢铁制作的环首刀日益发展，更适于骑兵和步兵格斗作战，所以逐渐取代了铁剑，成为军中主要装备的手握短柄格斗兵器，剑（特别是玉具

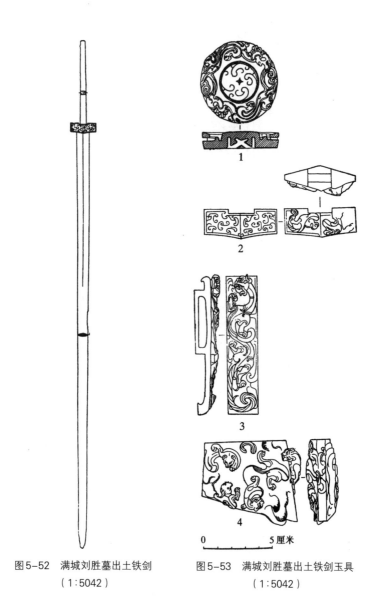

图 5-52　满城刘胜墓出土铁剑
（1：5042）

图 5-53　满城刘胜墓出土铁剑玉具
（1：5042）

剑）更多成为礼仪佩戴用具。

到东汉时期，虽然礼仪佩剑也改为佩刀❶，但剑也还继续使用，而且随着钢铁工艺水平的提高，钢剑的质量更加提高，一般由用块炼渗碳钢为原料，改用炒钢。在徐州出土的建初二年（77年）铭五十炼钢剑，通长109厘米，剑身长88.5厘米、宽1.1~3.1厘米、脊厚0.3~0.8厘米。剑茎有错金铭文1行21字："建初二年蜀郡西工官王愔造五十炼□□□孙剑□。"（图5–54）装有菱形铜剑格，内侧阴刻隶书"直千五百"铭4字❷。是这一时期优质刀剑的代表。钢剑依含碳高（0.6%）低（0.4%）不同约分为60层，各层组织均匀，是用不同含碳量的炒钢为原料反复折叠锻打而成，这种锻制方法被称为"百炼钢"。以百炼钢制作刀剑，进一步提高了刀剑的质量。

刀：钢铁制作的环首长刀，出现于西汉时期。在较早的齐王墓随葬坑、汝阴侯墓、狮子山楚王陵中铁制手握短柄格斗兵器还都是长剑。景帝阳陵出土陶俑所带铁质模型兵器中，手握短柄格斗兵器亦只有长剑。到了骑兵大发展的武帝时期，环首长刀才出现在诸侯王墓中。中山靖王刘胜墓中随葬的环首长刀（1：5104），是具有代表性的典型标本。刀体细长，刀背平直，厚脊薄刃，断面呈楔形。刀柄略窄于刀体，外缠丝缑，柄端有环首，扁环形，上用4毫米宽的长带状金片包缠。髹漆木鞘，鞘上附有金带铸。鞘尾端和刀尖残损，全刀残长62.7厘

---

❶ 《后汉书·舆服志》，第3672页。

❷ 《徐州发现东汉建初二年五十炼钢剑》。

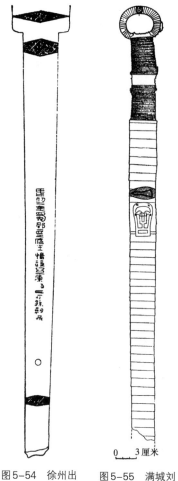

米（图5-55）。出土于刘胜
玉衣北侧，应为其佩刀。

环首长刀与长剑比较，
更适于装备骑兵。当骑兵手
执长剑向敌人冲击时，由于
马速很快，想要毙伤敌人主
要靠挥臂劈砍，而不是用剑
向前推刺。这样一来，尖长
的剑锋与两度弧曲的侧刃的
作用无用武之地。虽然两侧
都有刃，但劈砍时只能使用
一侧的刃，另一侧的刃不但
不能发挥作用，而且使制造
工艺更为复杂，必须在狭窄
的剑身两侧都做出同样锋利
的刃口，所以只能把全器最
厚的地方安排在中脊处。这
样一方面工艺要求高，另一
方面在劈砍时还容易折断。
而环首长刀，正好解决了上
述长剑无法解决的难题，因

图5-54 徐州出
土"五十涑"钢
剑铭文摹本

图5-55 满城刘
胜墓出土长铁刀
（1∶5104）

为刀只在一侧有刃口，另一侧则做成厚实的刀脊，同时去掉
了侧刃的两度弧曲及尖锐的长剑锋。厚脊薄刃不但从力学角度
看利于尖劈，而且刀脊无刃，可以加厚，因而不易折断。所以

《释名》说："刀，到也。以斩伐到其所乃击之也。"在洛阳的西汉墓里，环首长刀的数量日渐增多起来，例如1957~1958年在洛阳西郊清理的那批西汉墓里，虽然出土的手握短柄格斗兵器仍以铁剑为主，长度超过80厘米的铁剑就有37件，最长的达118厘米。但同时已有16座随葬有较长的环首刀，它们的长度从80厘米到114厘米，其中5件超过100厘米❶。这些长铁刀通常插置于髹漆木鞘中，出土于棺内死者身旁，说明它们原来是死者随身佩戴的。在文献中多见西汉时官员佩刀的记录❷，故事情节最生动的是昭帝时任立政出使匈奴时，霍光等委派他劝说李陵回汉。但当他在匈奴单于举办的宴会上遇到李陵时，"未得私语，即目视陵，而数数自循其刀环，握其足，阴谕之，言可还归汉也。"❸说明汉王朝使者所佩正是环首刀。同时由于环首刀日益流行，所以才有以刀环为归还的暗谕。这种暗谕亦广泛流行于民间，古诗"藁砧今何在？山上复有山。何当大刀头？破镜飞上天。"刀头即刀环，表明刀环的隐喻流行之广，也证明环首大刀流行之广。

　　适于劈砍的环首长刀，逐渐地从战场上把长剑排挤开去，成为军队中大量装备的手握短柄格斗兵器，这一变化到东汉末年已接近尾声。在山东沂南画像石墓墓门的横额上，刻着一幅战斗图像，交战双方除使用弓箭以外，主要的格斗兵器就是环

❶　中国科学院考古研究所洛阳发掘队：《洛阳西郊汉墓发掘报告》，《考古学报》1963年第2期，第1~58页。
❷　请参看《中国古兵器论丛》，第123~124页。
❸　《汉书·李广传附孙陵传》，第24~58页。

首刀，配合它使用的防护装具是长方形的盾牌。不论是桥头鏖战的双方步兵，还是从左侧驰来的胡族骑兵，都是左手持盾，右手挥刀❶（图5-56）。生动地表现出西汉初年军队中大量装备的剑和盾，这时已被刀和盾所取代。战场上的这一变化，也是和东汉时期铁刀制作的日益精良分不开，而精良的长刀又是当时钢铁冶炼技术进一步提高的产物。在长沙地区东汉墓里获得的铁刀，长度常超过100厘米，最长的如金盆岭3号东汉墓所出铁刀，长128.5厘米❷。河南地区出土的东汉铁刀也是如此，陕县刘家渠东汉墓里的环首长铁刀，备有髹漆木鞘，刀环还缠着绢

图5-56　山东沂南出土持盾刀战斗画像石拓本

---

❶　曾昭燏、蒋宝庚、黎忠义：《沂南古画像石墓发掘报告》，文化部文物管理局，1956年。

❷　湖南省博物馆：《湖南省文物图录》，湖南人民出版社，1964年。

布❶。作为这一时期优质钢刀的代表标本，应该是山东苍山发现的一件纪年铭长刀，全长111.5厘米，刀脊的厚度与刀身的宽度之比，大约是1∶3。刀身上饰着错金的火焰纹，并且有18字错金刀铭："永初六年五月丙午造卅湅大刀吉羊宜子孙。"❷永初六年，为公元112年。经过金相鉴定，是以含碳较高的炒钢为原料，经过反复多次锻打制成。铭文中的"卅湅"，即"三十炼"，可能代表着一定的工艺质量标准。刀中硅酸盐夹杂物有明显分层，经过用100倍显微镜观察，约有30层左右，也许三十炼的含意就是指将炒钢锻造后折叠锻打，这样反复锻打30层而制成的。同时，这件三十炼大刀的刃部还经过了淬火❸。联系前述徐州出土"五十湅"钢剑，以及过去在日本发现的东汉中平年间（184~189年）"百练（炼）"刀❹，铭中的"卅湅""五十湅"和"百练"都是属于"百炼钢"的范畴。采用百炼钢造刀，大大提高了质量，加速了环首长刀成为军中主要手握短柄格斗兵器的进程。

---

❶ 黄河水库考古工作队：《河南陕县刘家渠汉墓》，《考古学报》1965年第1期，第107~168页。

❷ 刘心健、陈自经：《山东苍山发现东汉永初纪年铁刀》，《文物》1974年第12期，第61页。原报导刀铭16字，后用X光透视，又显出"宜子孙"3字。

❸ 李众：《中国封建社会前期钢铁冶炼技术发展探讨》，《考古学报》1975年第2期，第1~22页。

❹ 〔日〕梅原末治：《奈良县栎本东大寺山古坟的汉中平纪年的铁刀》，〔日〕《考古学杂志》48卷第2号。

二、远射兵器：弓矢、弩

弓矢：弓矢是汉代军中装备最普遍的远射兵器。由于制弓的材料均易于腐朽，保存困难，所以考古发现的汉弓标本很罕见。西汉初年的汝阴侯墓曾出土3件木弓，身髹黑漆，附有鎏金铜弓弭，弦已朽毁。在马王堆3号墓发现过复合弓的模型器，其中有一件髹漆木弓全长142厘米，弓弦由四股丝绳绞合而成，弦径约5毫米，长117厘米[1]。邗江胡场5号墓出土的竹木复合弓，通长129厘米，该墓葬于宣帝本始三年（前71年）[2]。居延甲渠候官遗址发掘中，获得一件王莽时期至东汉建武初年的复合弓，长130厘米，外侧材为扁平的长木，里侧材由几块牛角锉磨、拼接、黏合而成，弣部又夹辅二木片。弓表缠丝髹漆，外黑内红[3]。从上述这张弓，可以大略推知西汉至东汉初居延汉军装备的弓的一般面貌。综上所述，出土的几件汉弓的尺寸还是比较接近的，很可能当时弓的长度在130~140厘米左右。

由弓发射的箭，也因箭杆易朽，难于保存，所以有关考古发现不多。安徽阜阳双古堆西汉汝阴侯墓出土有漆箭箙和箭，但已残损（图5-57）。在马王堆3号墓中与弓的模型器同

---

[1] 何介钧、张维明：《马王堆汉墓》，文物出版社，1982年。

[2] 扬州博物馆、邗江县图书馆：《江苏邗江胡场五号墓》，《文物》1981年第11期，第12~23页。

[3] 甘肃居延考古队：《居延汉代遗址的发掘和新出土的简册文物》，《文物》1978年第1期，第1~25页。

出的还有矢箙的模型（图5-58、图5-59），箙内有12件芦苇
秆制的模型箭，装有三棱形角镞，全长82.4厘米（图5-60）。
在邗江胡场5号墓出有两个皮矢箙，保存较好的一件内存细圆
竹秆箭10余件，残长约57厘米，箭杆髹漆并彩绘云纹与弦纹

0   20 厘米

图5-57　安徽阜阳双古堆
出土西汉箭和漆箭簇

图5-58　马王堆3号墓出土
竹弓和木弓模型

1.竹弓（北175）；2.木弓（北177）

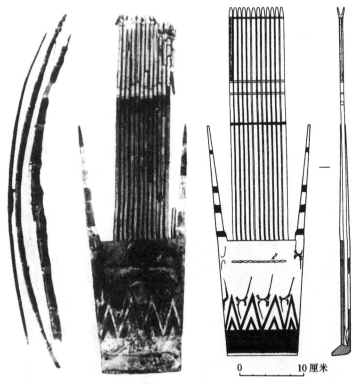

图 5-59　马王堆 3 号墓出土竹、木弓和矢箙模型

图 5-60　马王堆 3 号墓出土矢箙和箭模型（南 178、178-1~12）

0　　　　　10 厘米

图案。在居延肩水金关曾发现过 2 件完整的箭（EPT57：011、012）（图 5-61），竹杆，装三棱铜镞，全长 67 厘米，首尾缠丝髹漆，装三条尾羽。其中一件杆上阴刻"睢阳六年〔造〕"五字，由出土地层可知是西汉昭、宣时遗物。另有一件残箭杆，其上针刻有"元凤三年，执金吾护工卒史喜、考工令通、丞常、令史奉省……"等铭文。元凤是昭帝年号，三年

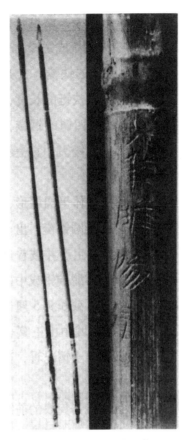

图5-61 居延肩水金关出土
箭及箭杆刻铭

为公元前78年❶。说明当时居延前线所用的装备，常是汉王朝中央监制的，器上刻记了监造官吏与匠师的姓名，对提高弓箭的质量会起积极的作用。

箭上装的金属箭镞，一般都能保存下来，在前面讲述钢铁兵器取代青铜兵器的过程时，已经引述了汉代箭镞的演变历程。青铜镞在西汉初广泛使用，虽然铁镞发展势头强劲，而且在都城长安武库遗址中遗留的铁镞的数量已是铜镞的2.6倍（图5-62），但是终汉一代青铜镞仍在远射兵器中保留有自己的份额，特别在西北居延前线，铜镞仍广泛使用，很多简中记有装铜镞的箭，出土箭镞实物，也都是铜镞。《方言》："箭自关而东谓之矢，江淮之间谓之镞，关西曰箭。"但居延简中箭均称"矢"，镞称"镞"，凡记质料的均铜镞，称"铜镞"，最多一简数量

---

❶ 《居延汉代遗址的发掘和新出土的简册文物》，第6页。

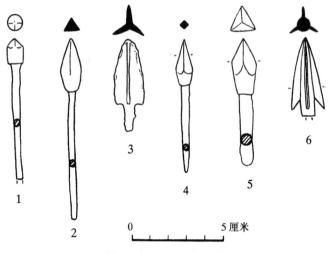

图 5-62　汉长安城武库遗址出土箭镞

1~3. 铁镞；4~6. 铜镞

达 20000 之多❶。汉代铜镞的基本形制，是上承战国末年出现的锥体三棱形，当时称棱为"镛"，《方言》："三镛者谓之羊头。"满城中山靖王墓、长安武库和居延遗址出土的铜镞，都以三镛的"羊头"镞为主要类型。羊头镞的镞体横截面呈正三角形，三棱刃向前弧聚成锐锋，后附铁铤。中山靖王墓铜镞中 93% 为这型镞，镞体模铸而成，大小一致，长 3 厘米，后附径约 3 毫米的铁铤。以铁铤插入木箭杆，木杆前端近镞部分收细，使杆径与镞尾同宽，在镞后杆前端用丝线层层紧缠，缠线处

---

❶　"受九月余镞矢铜镞二万完□"（五二一·九），此外记有铜镞的简还有一九九·一二、二六七·一四、二八三·二〇、九〇·一五、一六〇·一九、四一三·四、三九三·八、三八·三九等。中国社会科学院考古研究所：《居延汉简（甲乙编）》，中华书局，1980 年。

宽约1.5厘米，以使镞、杆牢靠地结合在一起（图5-63）。经化学定量分析，其成分为铜74.74%、锡22.1%、铅2.7%，含锡比例较高，硬度较大。有的镞体的一个侧棱面上有三角形小槽，或认为是为敷毒药而设的❶。三镰羊头镞也有在横截面呈圆形的圆锥镞体上，伸出三个刃棱，然后由这三个凸出的棱刃前聚成锐锋。长安武库出土铜镞主要是这种式样的，镞长3厘米，后附有长约34厘米的铁铤。《方言》："其三镰长尺六者谓之飞䖟。"所言"尺六"可能是计算上了铜镞后铁铤的长度，这种镞连铤长37厘米，正合汉时"尺六"❷。除三镰的羊头镞外，还有四镰

图5-63　满城刘胜墓出土西汉铜镞
1.1：3507；2.1：4345；3.1：5082

的铜镞，《方言》："四镰或曰拘肠。"武库出四镰镞，横截面呈圆形，向上形成四棱刃，直上斜聚成尖锋。说明铜镞仍在汉

---

❶　见《满城汉墓发掘报告》，第87页。

❷　此据孙机考证，见《汉代物质资料图说》，第138页。

代军队装备中占有一定份额。

西汉的铁镞，以长安武库出土标本为例[1]，出土最多的一种是镞体呈圆柱形，前端呈四棱形，然后聚成尖锋。一般镞体较短，仅长1.4厘米左右。后接圆铁铤，出土时多已残断，残长10厘米左右。表明这种式样的铁镞，西汉时期曾大量生产并被普遍使用过。这种铁镞在满城中山靖王墓中也有出土，经金相鉴定，系铸铁固体脱碳钢或中碳钢制成。此外在长安武库还出土过镞体锋端呈三角形、后附长铤的铁镞，残长9.5厘米。以及一种三翼前聚成锋的铁镞，圆铁铤，残长5厘米。这种铁镞在满城中山靖王墓也有出土，翼上还有镂孔，残长3.5厘米。但是从满城中山靖王墓等西汉墓出土情况看，当时铁镞更多的是用于弩射。

弩：汉代军队装备的远射兵器中，弩所占比重很大，而且在抗击匈奴的前线，更为重视强弩的作用，劲弩被认为是汉军的优势因素之一。从已获得的考古资料，可以看出汉弩较战国的弩有了很大的进步，主要是弩机结构的改进，表现在两个方面。第一方面是在青铜扳机（牙、悬刀和牛）外面加装一个铜铸的机匣——郭。《释名》："牙外曰郭，为牙之规郭也。"牙、悬刀和牛都用铜枢联装在铜郭内，再把铜郭嵌进木弩臂上凿出的机槽中去。秦俑坑已经发掘出土的铜弩机（图5-64），仍旧与战国时相同，都是用铜枢直接把牙、悬刀和牛等部件装入木弩臂的机槽中，由于木材所能承受的力较弱，自然也

---

[1] 《汉长安城武库遗址发掘的初步收获》，第268页。

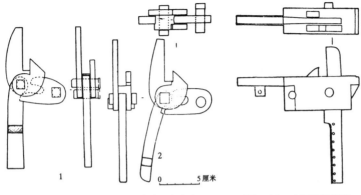

图5-64　秦始皇陵一号俑坑出土铜弩机
1.T1K：03　2.T10K：038

图5-65　齐王墓随葬坑
出土西汉铜弩机

就限制了弩的强度，否则就会导致木臂断裂。到了西汉时期，情况发生极大变化，发掘出土的标本都是带有铜郭的。从诸侯王墓出土的铜弩机实物标本，以齐王墓随葬坑出土的72件铜弩机年代最早（图5-65），它们的制作年代至迟在公元前179年以前。报告中举出的标本（3：102）郭长14.4厘米、宽3.7厘米、高2.8厘米，郭前伸出较窄的矢道，悬刀前侧自上至下有8个小穿孔。增设铜郭后，使机括可以承受更大的张力，从而增加了弩的强度，使弩箭的射程更远和杀伤力更强，同时也为制作威力更大的床弩创造了条件。第二方面是弩上瞄准装置的改进，主要是增加了望山的高度，并将先秦弩机望山向前弧曲的弧面改为直面，还开始在望山上增加了刻度。北宋沈括已注意到从海州出土的古弩机的这一特征，他指出："其望山甚长，望山之侧为小矩，如尺之有分寸。原其意，以目注镞端，以望山之度拟之，准其高下，正用算家句股法也。"❶在满城中山靖王墓出土的铜弩机中，已经有望山增设刻度的标本（图5-66），说明至迟在公元前1世纪初，这种可以更精确瞄准的新式弩机已经使用了。至于其开始出现的年代，则应更早些。中山靖王墓有刻度弩机（1：2256）保存完好，郭长9.5厘米，在发射前呈闭锁状态时，机牙凸露出郭面约1厘米❷，望山露出郭面高约4.5厘米，望山上刻度是从郭面向上1厘米处开始的，也就是与弩牙的端点相平。由此可知，弩平射时瞄准，是以弩牙的端点为准的。望山刻度，自距郭面1厘米处向

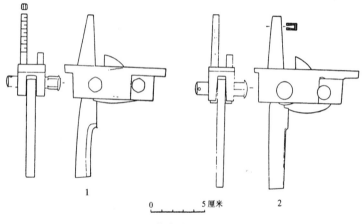

0　　　　　5厘米

图5-66　满城刘胜墓出土铜弩机
1.1：2256　2.1：4089

---

❶ 宋·沈括撰、胡道静校注：《新校正梦溪笔谈》卷一九，第194页，中华书局，1957年。

❷ 由于原发掘报告中没有标明弩机各部件的具体尺寸，本文所述数据，都是从报告附图上度量后，按原图比例尺折算的，不完全准确，但大致可供参考。

上，分刻为五度，每度间又中分为两个半度，并分别用错金和错银标出一度和半度的标线，相当精密，度距从下往上递减，从每度 7.5 毫米减至 6.5 毫米。望山顶部也有错金和错银两道线（图 5-67）。另外还有一件弩机（1:4089）望山面上有小直槽，可能也

图 5-67　满城刘胜墓出土带刻度铜弩机

是为嵌入刻度标尺而设的，惜标尺已缺失。到东汉时期，更进一步增高望山尺寸，使分度更细密。浙江长兴出土东汉铜弩机❶，望山露出郭面的高度为 10.4 厘米，其上分度线错银，共分六度又半度，每度除半度线外，又各设四分之一度和四分之三度线，使每度由西汉的二分度增为四分度（图 5-68）。这种标有刻度的望山，正是起着现代步枪瞄准装置中表尺的作用。但是这种先进的兵器在汉代也还是较稀少的，并不是军中能普遍装备的兵器，大量使用的还是望山上无刻度的弩机，只是用望山约略地估量瞄准。

　　弩机以金属制作，易于保存，但弩臂和弩弓是以木、竹等材料所制作，故易朽毁，因此在考古发掘中颇难获得保存完整的标本。但也还有一些较完整的弩臂和弩弓被发掘出土，

❶　夏星南：《浙江长兴县出土一件有刻度的铜弩机》，《考古》1983 年第 1 期，第 76~77 页。

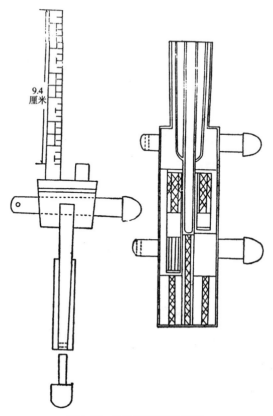

图5-68　浙江长兴东汉铜弩机

把这些材料综合起来，可以勾勒出汉弩的大致轮廓。在马王堆3号汉墓中出土了两件模型弩，弩臂木制髹漆，并雕有卷云纹，还有针刻的云气纹，一件长68厘米，另一件长61厘米[1]。木弩臂侧视前端托矢道处较薄，最厚处在悬刀前方，装悬刀

---

[1]　湖南省博物馆、中国科学院考古研究所：《长沙马王堆二、三号汉墓发掘简报》，《文物》1974年第7期，第39~48页。

处呈上曲的弧形，在木臂后尾处装有下伸的握手，形状近似现代手枪的握把。与弩臂伴出的有弩弓，为复合木弓，全长145厘米，中部平直，两端弯曲，由两块木片叠合而成，其上缠线后髹漆，漆上又密缠丝线。由这两件模型弩的尺寸，推知弩臂长与弩弓长之比，为1:2.1或1:2.4。在江苏盱眙东阳7号西汉墓出土一件安有铜弩机的髹漆木弩臂❶，基本保存完好（图5-70），形制与马王堆模型弩相同，弩臂全长56.5厘米、最宽处约4.2厘米。铜机郭长12.5厘米、宽2.7厘米，安装在弩臂后部距尾端约3.2厘米处。自弩臂尾端至机郭前沿约占弩臂全长的1/3，因开槽装弩机，故此也是弩臂最厚处，厚达6.5厘米。自此向前弩臂渐窄渐薄，最窄处约2.6厘米，面上刻有长约50厘米、宽约1厘米的矢道。弩机郭长与弩臂长之比，为1:4.5。出土时伴同有竹弩弓，惜已残毁，原应横装于弩臂

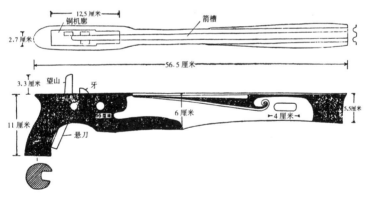

图5-70　江苏盱眙东阳西汉墓出土漆弩

❶　南京博物院：《江苏盱眙东阳汉墓》，《考古》1979年第5期，第412~426页。发表时未附木弩线图，承纪仲庆同志惠寄，特此致谢。

前端。广州东汉前期墓（4013）出有两件弩（4013：甲16、甲22），弩臂髹漆并绘龙纹和云气纹，惜已残损。伴出的两件弩弓（4013：甲17、甲23），木胎，髹黑漆，上绘红、蓝两色图案，长89.2厘米，弦已不存[1]。过去在乐浪汉墓中也曾出土过一些汉弩，有的弩臂和弩弓保存尚好，如王根墓（石岩里219号墓）所出木弩（147号）木臂长54.1厘米，弩机铜郭长9.38厘米（图5-71），同出复合木弓由两片薄板重叠并用线密缠后髹黑漆，长约130厘米。该弩铜机郭与木弩臂长之比为1:5.8，弩臂与弩弓长之比为1:2.4[2]。石岩里212号墓出土汉弩，铜机郭长13.6厘米，木臂长67.5厘米，二者之比为1:4.9。弩弓亦为木质髹漆复合弓，惜已残损，残长80厘米[3]。由上列汉弩标本，可知汉弩的弩臂与弓长之比约为1:2.4，铜机郭长与

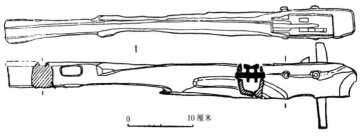

图5-71　乐浪石岩里219号墓出土木弩

❶　广州市文物管理委员会、广州市博物馆：《广州汉墓》上册，第345、354页，文物出版社，1981年。有学者将此墓弩弓举为汉弓例证，见《汉代物质文化图说》图版35-1，不确。

❷　〔日〕榧本杜人等：《乐浪汉墓》第二册《石岩里第二一九号墓发掘调查报告》，1975年。

❸　〔日〕梅原末治、藤田亮策：《朝鲜古文化综鉴》第二卷《乐浪》，〔日〕养德社，1948年。

弩臂长之比约为1：4.5~5.8，可借此将弩臂与弩弓缺失的铜弩机，进行全弩复原。

汉弩的强度以石（6千克）计算。据居延汉简简文中记录，当时军中装备有各种力量不同的弩，以三石、五石和六石弩数量较多，又以六石弩最多。此外也有四石、七石和八石的，以及弩力更强的大黄弩[1]。北京大学藏有传为陕西富平出土的西汉铜权，上有"武库一斤"铭，重252克[2]，可知1石为今30.24千克。依此计算，上列汉弩的强度如下：

三石 = 90.7千克

四石 =120.9千克

五石 = 151.2千克

六石 = 181.4千克

七石 = 211.7千克

八石 = 241.9千克

这些弩的强力不同，自然射程远近不同，一般说来三石到六石的弩，射程在120步至200步左右，如以1汉尺约当23.2厘米计算，约为今167~278米，也就是当时一般强弩的射程范围。当使用一段时期后，由于遭受损伤等原因，弩的强度会有所减弱，因此军中为了战备需要经常核查弩的实际强度，如居延汉简（三六·一一）："官六石弩第一弩，今力四石卅斤，伤两洞可缮治。"从居延简文中还可见到军中除有可供实战的

---

[1] 中国社会科学院考古研究所：《居延汉简（甲乙编）》，中华书局，1980年。

[2] 国家计量总局、中国历史博物馆、故宫博物院主编：《中国古代度量衡图集》图版二〇二，文物出版社，1984年。

弩（称为"具弩"）外，还有备用的弩（称为"承弩"），以及备用的弩弦（称为"承弦"）。据一〇·三七号简所记的一组兵器，有具弩7件、承弩2件、承弦14条、箭400支（内菎矢350支、槀矢50支）。同时在同一个守御单位内，装备有强力不同的弩，以在作战时配合使用。如居延汉简（二八三·一二）："□戍卒八人，六石具弩四，系弦纬完；五石具弩二，系弦纬完；槀矢铜镞三百，其八十六序呼，二百一十四完。"居延汉简所记，表明汉代边防部队装备的弩的一般情况，但是禁卫都城的部队，则装备更为精良。从汉长安城未央宫中央官署遗址出土的骨签刻铭中，可以看到"力"类骨签中自"力一石"起，有二石、四石、五石、六石、七石、八石、九石、十石、十一石、十二石、十三石、十四石、十五石、廿石、卅石、卌石等。有的还有更细的区分，如"力五石三钧廿九斤""力六石三钧廿二斤""力八石一钧三斤"等。其中廿石以上强弩，又有冠以"大黄"之称的，如"大黄廿石""大黄卅石""大黄卌石"等。可见禁卫都城的部队所装备的弩力更强，但最多见的仍是"力六石"的弩。此外，入藏中央、备皇帝使用的弩，还冠以"乘舆"铭刻。这种冠以"乘舆"的弩力有五石、六石、七石、八石、九石、十石、十一石、十二石、十四石、十五石、十六石、廿石和廿二石等多种❶。

汉弩使用的箭，仍常安装铜镞，例如在居延汉简中所记几乎都是铜镞，从出土标本看主要是锥体的三镰羊头镞。在西汉

---

❶ 《汉长安城未央宫——1980~1989年考古发掘报告》，第92~95、第116~117页。

的诸侯王墓中，如曲阜九龙山汉墓❶中，这类三镰羊头铜镞也是与铜弩机伴同出土的。但在西汉时期弩箭也已安装铁镞，在山西浑源毕村西汉墓❷中，伴同弩机出土的是装在箙内的铁镞。铁镞有圆柱体前端呈三棱形尖锋的，还有三翼前伸呈三叉状的，长约15.3厘米。山西孝义张家庄汉墓（墓14）也有铁镞与弩机同出，为长脊圆柱体，短铤，全长19.5厘米❸。与浑源毕村出土三叉状铁镞相同的标本，在

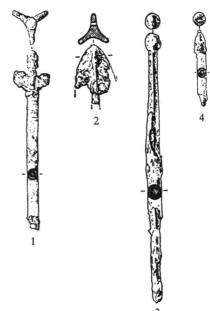

图5-72　满城刘胜墓出土铁镞（1/2）

1.1：5063　2.1：5222

3.1：4344　4.1：4382

满城汉墓中也有出土，也应为弩箭的箭镞，标本1：5063残长10.7厘米、镞长2.5厘米（图5-72）。在该墓中室南区最西端，放置有许多弩机，旁边有大量铁镞，多达363件，都是弩箭用

❶ 山东省博物馆：《曲阜九龙山汉墓发掘简报》，《文物》1972年第5期，第39~44页。

❷ 山西省文物工作委员会、雁北行政公署文化局、大同市博物馆：《山西浑源毕村西汉木椁墓》，《文物》1980年第6期，第42~51页。

❸ 山西省文物管理委员会、山西省考古研究所：《山西孝义张家庄汉墓发掘记》，《考古》1960年第7期，第40~52页。

镞，多为圆柱体前端四棱尖锋的（273
件），有铤多已残断，标本1：4382残长
4.5厘米、镞长1.4厘米。这型镞经金相
鉴定，为铸铁固体脱碳钢或中碳钢制
成。另一些是方铤球形镞体（90件），
标本1：4344残长15.8厘米、镞长1厘
米。保存最长的超过20厘米。经金相
鉴定，镞由低碳钢或纯铁锻制，铤外
包有比重较大的铅基合金，是一种专用
的畋猎用镞。以上资料表明西汉时弩箭
已安装有不同形制和用途的钢铁箭镞。

三、卫体兵器：匕首（短剑）、短刀、袖栅

匕首："匕首，短剑也。"[1]满城中
山靖王墓出土过嵌金花纹饰的铁匕首，
环首和格由银基合金制作，并钿嵌金
片作兽面纹，匕首身扁平，有中脊，
以黄金片钿嵌花纹带，两面纹样不同，
一面为火焰纹，另一面似为云纹，制
工精美，全长36.7厘米（图5-73）。以

0 ——— 3厘米

图5-73　满城刘胜
墓出土西汉嵌金花铁
匕首（1：5196）

---

[1]　《史记·吴太伯世家》记专诸将匕首置于炙鱼之中。"索隐"："刘氏曰：
'匕首，短剑也。'按：《盐铁论》以为长尺八寸。《通俗文》云'其头
类匕，故曰匕首也'。"第1464页。

满城2号墓出土错金铁尺（23.2厘米）计，约一尺六寸。

短刀：洛阳烧沟出土的第二型环首铁刀中，尺寸在20~40厘米的，可能是所谓的"拍髀"❶。《释名》："短刀曰拍髀，带时拍髀旁也。又曰露拍，言露见也。"

袖梲：可藏于衣袖内携带的短棒形兵器，北京大葆台汉墓曾有出土。八棱形短棒，系铁芯铜棒，顶和柄端包银，通体饰有错银菱形纹和嵌红铜涡纹，器柄铁芯外嵌金箔一圈，金箔两侧缠有丝缑。通长48.5厘米❷（图5-74）。

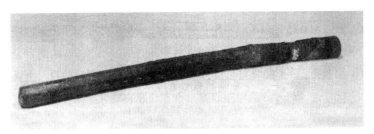

图5-74　北京丰台大葆台出土西汉错银铜梲

四、防护装具：盾、钩镶、铠、甲、兜鍪

盾：汉军装备的盾牌，外形多仍沿袭先秦以来样式，总体呈长方形，居中纵置脊棱，即"盾瓦"，靠上端从两侧向上作两度弧曲呈花形。有的木质髹漆，有的再蒙皮髹漆，或用皮革制作，也有铁盾。盾面纹饰多云纹，也有的只绘折曲的

---

❶　洛阳区考古发掘队：《洛阳烧沟汉墓》，第194页，科学出版社，1959年。
❷　大葆台汉墓发掘组、中国社会科学院考古研究所：《北京大葆台汉墓》，文物出版社，1989年。

三角纹。山东齐王墓随葬坑五号坑西部出土漆盾12件，木胎，髹黑褐色漆，朱绘卷云纹，据盾（5：6）朽迹复原，盾高69厘米、底宽45厘米、厚约0.5厘米，盾背面中央纵置木条加固，木条上下两端套有铜盾鼻，向外钩牢盾面。陕西汉阳陵和杨家湾汉墓出土陶俑所持的模型盾，都是这种样式的。其他如山东章丘危山汉墓陶俑所持模型盾❶，也是这种样式的。可见这种样式的盾，是当时汉军装备的主要防护装具。此外，也有的盾作圆角长方形，狭而长，或即《释名》所说的"步盾"，为"步兵所持与刀相配者也"。沂南画像石墓中就有一手执刀、一手持圆角长方形盾的步兵画像。广州龙生冈东汉前期墓出土的圆角长方形残漆盾，盾面上饰有形貌狰狞的怪兽图像。

钩镶：汉代特有的铁兵器，主体是一个形体不大的圆角长方形铁盾，在盾面中央凸出尖刺，并在上下两端各伸出一支向前的铁钩。《释名》："钩镶，两头曰钩，中央曰镶；或推镶，或钩引，用之宜也。"钩同钩。从汉代画像石所绘使用钩镶战斗的画像看，战士是右手执环首刀，左手由持盾改为持钩镶，不仅可用中央的铁镶遮挡对方兵器的击刺，而且可用上下的钩去钩锁对方兵器，又可用镶上的尖刺去刺敌人。河南洛阳七里河东汉墓出土有铁钩镶（图5-75），总长70厘米，上钩长32厘米、镶长11厘米、下钩长27厘米，镶由两块7.5

---

❶ 《山东章丘危山汉代墓葬及陪葬坑》，《2002中国重要考古发现》，第81~86页，文物出版社，2003年。

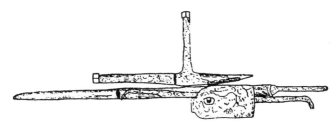

图5-75　洛阳涧西七里河东汉墓出土铁兵器（钩镶、剑、戟）

厘米宽的铁板纵向焊接而成，厚0.3厘米，背有鼻可手握，全重1.5千克[1]。河南鹤壁汉墓出土铁钩镶，也是上钩长下钩短，且下钩的尖端作圆球状。总长61.5厘米，上钩长26厘米、镶长18.5厘米、下钩长15.7厘米，镶宽14厘米[2]。河北定县43号汉墓西后室亦出土有铁钩镶，惜已残，仅上钩和镶尚存，上钩长38厘米，镶上方下尖，长18厘米、宽13厘米。在钩和镶上都有错金流云纹，制工精美，为王侯用器，非一般实战兵器[3]。

　　铠：西汉开始，防护躯体的甲胄的材质，已是以钢铁为主，同时其称谓也由"甲"改为从金的"铠"字[4]。又因铁为

❶ 《洛阳涧西七里河东汉墓发掘简报》，第119页。
❷ 李京华：《汉代的铁钩镶与铁钺戟》，《文物》1965年第2期，第47~48页。
❸ 定县博物馆：《河北定县43号汉墓发掘简报》，《文物》1973年第11期，第8~20页。
❹ 《尚书·费誓》："善敹乃甲胄。""正义"引《经典释文》曰："皆言甲胄秦世已来始有铠、兜鍪之文。古之作甲用皮，秦汉以来用铁，铠、鍪二字皆从金，盖用铁为之，而因以作名也。"《十三经注疏》，第255页，中华书局影印本，1979年。

黑色金属，因其颜色而称"玄甲"❶。铁铠的制作是先制成甲片，再用甲片编缀成整领铁铠。甲片的大小尺寸不同，目前从考古发掘中获得的汉代铁甲片中，较长的长方形甲片高可达23.4厘米、宽4.4厘米❷，因形似简札，故这种甲片也可称为甲札，用这种甲札编成的铠甲也可称为"札甲"。一般的甲片呈圆角长方形，或下缘平直、上缘两角圆弧近于舌形，高5~6厘米、宽5厘米左右。较小的甲片也呈舌形或柳叶形状，高2~2.5厘米、宽1~1.5厘米左右，编成的铠甲外貌细密如鱼鳞，也可称为"鱼鳞甲"。在甲片的上缘和两侧多开有成组（多为两孔一组）或单个穿孔，有的在下缘也开有穿孔。用甲片编缀成整领铁铠的方法，基本是沿袭着先秦皮甲的传统方法，只是铁甲片的形体远较皮甲片为小，例如战国曾侯乙墓皮甲的甲裙甲片高15~15.5厘米、宽10.5~15.2厘米，上下4列共用56片甲片，各列甲片大小都有差异；西汉中山靖王刘胜墓铁铠的垂缘的甲片仅高3.9厘米、宽2.6厘米，上下7列包括左后右三边共用392片甲片，且全部用同样尺寸形制的甲片。由此可见铁铠的编制工艺更加细密精致，防护效能更是远非皮甲可比。甲片的编缀方法，概言之仍是有两种基本方法，一种是固定编缀，主要用于编缀甲身，大致是先横编后纵联，横编时

---

❶ 《史记·卫将军骠骑列传》：元狩六年霍去病卒，"天子悼之，发属国玄甲军，陈自长安至茂陵，为冢象祁连山"。"正义"："玄甲，铁甲也。"第 2939~2940 页。

❷ 内蒙古自治区呼和浩特二十家子汉代城址出土铁甲片（T401 ②：6），《呼和浩特二十家子古城出土的西汉铁甲》，第 254~255 页。

多是从中间向左右两侧编缀，纵联时则由上向下，所以铠甲片一般是上排压下排，前片压后片。但是也有的铁铠编缀方法特殊，先编出一侧纵列的甲片，然后向另一侧推进，每纵排甲片逐片累加，直达终端为止，目前只知广州南越王墓出土铁铠是这种编法❶。正是由于铁铠编缀时每片甲片与其上下左右的甲片都有部分重叠，实际铠甲每个局部都受到相重的两片甲片防护。另一种是活动编缀，主要用于编缀披膊（或筒袖）及垂缘等必须能上下活动的部位，虽也是先横编后纵联，横编仍是甲片左右横向固定编缀，但纵联时则改为活动编缀，即是将纵向编组的绳索留有可供上下活动的长度，且需将甲片改为下排压上排，以使向上推移时，下排可顺序灵活向上活动推移。总起来看，铁铠的甲片形制日趋规律化，编缀方法更加简便易于补缀❷，也就是制铠工艺更标准化，才能使铠甲在战斗中局部损毁时，可尽快修复，得以保证及时重新投入战斗。

据已获得的考古标本，汉代铁铠基本由身甲、披膊（或筒袖）和垂缘组成，有的还附有甲领❸。较简单的铁铠只有身甲，如广州南越王墓随葬的铁铠（图5-76、图5-77），只有护住

❶ 同《广州西汉南越王墓出土铁铠甲的复原》，第855页。

❷ 出土标本中最早进行复原尝试的洛阳3023号墓残铠甲，报告中复原的编法是单绳来回穿联，相当复杂，如有损断，难于修复，恐复原有问题。

❸ 甲领，文献中也称"盆领"或"锻钘"，内蒙古呼和浩特二十家子古城出土西汉铁铠有较大的甲领，由27片长方形甲片编成。《呼和浩特二十家子古城出土的西汉铁甲》，第250~252页。

胸、背的部分，在两肩相联，自右胸与右肋系带开合，全铠总重9.7千克，用两式圆角长方形甲片共709片，以丝带编缀而成，并在甲片正面用丝带编饰出互相套合的菱形图案❶。结构完备的铁铠，包括身甲、披膊（或筒袖）和垂缘三部分，如河北满城中山靖王刘胜墓随葬的铁铠❷（图5-78），身甲、筒袖和垂缘共用两式甲片2859片，以麻绳编成。复原后铁铠方领、短筒袖，对襟开口，左襟遗有绳索套环两个，似为穿着后结扣之用，但对称的右襟处已无任何遗痕。长约80厘米、腰围约115厘米、筒袖长约34厘米。西汉长安城武库出土的残铠甲，经综合整理，复原了其中一领，形制与满城铁铠大致近同，包括身甲、筒袖和垂缘三部分，无领，对开襟，约用3741片甲片以粗麻绳编缀而成。与满城铁铠形制近同的还有山东齐王墓随葬坑出土铁铠（图5-79）和西安西汉墓出土铁铠，均已作复原研究。铁铠由身甲、披膊和垂缘三部分构成，无领，右开襟，且多数甲片均用丝带编出菱形图案，其中部分菱形图案中心又以金片或银片装点，更显华美❸。上述满城中山靖王墓、山东齐王墓等及长安武库出土铁铠，都是供刘姓诸王或中央禁卫部队的制工精细的鱼鳞甲，特别是王陵中随葬的更具有礼仪性质，甚至加饰金银华饰，并非真供实战使用。以咸阳杨家湾西汉陶俑坑出土着甲陶俑为例，在2500件以上的模拟战车兵、步兵和骑兵陶俑所披铠甲，身甲全是用大型甲

❶ 同《广州西汉南越王墓出土铁铠甲的复原》。
❷ 同《满城汉墓发掘报告》附录二《铁铠甲的复原》。
❸ 同《汉代考古发现的铠甲及复原研究》，第287~289页。

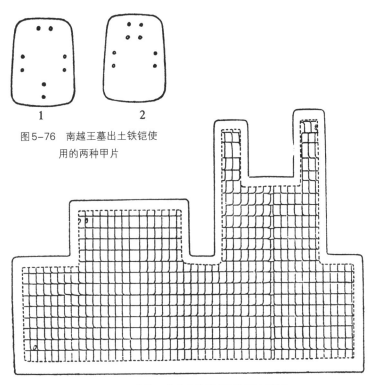

图5-76　南越王墓出土铁铠使
用的两种甲片

图5-77　南越王墓出土铁铠复原展开示意图

图5-78　满城刘胜墓出土铁铠复原模型（侧面、正面、背面）

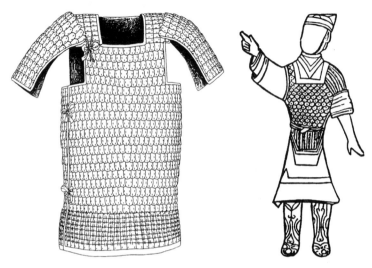

图5-79　齐王墓随葬坑出土　　　图5-80　陕西咸阳杨家湾
金银饰铁铠复原示意图　　　出土西汉披鱼鳞甲陶俑

片编成的札甲，仅披膊和垂缘等活动编缀处用较小甲片，只有1件陶俑可能模拟身份较高的军官，所披铠甲为小甲片编成的鱼鳞甲❶（图5-80）。反映出当时军队装备的铁铠中，鱼鳞甲所占比例极少。呼和浩特市二十家子城址所出的1领保存较完整的铁铠❷，通高64厘米，约用650片甲片，总重约11.14千克。身甲正是用大型甲片编成的札甲，并有较大的盆领，缀有较小甲片编的披膊和垂缘，身甲对襟，安有铁扣，应是当时戍边将士实战用防护装具（图5-81）。

---

❶　陕西省文管会、博物馆、咸阳市博物馆杨家湾汉墓发掘小组：《咸阳杨家湾汉墓发掘简报》，《文物》1977年第10期，第10~21页。

❷　同《呼和浩特二十家子古城出土的西汉铁甲》，第249~253页。《汉代考古发现的铠甲及复原研究》，288页有复原研究，可参看。

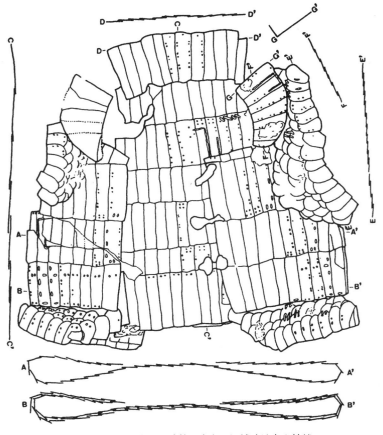

图5-81 内蒙古呼和浩特二十家子汉城遗址出土铁铠

甲：汉代称皮甲为"甲"或"革甲"，以与铁铠区分。居延汉简中也常记有"革甲"和"革鞮鍪"，表明皮革制作的甲，当时仍为配合铁铠使用的辅助防护装具。广西贵县罗泊湾一号墓木牍"从器志"记有"绠甲鞮鍪各一缯缘"，应为一套皮制甲胄，惜皮甲已散乱，仅在椁室出土一些长方形甲片**❶**。在长沙西汉墓和乐浪汉墓也都出土有已散乱的皮革甲片，可知当时革甲的甲片，也与铁铠甲片尺寸大小和形制近似。长沙南郊侯家塘西汉墓出土革甲片分长方形、方圆形和椭圆形等几种形式，均为薄革两相夹合的"合甲"，最长的6厘米，一般的只长3.3~4.5厘米**❷**，与同时期铁铠甲片相近似，估计编缀方法和编成的革甲形貌也应与铁铠相近似。

兜鍪：即"首铠"，也就是保护头部的胄，汉时以钢铁制作，称为"兜鍪"。鍪本是一种炊器，《急就篇》颜注"似釜而反唇"，大约因铁首铠的外貌像鍪，所以这样称呼它。汉代的铁兜鍪也与铁铠一样，以甲片编缀而成。目前已复原的西汉铁兜鍪有两种式样，一种是西安西汉墓出土的标本，形如覆扣的鍪，下沿联缀护耳和护颈部分，用5型9式共257片甲片编成。上顶是圆形甲片，周缘排列成对的放射状穿孔，向下联缀渐次增大的6圈甲片编成兜鍪，然后再联缀护颈和护耳**❸**（图5-82）。另一种是齐王墓随葬坑出土的标本，以2型3式共80片甲片编成。兜鍪体前高后低，顶部透空，下沿左右联缀护耳，形制特殊**❹**（图5-83）。

❶　广西壮族自治区博物馆：《广西贵县罗泊湾汉墓》，文物出版社，1988年。

❷　湖南省文物管理委员会：《被盗掘的古墓葬，是否还值得清理？——记55、长、侯、中 M018 号墓发掘》，《文物参考资料》1956 年第 10 期，第 37~41 页。

❸　同《西安北郊汉墓出土铁甲胄的复原》。

❹　同《西汉齐王铁甲胄的复原》。

 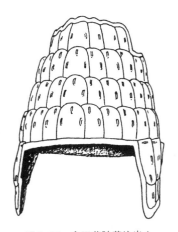

图5-82 西安北郊汉墓出土
铁兜鍪复原示意图

图5-83 齐王墓随葬坑出土
西汉铁兜鍪复原示意图

第六章　魏晋南北朝兵器

第一节　魏晋南北朝兵器的时代特征

魏晋南北朝时期，跨越了近4个世纪，上起公元3世纪初三国鼎峙，经西晋、东晋十六国、南北朝，止于隋开皇九年（589年）灭陈。东汉末年由黄巾起义（光和七年，184年）引致的社会大动乱，导致东汉王朝衰亡，从此中国历史进入大分裂大动荡的时期。在这个时期，古代中国的政治地图频繁地变更着颜色。先是继镇压黄巾起义之后的群雄割据，随之出现魏、蜀、吴三国鼎立，280年西晋灭吴，才统一了全国，但仅维持了30余年，就又陷入了更加混乱的局面：在北方，许多原居东北或西北的古代民族纷纷进入中原，在各地先后建立过十余个政权，史称"十六国"；在南方，西晋皇族重建政权，史称"东晋"。此后，北魏的崛起使北方趋于稳定，以后分裂为东魏和西魏两个小朝廷，并分别为北齐和北周所取代。北周建德六年（577年）灭北齐，重新统一北方，但不久就于581年被隋所取代。在江南，东晋以后，相继出现宋、齐、梁、陈四个政权，到陈后主祯明三年（589年）被隋所灭，古代中国重归统一。这些相继出现的政权，其创建者无不是凭借着自己掌握的军事实力登上历史舞台的，一旦失去对武装力量的直接控制，其统治权力就被他人取代了。因此这一时期社会经济虽然受到战乱等的极大破坏，但是军事装备的生产却一直受到统治者的极度重视，从而促使兵器的研制和生产，能在汉代的基础上有了进一步发展。例如在三国曹魏时期，铁材极为缺乏，甚至汉代通常使用的铁质刑具，当时也只能改用木制。据《晋书·刑法志》记述，魏武帝曹操时，规定"犯钛左右趾者易以木械，是时乏铁，故易以木焉。"❶但同时曹操父子对刀剑的制造，却是极为重视，发展了百炼钢的技术。又如在十六国时期，匈奴族赫连勃勃建立的大夏，是仅维持了26年的地方割据政权。在其统治区内经济凋敝，生产受到很大破坏，且其凶暴好杀，人无生赖。虽然如此，在兵器制造方面赫连勃勃也极为重视。他委任的将作大匠叱干阿利采用极苛虐残暴的办法，迫使工匠提高兵器的质量，当时"造五兵之器，精锐尤甚。既成呈之，工匠必有死者：射甲不入即斩弓人；如其入也，便斩铠匠"。❷千百个工匠因此丧生，而赫连勃勃获得了大批精锐的兵器来装备他的军队。当时生产的各种兵器中，以"百炼钢刀"最有名，上有龙雀大环，号曰"大夏龙雀"，铭其背曰："古之利器，吴楚湛卢。大夏龙雀，名冠神都。可以怀远，可以柔逦。如风靡草，威服九区。"当时即被视为珍品❸。

　　作为兵器和农具生产基础的钢铁冶炼工业，在这一时期

---

❶ 《晋书·刑法志》，第922页。
❷ 《晋书·赫连勃勃载记》，第3205~3206页。
❸ 《晋书·赫连勃勃载记》，第3206页。

由于战乱等原因虽不断遭到破坏，但每个新王朝的建立者，为了巩固其统治地位，增强军力和繁荣经济，都要努力去恢复和发展钢铁生产。以曹魏为例，当初步稳定了在中原地区的统治地位以后，曹操立即委任王修为司金中郎将❶，主管冶铸，生产兵器和农具。当时还尽力节约用铁，甚至将铁刑具改用木械。此后到南北朝时期，都很注重回收前代废钢铁，重新冶炼❷，以弥补原材料的不足。总之采用各种办法，以保证战争和屯垦的需要。在钢铁冶炼工艺技术方面，魏晋南北朝时期也有些新进展，主要表现就是以炒钢制造百炼钢技术的进一步发展，铸铁脱碳钢的进一步使用，以及灌钢法的应用。在西汉狮子山楚王陵中已出现了炒钢制品，东汉时更出现以炒钢制作的百炼钢刀剑，魏晋南北朝时这种以炒钢制造百炼钢技术又得到进一步发展，前面引述过的赫连勃勃时制造的"大夏龙雀"百炼钢刀，即是利用炒钢制成的百炼钢。在成书于晋隋之间的《夏侯阳算经》里，列有两则与炒钢有关的算题，其一是计算用6281斤生铁炼黄铁（即熟铁），每斤耗5两，结果应炼出4318斤3两。其二是由上一则引申出来的，即用

---

❶ 《三国志·魏书·王修传》，第347页。

❷ 1974年4月曾在河南省渑池县的北魏冶铁作坊遗址附近，发现一处铁器窖藏坑，坑内存放铁器4195件，总重达3500千克，其中包括早到战国、西汉，直到曹魏、北魏时期的各种铁器，都搜集来充为原料，以备重新冶铸之用。见渑池县文化馆、河南省博物馆：《渑池县发现的古代窖藏铁器》，《文物》1976年第8期，第45~51页；北京钢铁学院金属材料系中心化验室：《河南渑池窖藏铁器检验报告》，《文物》1976年第8期，第52~58页。

上则炼出的黄铁（熟铁）炼成钢铁，得3508斤8两10铢5丝。前者的损耗率为31%，后者的损耗率为12.5%[1]。铸铁脱碳钢技术在西汉时也已出现，狮子山楚王陵出土铠甲片就以铸铁脱碳钢为原料锻打成型。渑池铁器窖藏中的斧、镰等经检验，系铸铁脱碳钢制作，并对刃部渗碳锻打以提高硬度[2]，表明魏晋南北朝时期这种技术广泛用于制作锋刃器和农具。灌钢法用南朝时陶弘景的说法就是"杂炼生鍒"，也就是把生铁和熟铁（鍒铁）配合在一起加热，于是生铁先熔而灌入熟铁里面去，使熟铁中含碳分升高，这种炼钢方法到宋代称为"灌钢"，在北齐时也将这种技术叫"宿铁"。《北齐书·方伎传》，綦母怀文造宿铁刀，"其法烧生铁精以重柔铤，数宿则成钢。以柔铁为刀脊，浴以五牲之溺，淬以五牲之脂，斩甲过三十札。"[3]其宿铁制法是使生铁和鍒铁（熟铁）同宿在一起，如两性交配一样，把"生铁精"烧熔后灌注到鍒铁中去，连宿数次就能成钢[4]。铸铁脱碳钢和灌钢法的使用，避免了炒钢过程中控制钢含碳量的复杂工艺，保证了质量，而且成本较低，应用到兵器生产方面，既有利于扩大生产，又可以提高质量。綦母怀文制造的"宿铁刀"，正显示出北齐时利用灌钢法制作兵器所获得的突出成果。

---

[1] 　北京钢铁学院中国古代冶金编写组：《中国古代冶金》，第77页，文物出版社，1978年。

[2] 　同《河南渑池窖藏铁器检验报告》，第56~57页。

[3] 　《北齐书·方伎·綦母怀文传》，第679页。

[4] 　同《中国古代冶金》，第80页。

魏晋南北朝时期，特别在长江以北的广大国土上，由于许多古代民族的流动迁徙，各民族的传统文化、社会习俗也不断碰撞、接触、互动乃至融合，在军队组建和兵器装备方面也同样发生新的变化。特别是一些原以游牧经济为主的古代民族相继入主中原，或在各地建立政权。这些游牧民族武装原来依靠剽悍的骑兵，建立政权以后组建军队，主力兵种同样是骑兵部队。所以兵器发展的重点就集中在骑兵的兵器和防护装具方面。对战马的驾驭和保护，更给予特别关注，表现在马具的不断完善和战马防护装具的日趋完备两方面。这也是这一时期兵器发展的主要特征之一。

第二节　重装骑兵——甲骑具装的发展对兵器的影响

十六国时期，在战场上出现成千上万的人披铠甲马披具装的重装骑兵相互搏战的情景，已经是司空见惯的事，但在汉末三国时期则是难以想象的。在曹操统军与袁绍对抗时，他的部队中装备的马铠还不足十具，而袁绍的上万名骑兵中装备有马铠的也不过区区300具而已，仅为3%左右。所以曹操在《军策令》中曾说："袁本初铠万领，吾大铠二十领；本初马铠三百具，吾不能有十具。见其少，遂不施也，吾遂出奇破之。是时士卒精练，不与今时等也。"[1] 又如当时雄踞辽东的公孙瓒，军中以骑兵为主力，骑兵中又以"白马义从"为核心，

----

[1] 《太平御览》卷三五六，第 1636 页。

这数千匹白马骑兵并没有装马铠❶。这些都表明当时马铠还是罕见的较珍贵的防护装具，所以曹操赐给他的爱子曹植的名贵铠甲，有黑光、明光、两当、环锁等铠，其中就含有一领马铠❷。直到西晋初年，马铠仍是名贵物品，当司马炎称帝后，命卢钦为都督沔北诸军事、平南将军、假节，特赐给他"骑具刀器，御府人马铠"❸。

　　大约经过了半个世纪，到了东晋十六国时期，情况发生了很大变化。在各个割据政权之间发生的纷争中，在东北、西北和中原地区的广阔原野上，日趋频繁地出现有重装骑兵——甲骑具装的身影，而且数量越来越多。重装骑兵成长壮大的历史，又与鲜卑族军队有着紧密的联系。例如石勒在俘获鲜卑末柸的战斗中，夺得鲜卑军队的铠马5000匹❹。在石勒大败鲜卑将姬澹（又作箕澹，是归附刘琨的鲜卑猗卢部将）时，俘获的

――――――――――

❶ 《三国志·魏书·袁绍传》引《英雄记》："瓒每与虏战，常乘白马，追不虚发，数获戎捷，虏相告云'当避白马'。因瓒所忌，简其白马数千匹，选骑射之士，号为白马义从；一曰胡夷健者常乘白马，瓒有健骑数千，多乘白马，故以号焉。"第194页。如马披有具装，则只能遥见具装色彩，可参见《隋书·礼仪志三》（第160页），而不见马的毛色。

❷ 《北堂书钞》卷二一引曹植《先帝赐臣铠表》："先帝赐臣铠，黑光、明光各一领，两当铠一领，环锁铠一领，马铠一领。今世以升平，兵革无事，乞悉以付铠曹自理。"《太平御览》卷三五六引，文字略同，第1636页。

❸ 《晋书·卢钦传》，第1255页。

❹ 《晋书·石勒载记》："鲜卑入屯北垒，勒候其阵未定，躬率将士鼓噪于城上。会孔苌督诸门伏兵击之，生擒末柸，就六眷等众遂奔散。苌乘胜追击，枕尸三十余里，获铠马五千匹。"第2718~2719页。

铠马多达万匹❶。又姚兴击败鲜卑乞伏乾归军时，"收铠马六万匹"❷。以上诸例表明当时鲜卑族军队的主力兵种是战马披铠的重装骑兵。在东晋名将桓石虔在管城与前秦苻坚荆州刺史梁成军战斗中，曾获具装铠300领❸。后来，刘裕率东晋军北伐南燕慕容超后，又将鲜卑重装骑兵收编入南方军中。义熙六年（410年），刘裕破卢循之役中，就出动鲜卑重装骑兵作战，曾"使宁朔将军索邈领鲜卑具装虎斑突骑千余匹，皆披练五色，自淮北至于新亭，贼并聚观，咸畏惮之"❹。

在各地的田野考古调查发掘中，目前也已获得了大量有关东晋十六国至南北朝时期重装骑兵——甲骑具装的文物资料。特别是在辽宁朝阳、北票等地，不断获得十六国时期前燕、后燕和北燕的铁质马具装实物。在朝阳十二台乡❺和北票南八家喇嘛洞❻两处墓地都有出土。十二台乡88M1中马具装的面帘已复原（图6-1），应是慕容鲜卑前燕的遗物。另外在北票西官营子北燕冯素弗墓中也出土有大量已散乱的马具装铠铁甲片❼。又在逃至高句丽境内的原前燕司马冬寿墓（东晋永和十三年，即

❶ 《晋书·石勒载记》，第 2725 页。

❷ 《晋书·姚兴载记》，第 2981 页。

❸ 《晋书·桓彝传附子石虔传》，第 1944 页。

❹ 《宋书·武帝纪上》，第 20 页。

❺ 辽宁省考古研究所、朝阳市博物馆：《朝阳十二台乡砖厂 88M1 发掘简报》，《文物》1997 年第 11 期，第 19~32 页。

❻ 张克举、田立坤：《辽宁发掘北票喇嘛洞鲜卑贵族墓地》，《中国文物报》1996 年 12 月 2 日第 1 版。

❼ 黎瑶渤：《辽宁北票西官营子北燕冯素弗墓》，《文物》1973 年第 3 期，第 2~28 页。

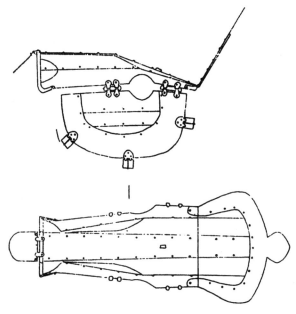

图6-1 辽宁朝阳十二台乡88 M1出土铁马面帘

升平元年，357年）壁画中绘有甲骑具装的图像❶，说明至迟在 4世纪末，与慕容鲜卑相邻的高句丽族军队也已引进了重装骑兵的防护装具，所以吉林通沟地区的高句丽壁画墓中，如通沟12号墓、麻线沟1号墓和三室墓（图6-2）等都出现有甲骑具装的画像❷。在中原和关中地区，陕西西安地区的十六国时

❶ 洪晴玉：《关于冬寿墓的发现和研究》，《考古》1959年第1期，第 27~35页。

❷ 王承礼、韩淑华：《吉林辑安通沟第十二号高句丽壁画墓》，《考古》 1964年第2期，第67~72页；吉林省博物馆辑安考古队：《吉林辑安麻线沟一号壁画墓》，《考古》1964年第10期，第520~528页。

图6-2 集安三室墓甲骑具装战斗壁画

期墓葬随葬的陶俑中，已经出现甲骑具装俑❶（图6-3）。当拓跋鲜卑建立北魏以后，在平城（今山西大同）附近的墓葬中，随葬俑群内已出现大量的甲骑具装俑。在北魏迁都洛阳以后的墓葬中，在随葬俑群内同样有数量众多的甲骑具装俑。以后北魏分裂为东、西两个政权，在东魏—北齐、西魏—北周的墓葬中，仍旧随葬有大量甲骑具装俑❷。在南方，远在西南的云南昭通后海子东晋太元十至二十年间（385—395年）的

---

❶ 陕西省文物管理委员会：《西安南郊草厂坡村北朝墓的发掘》，《考古》1959年第6期，第285~287页。该墓应为十六国时期墓葬。咸阳市文物考古研究所：《咸阳平陵十六国墓清理简报》，《文物》2004年第8期第4页。

❷ 参看《北朝陶俑的源流、演变及其影响》，《汉唐美术考古和佛教艺术》，第126~139页，科学出版社，2000年。

图6-3　咸阳平陵十六国墓出土具装陶马

霍承嗣墓壁画中，已有甲骑具装图像（图6-4）❶。江苏丹阳的南朝大墓中拼镶砖画（图6-5）❷中和河南邓县画像砖墓❸的

---

❶ 云南省文物工作队：《云南昭通后海子东晋壁画墓清理简报》，《文物》1963年第12期，第1~6页。

❷ 江苏丹阳胡桥鹤仙坳、吴家村和建山金家村等3座南朝大墓中都有甲骑具装拼镶砖画，金家村（金王陈村）大墓图像保存最好，见姚迁、古兵编著：《六朝艺术》图版二〇五、二〇六，文物出版社，1981年。

❸ 河南省文物工作队：《邓县彩色画像砖墓》，文物出版社，1958年。

图6-4　云南昭通东晋
霍承嗣墓甲骑具装壁画

图6-5　江苏丹阳南朝墓甲
骑具装拼镶砖画拓本

图6-6　邓县画像砖具装马图像

画像砖（图6-6）中，都有甲骑具装的图像。这些考古资料，充分反映出东晋十六国至南北朝时期军队中甲骑具装的真实面貌。

由于东晋十六国至南北朝时期重装骑兵——甲骑具装的空前发展，并成为军中主力兵种，因此设计和制作适合甲骑具装的各种兵器和装备，就成为当时兵器制作业的主要任务。主要表现在矛盾的两个方面。一方面是制作更为适用的铠甲和具装铠，改进其细部结构和防护性能，如将人铠由两当铠改为明光铠；马具装的面帘由半面帘改成整面帘，寄生由竹枝状改成扇面状，等等。另一方面是改进格斗兵器的效能，以期能穿透杀伤装备铠甲和马具装的战士和战马，骑兵的主要格斗兵器，逐渐由戟改为长刃的马矛——稍，又从改进材质入手增强钢刀的性能，发展强弩，等等。使得这一时期军队的基本装备呈现出与汉代不同的时代特征。

第三节　魏晋南北朝兵器类型分析

一、格斗兵器：戟、矛和稍、刀、剑

戟：从战国末年直到秦汉盛行的钢铁制作的戟，到三国西晋时期仍是军中标准装备的一种长柄格斗兵器，且被西晋名将周处誉为"五兵之雄"❶。《三国志·魏书·吕布传》记有

---

❶《北堂书钞》卷一二四引周处《风土记》。

他辕门射戟的故事:"(袁)术遣将纪灵等步骑三万攻(刘)备,备求救于布。……(布)便严步兵千,骑二百,驰往赴备。灵等闻布至,皆敛兵不敢复攻。布于沛西南一里安屯,遣铃下请灵等,灵等亦请布共饮食。布谓灵等曰:'玄德,布弟也。弟为诸君所困,故来救之。布性不喜合斗,但喜解斗耳。'布令门候于营门中举一只戟,布言:'诸君观布射戟小支,一发中者诸君当解去,不中可留决斗。'布举弓射戟,正中小支。诸将皆惊,言'将军天威也'。明日复欢会,然后各罢。"❶吕布随便命令门候举一支戟,说明这种格斗兵器在军中普遍使用,随处均有,不必特殊寻取。当时,许多猛将均善用戟,如曹操军中名将张辽守合肥时,面对孙权的优势兵力,"辽被甲持戟,先登陷陈,杀数十人,斩二将,大呼自名,冲垒入,至权麾下。"吓得孙权只好"走登高冢,以长戟自守"❷。又如魏操帐下勇将典韦,当曹操与吕布战于濮阳时,曹军袭布别屯后遭吕布救兵三面包抄,情势危急,故"太祖募陷陈,韦先占,将应募者数十人,皆重衣两铠,弃楯,但持长矛撩戟。时西面又急,韦进当之,贼弓弩乱发,矢至如雨,韦不视,谓等人曰:'虏来十步,乃白之。'等人曰:'十步矣。'又曰:'五步乃白。'等人惧,疾言:'虏至矣!'韦手持十余戟,大呼起,所抵无不应手倒者。布众退。"他又好持大双戟,"军中为之语曰:'帐下壮士有典君,提一双戟八十斤。'"在曹军

---

❶《三国志·魏书·吕布传》,第222~223页。
❷《三国志·魏书·张辽传》,第519页。

与张绣军的战斗中，典韦战于营门，"以长戟左右击之，一叉入，辄十余矛摧。"❶甘肃嘉峪关新城公社 3 号魏晋墓中，有两幅与军队有关的壁画❷。一幅绘出行军的情景，两行步兵头戴兜鍪、披铠，肩戟持楯（图6-7）。另一幅绘出宿营的情景，以将领所在的大帐为中心，周围布列众多士兵居住的小帐篷，每个帐前竖着一戟一楯（图6-8）。说明戟和楯是当时士兵的标准装备，因此用作为帐内士兵的象征。所以这一时期的《军令》中，也常提到戟。如诸葛亮《军令》中有"始出营，竖矛戟，舒幡旗，鸣鼓角。行三里，辟矛戟，结幡旗，止鼓角"。又有"敌已附，鹿角裹兵但得进踞，以矛戟刺之，不得起住，起住妨弩"。❸东晋初年还沿袭着三国西晋传统，军中以戟为主要格斗兵器，宿营时也沿袭将戟楯竖于帐外的习惯。王隐《晋书》曾记有一则祖逖营中发生的事："祖逖军大饥，进据食大丘城。樊雅遣六十余人入逖营，拔戟楯大呼向逖，逖军人夜不知贼多少，皆欲散走。"❹这正是因为军中宿营时士兵皆把戟楯竖于帐前，如前述嘉峪关壁画所描绘的情景，乘夜潜入逖营的樊雅部下才能"拔戟楯大呼"。东晋初建国，由于宿卫兵器不足，陶侃曾上表，精选兵器，奉献"金铃大戟"50 张❺。

---

❶ 《三国志·魏书·典韦传》，第 544、545 页。

❷ 甘肃省文物队、甘肃省博物馆、嘉峪关市文物管理所：《嘉峪关壁画墓发掘报告》，文物出版社，1985 年。

❸ 《太平御览》卷三三七、三三九引诸葛亮《军令》，第 1548、1554 页。

❹ 《太平御览》卷三五二引王隐《晋书》，第 1620 页。

❺ 《太平御览》卷三五三引陶侃表，第 1623 页。

图6-7　甘肃嘉峪关魏晋墓统军出行壁画

图6-8　甘肃嘉峪关魏晋墓营垒壁画

同时由于当时戟是重要格斗兵器，违令私作一定数量就要被判死刑，孙盛奏事："诸违令私作铠一领、角弩力七石以上一张、戟十枚以上皆弃世。"❶甚至远在辽东半岛慕容鲜卑统治地区，步兵也还装备戟楯，逃入高句丽的前燕司马冬寿墓（葬于东晋永和十三年，即升平元年，357年）壁画中，冬寿乘牛车统军出行的大幅壁画中，前列的步兵均头戴兜鍪、披铠，两列肩戟持楯（图6-9），另两列执刀持楯❷，也可证明当时步兵仍以戟楯为标准装备之一。

图6-9　东晋永和十三年冬寿墓壁画摹本

从考古发掘中获得的三国两晋时的钢铁戟，实物较罕见。

---

❶ 《太平御览》卷三五三引孙盛奏事，第1623页。
❷ 同《关于冬寿墓的发现和研究》，第32页图十一。

西晋名将周处墓出土有铁戟，但残损过甚，小枝残断，形制难明。山东诸城西晋太康年间墓出土铁戟❶，表明早期刺枝垂直的"卜"字形戟仍有遗留。但从嘉峪关壁画等绘出的图像看，普遍使用的已是东汉末开始流行的形制，戟枝在戟刺侧先横伸，随即向前翘翻，形成向前的钩刺。因此使用时已摒弃了"卜"字形戟回拉钩斫的方法，而是向前叉和刺。

到了南北朝时期，戟的形貌又有新变化。有的戟刺旁侧伸的小支，由向前翘翻，改为前折的双叉形（图6-10），北魏永安二年（529年）宁懋石室线雕甲胄武士所持的戟，就是小枝前折的双叉形，戟上还系有彩幡❷（图6-11）。但是这时因重装骑兵——甲骑具装的发展，双叉的戟虽有叉刺功能，但对付披重铠的敌方，杀伤能力远逊于长身阔体的两刃稍，且工艺又较复杂，还有如北朝的统治民族——鲜卑又有用矛的民族传统等原因，所以北朝时期钢铁戟逐渐淡出战争舞台，后来仅在仪仗中占重要位置，成为显示身份地位树于门前的"列戟"。《周书·达奚武传》，说他"居重位，不持威仪，行常单马，左右止一两人而已。外门不施戟，恒昼掩一扉"。❸东魏武定八年（550年）茹茹公主闾叱地连墓的壁画中，就有执戟侍卫，以及廊屋内的列戟❹，左右两壁各绘有六戟，作双叉形，缚系彩幡

---

❶ 诸城县博物馆：《山东省诸城县西晋墓清理简报》，《考古》1985年第12期，第1114~1118页。文中误将戟称为戈。

❷ 参看《考古》1960年第4期，第3页图一。

❸ 《周书·达奚武传》，第305页。

❹ 磁县文化馆：《河北磁县东魏茹茹公主墓发掘简报》，《文物》1984年第4期，第1~9页。

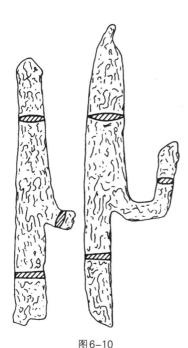

图6-10
北魏洛阳宫城阊阖门遗址出土铁戟
（T506②：01、02，约1/5）

图6-11
北魏宁懋石室披铠持戟武士

（图6-12），从而可以窥知北朝晚期门前列戟的形貌。同时在
湾漳大墓壁画仪仗队列中，也有执戟的，戟柄长约当人身长的
两倍，戟枝作弧曲向上呈双叉形，下系红幡，幡上饰虎头，下
垂五彩带7条（图6-13）❶。

除长戟外，三国时还流行短柄的手戟，例如孙策与太史慈

---

❶ 中国社会科学院考古研究所、河北省文物研究所：《磁县湾漳北朝壁画
墓》，科学出版社，2003年。

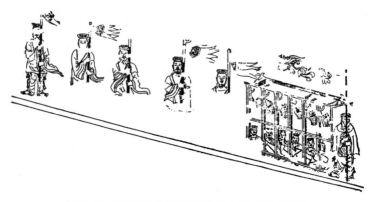

图6-12　东魏茹茹公主墓壁画持戟武士和列戟线描图

搏战时，"策刺慈马，而揽得慈项上手戟，慈亦得策兜鍪。"❶此外，孙策还曾以手戟投击严白虎弟舆，把他杀死❷。曹操年轻时也曾用手戟，"（曹操）尝私入中常侍张让室，让觉之；乃舞手戟于庭，踰垣而出。才武绝人，莫之能害。"❸刘备兵败当阳长坂，"有人言（赵）云已北去者，先主以手戟摘之曰：'子龙不弃我走也。'"❹表明当时手戟的使用相当普遍，制工也相当精良，所以张协的《手戟铭》写道："铓铓雄戟，清金练钢。名配越棘，用遇干将。严锋劲枝，擒锷耀芒。"❺同时还可双手各执一短柄戟，使用双戟。前述魏将典韦好持大双戟，吴将甘宁

❶ 《三国志·吴书·太史慈传》，第 1188 页。

❷ 《三国志·吴书·孙破虏讨逆传》注引《吴录》，第 1105 页。

❸ 《三国志·魏书·武帝纪》注引孙盛《异同杂语》，第 3 页。

❹ 《三国志·蜀书·赵云传》注引《云别传》，第 949 页。

❺ 《太平御览》卷三五三引，第 1623 页。

亦善双戟❶，甚至身为帝王的曹丕和孙权，都会用双戟。曹丕在《典论·自序》中说："余少晓持复，自谓无对；俗名双戟为坐铁室。"❷孙权曾"亲乘马射虎于庱亭。马为虎所伤，权投以双戟，虎却废"❸。

矛和矟：在三国两晋南北朝时期，矛继续是步兵和骑兵装备的一种重要长柄兵器，在三国两晋时矛与戟并用，到南北朝时，戟在实战中的作用日渐衰减，矛的作用则更加重要。骑兵用的马矛矟较长，一般长丈八尺，自汉代又称马矟或槊。在汉末三国时的战场上，不少勇将善用戟，另一些将领在实战中则使用马矛。如孙吴将程普，"（孙）策尝攻祖郎，大为所围，普与一骑共蔽

图6-13　湾漳大墓墓道壁画执戟仪卫

扞策，驱马疾呼，以矛突贼，贼披，策因随出。"❹又如丁奉，"魏将文钦来降，以奉为虎威将军，从孙峻至寿春迎之，与

❶《三国志·吴书·甘宁传》注引《吴书》："凌统怨宁杀其父操，宁常备统，不与相见。权亦命统不得仇之。尝于吕蒙舍会，酒酣，统乃以刀舞。宁起曰：'宁能双戟舞。'蒙曰：'宁虽能，未若蒙之巧也。'因操刀持楯，以身分之。"第1295页。

❷《三国志·魏书·文帝纪》注引《典论·自叙》，第90页。

❸《三国志·吴书·吴主传》，第1120页。

❹《三国志·吴书·程普传》，第1283页。

敌追军战于高亭。奉跨马持矛，突入陈中，斩首数百，获其军器。"❶至于蜀将张飞在当阳长坂，"据水断桥，瞋目横矛曰：'身是张益德也，可来共决死！'敌皆无敢近者"❷，更是为人所习知。就是在小说或戏剧中认为是使戟的勇将吕布，实际也是使矛的。当他与郭汜独共对战，"布以矛刺中汜，汜后骑遂前救汜，汜、布遂各两罢。"❸而他杀死董卓时，也是用矛。当时"（李）肃以戟刺之，卓衷甲不入，伤臂堕车，……布应声持矛刺卓，趣兵斩之"❹。这一事例也说明铠甲可以有效地抵御戟刺，却不能抗御矛刺，或许已显示出三国时马矛取代马戟的势头已经越来越强了。在嘉峪关魏晋墓中所绘壁画和砖画中，绘出的步兵是披铠和执戟楯，已如前述，但骑兵则全执马矟，而没有执戟的。同样前引冬寿墓壁画，步兵是执刀、戟和楯，骑兵则全持马矟，且战马披有具装铠。这些图像应能如实反映当时的情况。

在魏晋南北朝时期，马矟的兴盛还有一个重要因素，那就是人们往往在选择兵器时受地区或民族传统的制约。在汉魏时期，长矛或马矟盛行的区域，多在西北和东北边陲一带。在西北边陲，关西诸郡因"数与胡战"，人民强悍，连妇女都"载戟挟矛，弦弓负矢"❺。而那一地区的军队更善用长矛，当

❶ 《三国志·吴书·丁奉传》，第 1301 页。
❷ 《三国志·蜀书·张飞传》，第 943 页。
❸ 《三国志·魏书·吕布传》注引《英雄记》，第 220 页。
❹ 《后汉书·董卓列传》，第 2331 页。
❺ 《三国志·魏书·郑浑传》注引张璠《汉记》，第 510 页。

时"议者多言：关西兵疆，习长矛，非精选前锋，则不可当也"。❶到十六国时亦如此。《太平御览》引《赵书》："陇上健儿曰陈安，爱养将士同心肝。骢骢父马铁镂鞍，丈八蛇矛左右盘。"❷丈八蛇矛句，《灵鬼志》作"丈八长槊左右盘"❸。辽东地区的乌桓、鲜卑等族，都有使矟的传统，所以当时公孙瓒的军队因需抗御这些民族善矟的骑兵，也组建了同样用矟的骑兵。公孙瓒本人就善使马矛，还能用"两头施刃"的马矛❹。西晋灭亡后，鲜卑慕容氏先后建立了前燕、后燕、南燕等政权，后来鲜卑拓跋氏建立的北魏更统一了北方，形成北朝与南朝对峙的格局。鲜卑族传统的兵种是强悍的骑兵，而传统的格斗兵器是矟。《魏书》记刘裕曾致书于栗磾，题书曰"黑矟公麾下"，因为他好持黑矟以自标，故北魏明元帝拓跋嗣知道此事后，授于栗磾为"黑矟将军"❺。据《南齐书》，公元495年，魏孝文帝率军至寿阳，"军中有黑毡行殿，容二十人坐，辇边皆三郎曷剌真，槊多白真毦，铁骑为群，前后相接。步军皆乌楯槊，缀接以黑虾蟆幡。"❻说明北魏军中骑兵和步兵都是用槊，即矟。由于有使用马矟的传统，而且矟的制造工艺和效能两方面都胜于戟，马戟之被淘汰就是很自然的事了。江南

❶ 《三国志·魏书·武帝纪》注引《魏书》，第35页。
❷ 《太平御览》卷三五三引《赵书》，第1625页。
❸ 《太平御览》卷三五四引《灵鬼志》，第1627页。
❹ 《三国志·魏书·公孙瓒传》，第239页。
❺ 《魏书·于栗磾传》，第736页。
❻ 《南齐书·魏虏传》，第994页。

的东晋南朝军队，骑兵的格斗兵器，也是长柄的马矟。《晋书》曾记有桓玄以矟拟殷仲堪事❶。当刘裕率东晋军北伐以后，军中更编入了鲜卑族的重装骑兵和步兵，在重装骑兵——甲骑具装的组建和矟的使用方面，进一步接受北方民族军队的影响。在与卢循、徐道覆的战斗中，曾"使宁朔将军索邈领鲜卑具装虎班突骑千余匹，皆被练五色，自淮北至于新亭。贼并聚观，咸畏惮之"❷。后又命朱龄石等率劲勇千余人过淮，"群贼数千，皆长刀矛铤，精甲曜日，奋跃争进。龄石所领多鲜卑，善步矟，并结陈以待之。贼短兵弗能抗，死伤者数百人，乃退走"。❸可见长矟在南方军队中使用的一般情况。南齐时骑兵用矟，可引陈显达的事例。当他叛齐，战至最后"显达马矟从步军数百人，于西州前与台军战，再合，大胜。手杀数人，矟折，官军继至，显达不能抗，退走至西州后乌榜村，为骑官赵潭注矟刺落马，斩之于篱侧"。❹到梁大同三年（537年）为增强马矟的效能，少府新制了刃部加长的两刃矟，长二丈四尺，请羊侃试矟，"侃执矟上马，左右击刺，特尽其妙。"❺当时观看他使矟的人很多，有的登上树去看，"梁主曰：'此树必为侍中折矣。'俄而果折，因号此矟为'折树矟'。"❻

---

❶ 《晋书·刘毅传》："（桓）玄曾于（殷）仲堪厅事前戏马，以矟拟仲堪。"第2211页。

❷ 《宋书·武帝纪》，第20页。

❸ 《宋书·武帝纪》，第20页。

❹ 《南齐书·陈显达传》，第494页。

❺ 《梁书·羊侃传》，第559页。

❻ 《太平御览》卷三五四引，第1627页。

但是获于考古发掘的这一时期的钢铁矛实物不多，在四川昭化南北朝时期崖墓出土过长30厘米的铁矛❶。辽宁北票喇嘛洞ⅠM10出土有前燕时的铁矛，长銎，窄叶，有中脊，锻制，通长25.5厘米❷（图6-14）。北票北燕冯素弗墓出土铁矛，亦锻制，存长49.5厘米，圆銎铁柄❸，或为稍。

刀：三国时期，百炼钢刀仍是受人重视的名贵兵器，曹操和曹丕父子都曾作百辟宝刀。曹植《宝刀赋》序："建安中，家父魏王，乃命有司造宝刀五枚，三年乃就，以龙、虎、熊、马、雀为识，太子得一，余及余弟饶阳侯各得一焉，其余二枚家王自杖之。"❹他赞咏宝刀"故其利：陆断犀革，水断龙角；轻击浮截，刃不纤削"。而其形制，仍为

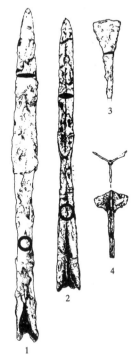

图6-14
北票喇嘛洞墓地出土铁兵器
1. 矛（M266：84） 2. 矛（M196：4） 3. 镞（M108：7） 4. 镞（M209：8）（约1/3）

❶ 沈仲常：《四川昭化宝轮镇南北朝时期的崖墓》，《考古学报》1959年第2期，第109页。

❷ 辽宁省文物考古研究所：《三燕文物精粹》图版136，辽宁人民出版社，2002年。

❸ 同《辽宁北票西官营子北燕冯素弗墓》。

❹ 《太平御览》卷三四六引，第1593页。

环首刀，故"规圆景以定环，摅神思而造象"。❶这种宝刀应即"百辟刀"❷。曹丕也曾作百辟刀剑，《典论》曰："余善击剑，能以短乘长。故选兹良金，命彼国工，精而炼之，至于百辟。"以为三剑、三刀、三匕首❸。"百辟宝刀三：其一长四尺三寸六分，重三斤六两，文似灵龟，名曰灵宝；其二采似丹霞，名曰含章，长四尺四寸三分，重三斤十两；其三鉴似崩雪，刀身剑铗，名曰素质，长四尺三寸，重二斤九两。又造百辟露陌刀一，长三尺二寸，重二斤二两，状似龙文，名曰龙鳞。"❹看来这种经百炼的百辟刀，费时费工，只能是王公据有的珍贵品。直到东晋十六国时各国的统治者仍在制作这种费工的宝刀，陶弘景《古今刀剑录》多有记录。如"前秦苻坚甘露四年造一刀，用五千功，铭曰'神术'，隶书"。又如"夏赫连勃勃龙升二年造五刀，背上有龙雀环兼金镂作一龙形，长三尺九寸，刘裕破长安得此刀，后入梁"。❺许多将领在立功或升迁时亦常作刀为铭，以孙吴诸将为例："孙权遣张昭代周瑜为南郡太守，曾作一刀，背上有'荡寇将军'四字，八分书。""蒋钦拜别部司马，造一刀，文曰'司马'，古隶书。""潘文偏将军为擒关羽，拜固陵太守，因刻刀曰'固陵'。"等等❻。除了帝王将领

---

❶ 赵幼文校注：《曹植集校注》，第160~162页，人民文学出版社，1984年。
❷ 《太平御览》卷三四五引《魏武帝令》曰："往岁作百辟刀五枚，适成，先以一与五官将，其余四，吾诸子中有不好武而文学，将以次与之。"第1586页。
❸ 《太平御览》卷三四六引《典论》，第1594~1595页。
❹ 《太平御览》卷三四六引《典论》，第1592~1593页。
❺ 《太平御览》卷三四六引陶弘景《古今刀剑录》，第1592页。
❻ 同陶弘景《古今刀剑录》，第1591页。

制作的个人使用的钢刀外，史籍中还有三国时期大量制作军用钢刀的记录，例如蜀汉诸葛亮曾让蒲元造刀3000口。据《蒲元传》："于斜谷为诸葛亮铸刀三千口，镕金造器，特异常法。刀成自言：汉水钝弱，不任淬用，蜀江爽烈，是谓大金之元精，天分其野。乃命人于成都取之。有一人前至，君以淬刀，言杂涪水，不可用。取水者犹捍言不杂。君以刀画水，云：杂八升，何故言不杂。取水者方叩头首伏，云：实于涪津渡负倒覆水，惧怖，遂以涪水八升益之。于是咸共惊服，称为神妙。刀成，以竹筒密内铁珠满其中，举刀断之，应手灵落，若薙生刍。故称绝当世，因曰'神刀'。今之屈耳环者，是其遗范也。"❶这则故事中讲到对淬火用水的选择，也反映出当时对刃部淬火技术的重视。

三国时期的钢刀，沿袭着汉代的形制，长体，直身直刃，刀身与柄部区分不明显，柄端有扁圆形状的环首。这种环首的长刀，一直沿用于两晋南北朝时期。在有关步兵的图像中，多以环首长刀和长楯为主要装备，可见于长沙西晋永宁二年（302年）墓陶俑❷、东晋永和十三年（升平元年，357年）冬寿墓壁画❸、邓县南朝彩绘画像砖（图6-15）❹、敦煌莫高窟第285窟西魏大统年间"五百强盗成佛"壁画❺等雕塑或图像。

---

❶ 《太平御览》卷三四五引《蒲元传》，第1589页。

❷ 湖南省博物馆：《长沙两晋南朝隋墓发掘报告》，《考古学报》1959年第3期，第75~105页。

❸ 同《关于冬寿墓的发现和研究》。

❹ 同《邓县彩色画象砖墓》，图二五。

❺ 《中国石窟·敦煌莫高窟（一）》，文物出版社、〔日〕平凡社，1982年。

在邓县画像砖中，还有一幅绘出一位身披两当铠骑马前行的将领，一个侍从步行后随，为他捧执着一柄环首长刀，刀环上系有长带（图6-16）❶。至于铁刀实物，三国时期的铁刀，如

图6-15　邓县画像砖持刀盾、弓箭武士图像

图6-16　邓县画像砖骑从图像

---

❶　同《邓县彩色画象砖墓》，图二三。

湖北、江西等地出土的孙
吴铁刀、四川出土的蜀汉
铁刀等。江西南昌叠山路
M4出土的环首刀，刀环扁
圆，并附有漆鞘，长74厘
米❶（图6-17）。西晋时的

图6-17　江西南昌出土孙吴铁刀

铁刀，在北方和南方均有出土，洛阳西晋墓出土铁刀，残长
116厘米，刃上有木纹，当为木鞘的残迹❷。江苏宜兴西晋周处
墓中也出土有铁刀，残损较甚，残长仅81厘米、宽4厘米❸。
东晋十六国时的铁刀，也多为直身环首（图6-18：3、4），辽
宁北票喇嘛洞ⅠM10出土环首铁刀，全长105.9厘米、刃宽
2.5~2.8厘米、背厚0.9厘米❹。江南东晋墓出土的环首刀，如广
州始兴赤土岭赤西M14出土环首铁刀，长度达119厘米❺。到
南北朝时期，环首刀仍继续使用，出土铁刀中最名贵的一件，
是北周使持节柱国大将军河西公李贤墓出土的银环刀。铁刀附
有鬃褐色漆的木鞘，刀环包银，鞘上附有银质双耳，刀柄有

❶ 唐昌朴：《江西南昌东吴墓清理简记》，《考古》1983年第10期，第
　903~907页。
❷ 河南省文化局文物工作队第二队：《洛阳晋墓的发掘》，《考古学报》
　1957年第1期，第169~185页。
❸ 南京博物院：《江苏宜兴晋墓发掘报告——兼论出土的青瓷》，《考古学
　报》1957年第4期，第83~105页。
❹ 同《三燕文物精粹》，图版135。
❺ 广东省博物馆：《广东始兴晋——唐墓发掘报告》，《考古学集刊》第2
　集，第113~133页，1982年12月。

残损，现残长86厘米（图6-19）❶。李贤墓出土银环刀鞘上所附银质双耳，又提供了当时人们变更系挂佩刀方法的实物例证，由汉晋以来的以璏挂佩，接受西亚的影响，改为以双附耳挂佩❷。有关刀鞘上附耳及系挂方法的图像，还可以由邓县南朝墓墓门两侧守门门吏所执刀和太原北齐娄叡墓墓道壁画武士佩刀看清楚。

还有一点应特别予以注意，就是在江苏镇江东晋墓中出土有一种新型的铁刀❸，刀身加宽，刀头由斜方形改为前锐后斜的形状，其中有一件的柄部制成圆銎形，可以插装长柄（图6-20）。这是当时少见的新式样，开启了唐宋时期安装长柄的各式大刀之先河。

剑：三国两晋南北朝时期军中装备的手握短柄兵器虽以刀为主，但剑也仍有使用。特别在辽东地区，慕容鲜卑族的墓葬中随葬的钢铁兵器中还常见长剑。辽宁北票喇嘛洞墓地出土的长剑（图6-18：1、2），长度多超过1米，还常与刀、矛及铠甲成组合出土❹。喇嘛洞ⅠM10出土铁剑，长茎直刃，全长138厘米、宽2~3.4厘米、脊厚0.6厘米❺。其中3件铁剑经金相鉴定，都

---

❶ 宁夏回族自治区博物馆、宁夏固原博物馆：《宁夏固原北周李贤夫妇墓发掘简报》，《文物》1985年第11期，第1~20页。

❷ 孙机：《玉具剑与璏式佩剑法》，收入《中国圣火——中国古文物与东西文化交流中的若干问题》，第15~43页，辽宁教育出版社，1996年。

❸ 镇江博物馆：《镇江东晋墓》，《文物资料丛刊》第8期，第16~39页，1983年12月。

❹ 国家文物局主编：《1998中国重要考古发现》，第71~75页《辽宁北票喇嘛洞墓地》，文物出版社，2000年。

❺ 《三燕文物精粹》，图版134。

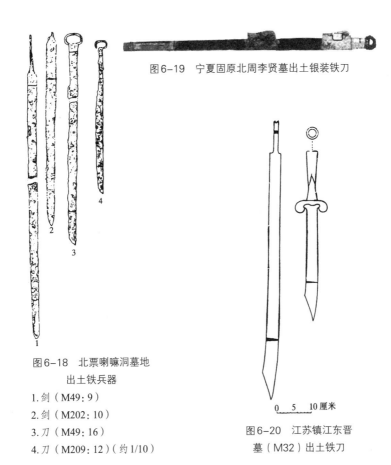

图6-19　宁夏固原北周李贤墓出土银装铁刀

图6-18　北票喇嘛洞墓地
　　　　出土铁兵器
1. 剑（M49∶9）
2. 剑（M202∶10）
3. 刀（M49∶16）
4. 刀（M209∶12）（约1/10）

图6-20　江苏镇江东晋
墓（M32）出土铁刀

是采用炒钢原料折叠锻打而成，晶粒细小，夹杂物含量较少，含碳量较低但不均匀，一般是边部较高，中心稍低，这是在加热锻打过程中经过了渗碳的结果，以求制作出质量较高的兵器❶。

---

❶ 北京科技大学冶金与材料史研究所、辽宁省文物考古研究所：《北票喇嘛洞墓地出土铁器的金相实验研究》，《文物》2001年第12期，第71~85页。

在北燕冯素弗墓内，出土有1件残铁剑，还有面雕云纹的黄玉剑首❶。同时，这一时期的帝王也常制作名贵的百炼钢剑，如三国时期，曹魏文帝曹丕为魏太子时，就曾制作百辟宝剑，"长四尺二寸，重一斤十有五两。淬以清漳，厉以礛䃴，饰以文玉，表以通犀，光似流星，名曰飞景"。❷而吴大帝孙权、蜀汉先主刘备，也都制作过宝剑❸，当为一时风尚。

匕首：三国时期，仍为主要的卫体兵器，也曾大批量制作，如诸葛亮曾命作部制造匕首500枚，以给骑士❹。

二、远射兵器：弓矢、弩

弓矢：三国两晋南北朝时期，弓矢仍是军中最经常使用的远射兵器。弓矢依旧沿袭着汉代的传统，但是这一时期青铜铸造的箭镞已被淘汰，普遍装备军队的是钢铁箭镞。钢铁箭镞的主要形制，包括镞体三棱形、长体直刃和镞体扁平等几种。在辽宁北票喇嘛洞慕容鲜卑族的墓葬中出土的钢铁箭镞，以长体直刃和镞体扁平的为主。有两件镞经过金相鉴定，一件为炒钢锻打，另一件为黑心韧性铸铁❺。北燕冯素弗墓中出土的130余件铁镞，都是扁平形状的，中间有脊，剖面呈棱形，镞尾接有较长的铁铤。铁镞长4.2~6.3厘米、铤

---

❶ 同《辽宁北票西官营子北燕冯素弗墓》，图三四。

❷ 《太平御览》卷三四三引《典论》，第 1577 页。

❸ 《太平御览》卷三四三引陶弘景《古今刀剑录》，第 1578、1579 页。

❹ 《太平御览》卷三四六引诸葛亮教，第 1595 页。

❺ 同《北票喇嘛洞墓地出土铁器的金相实验研究》，第 72 页表二。

部长2.4~6厘米。箭杆是竹质的，铁铤插入其中，在插口处的杆上缠细线，还绕有一段银丝，并把银丝头扳入竹杆内。同时该墓还出土有8件鸣镝，它的前端安插有三翼状的铁镞，铤部插入竹箭杆内，然后在紧接铁箭的箭杆上，贯串一枚橄榄形的骨哨，哨上斜钻5个小孔，发射后可产生鸣响。现存最长的一件，长7.8厘米[1]。镞体扁平的铁镞中，有一种作平头铲形。在吉林集安的高句丽族积石墓中，发现过这类铁镞，如七星山墓区96号积石墓中。该墓大约建于4世纪中叶，出土有两件平头铲形铁镞，全长19.5厘米、刃宽3厘米（图6-21）[2]。山西大同方山北魏文明皇后冯氏的永固陵，建造于太和初年（477年），墓中出土过10件铁镞，其中有3件镞体三棱形，残长11.4厘米（图6-22）；另7件镞体扁平，镞锋作平头的铲形，长19.2厘米（图6-23）[3]。说明这种平头铲形的铁镞，在当时北方和东北地区各族中是流行的形制，曾被长期使用过。

弩：三国两晋南北朝时期，弩有了进一步的发展，主要是弩的强度有了较大提高，增强了穿透能力和增远了射程，也创制了一次发射可同时射出多支弩箭的强弩。

从考古调查发掘中获得的三国时期的弩机实物中，魏、蜀

---

[1] 同《辽宁北票西官营子北燕冯素弗墓》。

[2] 集安县文物保管所：《集安县两座高句丽积石墓的清理》，《考古》1979年第1期，第27~32页。

[3] 大同市博物馆、山西省文物工作委员会：《大同方山北魏永固陵》，《文物》1978年第7期，第29~35页。

图6-21 吉林集安七
星山96号墓出土铁镞

图6-22 山西大同方山
北魏永固陵出土三棱铁镞

图6-23 山西大同方山
北魏永固陵出土扁平铁镞

图6-24 蜀汉景耀四年铜弩机

纪年铭刻的标本都有出土，例如南京石门坎出土的魏正始二年（241年）铜弩机❶、四川郫县出土的蜀汉景耀四年（261年）铜弩机（图6-24）❷。也有孙吴墓中出土的刻有用器人名的铜弩机，如湖北鄂州出土的扳

---

❶ 尹焕章：《南京石门坎发现魏正始二年的文物》，《文物》1959年第4期，封二。

❷ 沈仲常：《蜀汉铜弩机》，《文物》1976年第4期，第76~77页。

机上刻有"将军孙邻弩一张"的铜弩机❶。从这些三国弩机的材质和结构来看，大致仍沿袭汉代旧制，仍是采用青铜铸件，所以弩机大约是中国古代青铜兵器中消失最晚的一种。从魏、蜀的两件弩机的铭文看，都是两国中央控制的兵器工场制造的产品。曹魏弩机的制造，是由尚方负责的，正始二年弩机的铭文为："正始二年五月十日，左尚方造，监作吏鼍泉，牙匠马□，师陈耳，臂匠江□，师□□。"这和传世的几件正始二年五月十日造弩机的铭文大致相同，可知牙匠名马广，臂匠名江子，可见当时造弩工匠仍和汉代一样有明确分工。蜀汉制造弩机，隶属中作部，铭文中也注明

图6-25　蜀汉景耀
四年弩机铭文拓本

监造官吏和工匠的姓名，并标明弩的强度和弩机的自重："景耀四年二月卅日，中作部左兴业刘纯业，吏陈深，工杨安作。十石机，重三斤十二两。"（图6-25）该机铜郭长85厘米、宽35厘米、厚4厘米，现重1475克（缺悬刀）。此外，在三国时

---

❶ 鄂州博物馆、湖北省文物考古研究所:《湖北鄂州鄂钢饮料厂一号墓发掘报告》,《考古学报》1998 年第 1 期，第 103~131 页。

图6-26　江苏宜兴出土西晋铜弩机

期对增强弩的威力，也有一些改革，例如诸葛亮曾经在前代可一次发射多矢的"连弩"的基础上，进行改革，"又损益连弩，谓之元戎，以铁为矢，矢长八寸，一弩十矢俱发。"❶

此后在两晋时期，弩仍为军中普遍装备的远射兵器。江苏宜兴周氏墓群，出土有铜弩机（图6-26）。南京地区的东晋墓中，常有铜弩机出土，其基本结构，仍遵循汉魏旧制，有的机郭上也饰有漂亮的错金银花纹。在发掘当时著名的王、颜、高等大族的族葬墓地时，不少墓内随葬有铜弩机。其中象山王氏墓的7号墓中出土的铜弩机，牙、牛、悬刀、枢和外郭都保存完好，郭长12.9厘米，可视为这一时期弩机的代表❷。远在广州地区的晋墓里，也常随葬铜弩机，如始兴赤山岭墓36出土的铜弩机，郭长17.1厘米，在高约8.5厘米的望山上有刻度❸。

值得注意的是在西晋时又出现了威力巨大的强弩，称为"神弩"，并列入皇帝的大驾卤簿中，"自豹尾本车后而卤簿尽

---

❶　《三国志·蜀书·诸葛亮传》注引《魏氏春秋》，第928页。

❷　南京市博物馆：《南京象山5号、6号、7号墓清理简报》，《文物》1972年第11期，第23~41页。

❸　同《广东始兴晋——唐墓发掘报告》，第119~120页。

矣。但以神弩二十张夹道，至后部鼓吹，其五张神弩置一将，左右各二将。"❶东晋南朝时期，军队中装备有"神弩""万钧神弩"等名号的强弩，并用于实战。东晋末年，刘裕率军与卢循军相拒，屯兵石头，卢循"遣十余舰来拔石头栅，公（刘裕）命神弩射之，发辄摧陷，循乃止不复攻栅"❷，说明神弩的威力强大。又记当时"军中多万钧神弩，所至莫不摧陷"。❸称为"万钧"，当系夸张之词，但也说明弩力极强。南齐时，鱼复侯萧子响叛乱，"令二千人从灵溪西渡，克明旦与台军对阵南岸。子响自与百余人袍骑，将万钧弩三四张，宿江堤上。明日，凶党与台军战，子响于堤上放弩，亡命王充天等蒙楯陵城，台军大败。"❹也可以看出这种强弩的威力。在南京的秦淮河里，曾经发现过5件南朝时期的铜质弩机，形态和当时通用的弩机一样，具有外郭、悬刀、牛、枢、望山和牙，但是尺寸要大得多，机郭长达39厘米，悬刀全长近20厘米（图6-27）❺。

图6-27 江苏南京出土大型铜弩机

❶《晋书·舆服志》，第760页。
❷《宋书·武帝纪》，第20页。
❸《宋书·武帝纪》，第22页。
❹《南齐书·武十七王传》，第705~706页。
❺ 南京博物院等:《江苏省出土文物选集》，文物出版社，1963年。

如按汉代弩机与弩臂的比例推算，安装这种大型弩机的木弩臂，其长度至少在180~226厘米左右。而所用的弩弓，则应长约430~540厘米。这样巨大的弩，靠一个人的力气是不可能发射的，看来只能安装在床子上，靠用绞车等办法才能张开，称之为"神弩"，看来并不为过。它应是后来唐宋时流行的多弓床弩的前身。

在北方，原以游牧为业的民族，长于骑射，更重弓矢。但北朝时期军中也装备有类似"神弩"的强弩，源贺曾上言孝文帝，建议在漠南筑城置军屯戍守备，"二镇之间筑城，城置万人，给强弩十二床。弩一床，……给牛六头。"❶这种床弩每床配牛6头，可能是以牛力张弦的强弩。万人的军队只配属12床，亦见当时这种床弩是军中稀少的重型装备。

三、防护装具：盾、兜鍪、铠、具装（马铠）

盾：在魏晋南北朝时期，随着重装骑兵——甲骑具装的发展，战士和战马全身都受到铠甲的保护，因此不需再以盾防护，有关的壁画或陶俑所塑绘的甲骑具装，都不使用盾牌。而表现步兵的图像，则常是装备戟和楯，或是刀和楯。楯这种大型盾牌的形貌，一般呈长方形，上缘呈圭首状，居中有一条凸起的中脊纵贯全楯，楯面由中脊向两侧倾斜。一般楯约有半人高，较大的则达人体高2/3左右。从敦煌莫高窟第285窟

---

❶ 《魏书·源贺传》，第922页。

西魏壁画所绘图像，可知除用手执外，还可将楯的里侧安装支架，将它撑在地上，步兵可隐于楯后，双手持兵器作战（图6-28）。从河北磁县东魏、北齐墓出土的按楯俑看，楯脊中央常有凸出楯面的兽面纹饰，常是狮、虎等猛兽形貌，还常涂金施彩，如磁县湾漳大墓按楯俑❶，或即当时流行的"金花狮

图6-28　敦煌莫高窟第285窟五百强盗成佛壁画局部本

---

❶　同《磁县湾漳北朝壁画墓》，彩版6。

图6-29 湾漳大墓出土披明光铠按楯武士俑

子盾"（图6-29）。有的楯面四角还饰有人物或神兽图像，如河北平山北齐崔昂墓按楯俑❶。除了大型的楯外，也有较小便于手执作战的盾，长度不及人体高的1/3，也作长方形，有中脊，上下缘均呈圭形，或饰有花饰，还常将它斜负于背后。从

❶ 河北省博物馆、文物管理处：《河北平山北齐崔昂墓调查报告》，《文物》1973年第11期，第27~38页。

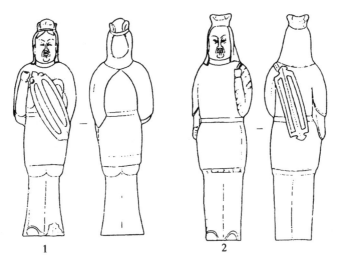

图6-30　北齐狄湛墓出土持盾俑和负盾俑

1.T2000WD3-1　2.T2000WD2-1（约1/4）

太原北齐狄湛墓出土的步卒俑，可以看到将这种小盾斜持于胸前及斜负于背后的不同方式（图6-30）❶。

　　兜鍪：保护战士头部的兜鍪，在魏晋南北朝时期普遍使用。从有关壁画和陶俑塑绘出的图像，可以看出魏晋时的兜鍪，多尖顶，顶心缨饰高耸，前额正中伸下尖叶遮护眉心。甘肃嘉峪关、敦煌魏晋墓壁画及画砖图像，以及河南洛阳、偃师地区西晋墓陶俑所绘塑出的兜鍪都作这种形制。在辽宁出土的十六国时期的铁兜鍪，大致还沿袭着这种形制，都是由宽窄不等的长条形铁甲片纵列横联编缀而成。其中喇嘛洞Ⅰ M17

---

❶　太原市文物考古研究所：《太原北齐狄湛墓》，《文物》2003年第3期，第37~42页。

出土的铁兜鍪以9片较大的甲片纵列横联铆合而成，前额正中形成下伸尖叶，通高19.9厘米、底径23.6厘米。喇嘛洞Ⅰ M5出土的铁兜鍪则以37片长条状甲片纵列横联铆合而成，顶芯为一圆形甲片，在圆甲片的中心竖接插缨的插管，通高23.5厘米、底径23.1~24.6厘米。十二台砖厂88M1出土的铁兜鍪，整体较矮，近覆钵状，由32片上窄下宽的甲片纵列横联铆合而成，顶芯以内外两片圆形甲片扣接铆合，圆甲片中心存有3钉孔，可能原为系缨处，通高17.5厘米、底径24.3厘米（图6–31）❶。

到南北朝时期，兜鍪的样式有些变化，多在脑后垂缀顿项，联结左右两侧联缀的耳护，有的耳护还有上下数重，还有的前额伸出向前的冲角，以河北磁县地区东魏、北齐墓出土的按楯甲胄武士俑所戴兜鍪，结构最为完备，显示出更加完善的防护功效（图6–32）❷。同时，在发掘东魏—北齐时的都城邺（习称邺南城）的朱明门时❸，在外城壕中发现有当时遗留的铁铠甲❹，内有12件铁兜鍪的标本，其中11件形制相同。兜鍪纵分为5瓣，然后铆合成整体，顶芯为边沿制成花瓣状的覆钵形，中心上竖插缨的圆管。在脑后联缀由小甲片编缀的护颈的顿项，保存较完整的有上下5列、下列压上列以活动

---

❶ 《三燕文物精粹》，图版110~112。

❷ 《磁县湾漳北朝壁画墓》。

❸ 中国社会科学院考古研究所、河北省文物研究所邺城考古工作队：《河北临漳县邺南城朱明门遗址的发掘》，《考古》1996年第1期，第1~9页。

❹ 中国社会科学院考古研究所考古科技实验研究中心：《邺南城出土的北朝铁甲胄》，《考古》1996年第1期，第22~35页。

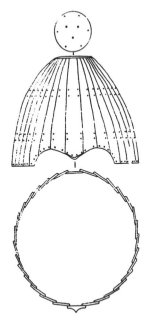

图6-31 辽宁朝阳十二
台乡M1出土铁兜鍪
（88M1：54）（1/5）

图6-32 河北磁县东魏武定元年墓
出土披铠按楯武士俑

编缀编成。在左右两侧垂缀耳护，保存较完整的是上下3列共7片甲片以固定编缀编成。据保存较好的标本86JYT154⑥：7A测量，兜鍪体高约21厘米，下口椭圆形，周长约70厘米，上竖缨管高约3.3厘米（图6-33）。由于这种形制的兜鍪占出土标本的绝大多数，大约是当时东魏、北齐军中普遍装备的兜鍪品种。另一件兜鍪（86JYT154⑥：15）形制较特殊，兜鍪体由21件长条甲片纵置横联编缀而成，顶芯透空，脑后垂编的顿项由4列小甲片以活动编缀编成，向前直伸延到两侧，也就是顿项与左、右耳护联成一整体（图6-34）。

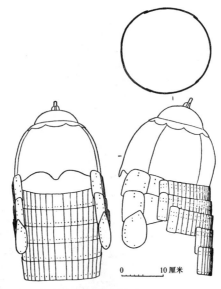

图6-33　邺南城朱明门外城壕出土铁兜鍪复原示意图

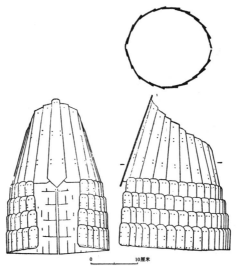

图6-34　邺南城朱明门外城壕出土铁兜鍪之二复原示意图

除兜鍪外，这一时期有的将领还在兜鍪前脸加附铁面或面具，以增强防护或威吓敌人。如晋明威将军朱伺在夏口之战时，就用铁面自卫❶。而北齐兰陵王因面目娇好，故临战戴面具，以示威猛吓人❷。

铠：三国两晋南北朝时期的铠甲，在甲片的制作和铠甲的编缀等方面，基本上沿袭两汉传统，从在北燕冯素弗墓出土的铠甲片，以及东魏、北齐都城邺南城朱明门城壕出土的铁甲片，可以看出甲片仍是以长方形或长条形为主，上缘两角圆弧，下缘平直，只是视在编缀铠甲时的具体部位，所用甲片的尺寸和穿孔数量有所变化。以邺南城城壕出土的残铠甲为例，至少使用了18种大小不同的甲片，较小的长5.1厘米、宽1.4~1.8厘米，一般的长7~8厘米、宽2~2.5厘米，最长的超过12厘米。

在三国时期，开始出现一些新的铠甲类型，在曹植《先帝赐臣铠表》中，列出了当时较名贵的铠甲，有黑光铠、明光铠、两当铠和环锁铠❸。还有一种三国时开始流行的铠甲，

---

❶ 《晋书·朱伺传》，第2120页。

❷ 《旧唐书·音乐志》："《大面》出于北齐。北齐兰陵王长恭，才武而面美，常著假面以对敌。尝击周师金墉城下，勇冠三军，齐人壮之，为此舞以效其指麾击刺之容，谓之《兰陵王入阵曲》。"第1074页。金墉城下之战，见《北齐书·文襄六王传》："芒山之败，长恭为中军，率五百骑再入周军，遂至金墉之下，被围甚急，城上人弗识，长恭免胄示之面，乃下弩手救之，于是大捷。武士共歌谣之，为《兰陵王入阵曲》是也。"第147页。

❸ 同曹植《先帝赐臣铠表》。

就是筒袖铠，后来人们也称其为"诸葛亮筒袖铠"❶。从洛阳等地出土的西晋陶俑❷，可以看出筒袖铠是当时军中装备的铠甲的主要形制，甲身多为用甲片编缀的鱼鳞甲（图6-35）。这种类型的铠甲，到东晋十六国时期也还继续使用，云南昭通后海子东晋太元年间（376—396年）霍承嗣墓壁画，仍绘有披筒袖铠的武士图像（图6-36）❶。

到南北朝时期，由于重装骑兵发展的需要，曹植铠表中提到的两当铠，逐渐成为北朝早期铠甲的主要类型。这种类

图6-35　洛阳西晋墓出土　　　　图6-36　东晋霍承嗣墓
　　披筒袖铠陶俑　　　　　　　　壁画披铠武士

❶　《南史·殷孝祖传》："御仗先有诸葛亮筒袖铠、铁帽，二十五石弩射之不能入，上（宋武帝）悉以赐孝祖。"第1000页。《宋书》本传所记略同。又《宋书·王玄谟传》："除大将军、江州刺史、副司徒、建安王于赭圻，赐以诸葛亮筒袖铠。"第1976页。

❷　同《洛阳晋墓的发掘》。

❶　同《云南昭通后海子东晋壁画墓清理简报》。

型的铠甲的特点是前有胸甲，后有背甲，在两肩用革带扣联在一起，甲长仅及腰部，适于骑马作战，因其形貌与汉代以来衣服中的"裲裆"（两当）❶相同，因而得名。为了加强对肩臂的防护，后来在双肩加缀"披膊"。目前虽然还没发现过两当铠实物标本，但是已经获得了较多的图像资料，可以较清晰地了解南北朝时期两当铠的形貌。钢铁制作的两当铠的甲身，有的是用圆角甲片编缀的鱼鳞甲；也有的是用长条形甲片编缀的札甲，又被称为"牌子铁裲裆"，如《企喻歌辞》所咏："放马大泽中，草好马著臕。牌子铁裲裆，钜䥱鸊鹈条。"❷除铁铠外，也有以皮革制作的两当铠，晋庾翼与慕容皝书中有"邓百山昔送此犀皮两当铠一领，虽不能精好，复是异物，故复致之"❸可以为证。在出土的北朝陶俑中，洛阳孟津北陈村普泰二年（532年）王温墓出土披铠武士俑，所披铠甲即带有披膊的两当铠，甲身为鱼鳞甲❹。邓县南朝彩色画像砖的骑马披铠武士图像，身着袴褶，外罩两当铠，甲身整片，未绘甲片，应为犀皮类材料所制作。

两当铠流行以后，在北魏晚期，又出现了防护性能更强

❶ 《释名》："裲裆，其一当胸，其一当背也。"裲裆亦作两当。
❷ 郭茂倩：《乐府诗集》卷二五《横吹曲辞·梁鼓角横吹曲·企喻歌辞四曲》，第363页，中华书局，1979年。
❸ 《太平御览》卷三五六引，第1638页。
❹ 洛阳市文物工作队：《洛阳孟津北陈村北魏壁画墓》，《文物》1995年第8期，第26~35页。

的铁铠新类型——明光铠。这种铠甲胸前左、右各有大型金属圆护，背后亦如是，这些圆护很像镜子，在战场上，圆护反照太阳光即发"明光"，正如汉代镜铭中的"见日之光，天下大明"一样，所以它应该就是当时所称的"明光铠"❶。前引曹植铠表所记的几种名贵铠甲中，已有一领"明光"铠。到北魏晚期，明光铠的使用虽然已较普遍，但还是较珍贵的质量较高的铠甲。当北齐与北周的邙山之战时，北周将领蔡祐曾披着这种防护能力较强的铠甲参加战斗。《周书·蔡祐传》："祐时著明光铁铠，所向无前。敌人咸曰：'此是铁猛兽也。'皆遽避之。"❷以后，直到《大唐六典》中，还在甲制里把明光铠列为第一种。在北朝墓内随葬的陶俑群中，自北魏晚期开始，都将其中体态最高大的甲胄武士装镇墓俑所著铠甲，塑成明光铠。洛阳建义元年（528年）元邵墓出土镇墓俑，所披的明光铠由左右两片近椭圆形的护组成，腰间束带，但双肩未缀披膊（图6-37）❸。普泰二年（532年）王温墓镇墓俑，明光铠形制与元邵墓镇墓俑相同，亦无披膊❹。而永安二年（529年）宁懋石室门扉线雕武士，所披明光铠则缀有用甲片编缀的披膊，且在大腿部位系有甲片编缀的"腿裙"❺。

---

❶ 关于"明光铠"的定名，系遵照1975年夏作铭先生审阅《中国古代的甲胄》初稿时所作批注。

❷ 《周书·蔡祐传》，第444页。

❸ 洛阳博物馆：《北魏元邵墓》，《考古》1973年第4期，第218~224页。

❹ 同《洛阳孟津北陈村北魏壁画墓》。

❺ 参看《考古》1960年第4期，第3页图一。

到东魏—北齐和西魏—北周时期，明光铠则均缀披膊，而且披膊有时增至2~3重。典型标本有东魏武定二年（544年）李希宗墓❶、北齐武平六年（575年）范粹墓❷和西魏大统十年（544年）侯义墓❸、北周天和四年（569年）李贤墓❹出土的甲胄武士装镇墓俑，所披铠甲均为缀有披膊的明光铠。湾漳北朝大墓出土的甲胄武士装镇墓俑塑造得更为精致，还涂敷红彩，双肩披膊更多达4重❺。此外，山东临朐北齐天保二年（551年）

图6-37　洛阳北魏元邵墓披铠按楯陶俑

❶　石家庄地区革委会文化局文物发掘组：《河北赞皇东魏李希宗墓》，《考古》1977年第6期，第382~390页。

❷　河南省博物馆：《河南安阳北齐范粹墓发掘简报》，《文物》1972年第1期，第47~57页。

❸　咸阳市文管会、咸阳博物馆：《咸阳市胡家沟西魏侯义墓清理简报》，《文物》1987年第12期，第57~68页。

❹　同《宁夏固原北周李贤夫妇墓发掘简报》。

❺　同《磁县湾漳北朝壁画墓》，彩版6、第35页图15、第36页图16。

崔芬墓石门上彩绘的甲胄武士壁画，所披明光铠绘制得较精细（图6-38），且色彩鲜艳，从而可以窥知当时明光铠原饰的色彩❶。

具装（马铠）：有关具装铠的画像，纪年较早的是东晋太元十□年（十一至十九年，386—394年）霍承嗣墓❷和永和十三年（即升平元年，357年）原前燕司马冬寿墓❸的壁画。霍承嗣墓壁画绘制颇粗略，具装铠仅具轮廓。冬寿墓壁画绘制较精细，可以看清具装铠的形貌，保护马头部的"面帘"额头作三瓣花饰，"鸡颈"和"马身甲"也均清楚绘出（图6-39）。同时，在陕西地区的十六国时期墓葬中，随葬俑群内出现有甲骑具装俑，以及披着具装铠的陶马。最早发现的标本出土于西安草厂坡1号墓，马面帘额头也作三瓣花饰（图6-40）❹。十六国时期的铁具装实物标本，也在辽宁的朝阳、北票等地"三燕"时期的墓中相继出土。最早的发现是1965年北票西官营子北燕冯素弗墓中的铁具装铠，可惜已散乱，只能从甲片的形制辨认出原有马具装随葬❺。到20世纪80—90年代，先是在朝阳十二台乡的88M1中，出土有铁马具装，其中

❶ 山东省文物考古研究所、临朐县博物馆：《山东临朐北齐崔芬壁画墓》，《文物》2002年第4期，第4~26页。
❷ 同《云南昭通后海子东晋壁画墓清理简报》。
❸ 同《关于冬寿墓的发现和研究》。
❹ 陕西省文物管理委员会：《西安南郊草厂坡北朝墓的发掘》，《考古》1959年第6期，第285~287页。
❺ 同《辽宁北票西官营子北燕冯素弗墓》。

图6-38　北齐崔芬墓甬道壁画甲胄武士线摹图

图6-39　东晋永和十三年
冬寿墓壁画甲骑具装

图6-40　西安草厂坡十六
国墓出土甲骑具装俑

面帘保存颇完好。后来又在北票南八家乡喇嘛洞墓地的发掘中，至少在两座墓中获得随葬的整套铁制马具装铠❶，面帘保存较完整，其余部分现已经整理复原。上面列举的各项考古发现，使我们能较清楚地了解东晋十六国时期马具装铠的材质、结构和形貌。

东晋十六国时期的铁质具装铠，结构完备，主要由6部分组成，一是"面帘"，用以保护战马头部；二是"鸡颈"，用以围护战马脖颈；三是"当胸"（荡胸），用以保护战马前胸；四是"马身甲"，用以保护战马躯干；五是"搭后"，用以保护战马后臀；六是"寄生"，树立在马尻部，用以保护马上战士后背，并起装饰作用（图6-41）。其中面帘由大型的特殊甲板，铆接成型。鸡颈、当胸、马身甲和搭后等部分，则均由大小不等的甲片编缀而成，所用甲片一般比人铠为大，编缀方法基本相同，外缘以各种织物包边。为了使铁甲不致磨伤战马肌肤，甲片下要有较厚的衬垫。寄生也用金属制作，最早呈竹枝状❷，后来呈扇形。

由于战马披上厚重的护甲，战士为了控御马匹和列阵、冲锋，以及做各种战术动作，就需要有完备的马具。所以乘骑用的成套马具的完备，也正是在这一时期出现。除了前后

---

❶ 同《1998中国重要考古发现》。

❷ 《南齐书·高帝纪》："……军容褰阙，乃编稷皮为马具装，析竹为寄生，夜举火进军，贼望见恐惧，未战而走。"第5~6页，可见当时寄生作竹枝状。

图6-41　十六国南北朝马具装结构示意图
1.面帘　2.鸡颈　3.当胸　4.马身甲　5.搭后　6.寄生

带高鞍桥的马鞍的普遍使用以外，重要的起决定性作用的是马镫的发明。马镫的发明，是中国古代文明对世界文明的一项重要贡献。最早的马镫的雏形，是1958年湖南长沙南郊金盆岭西晋永宁二年（302年）墓发掘中获得的。该墓出土一组青釉俑，其中骑俑所跨马的前鞍桥左侧下垂一个三角形的镫，右侧则没有，镫革颇短，骑士的脚垂在镫以下，看来那是为了使骑士迅速上马时蹬踏的，骑上以后就不再用了（图

6-42）**❶**。晋俑陶马塑出的单镫虽外貌简陋，但其意义颇为深远，预示着骑马术将产生巨大变革，所以资料发表以后，立即受到中外学者的注意**❷**。此后马镫不断改进，到东晋时配备着双镫的高鞍桥马鞍已被普遍应用。东晋十六国时期的马镫实物也不断被发掘出土，河南安阳孝民屯154号墓出土了包镶鎏金铜片

图6-42　长沙西晋永宁
二年墓出土骑俑乘马

---

❶ 同《长沙两晋南朝隋墓发掘报告》，图版拾壹：1. 拾贰：3。

❷ 1961年我曾在夏作铭先生指导下与武伯纶先生讨论马镫在中国出现的时间问题，指出长沙西晋永宁二年（302年）墓陶骑俑乘马塑出的马镫是最早的实例，见《关于铁甲、马铠和马镫问题》，第655页，《考古》1961年第12期。日本学者樋口隆康1971年对长沙骑俑马镫进行研究，写出《镫の发生》，载《青陵》第19号。英国学者李约瑟也很重视长沙西晋骑俑马镫，充分评价其对世界文化史的贡献，指出人类骑马史的大多数时间里，双脚都无所寄托，只是到了大约公元3世纪，中国人才改变了这种局面，长沙西晋骑俑马镫是最早的对镫的描绘。后来美国罗伯特·K·G·坦普尔将李约瑟的《中国科学技术史》简化而向大众介绍，写成《中国：发明与发现的国度——中国科学技术史精华》，21世纪出版社已有中译本于1995年出版，书中形象地描述说："如果没有从中国引进马镫，使骑手能安然地坐在马上，中世纪的骑士就不可能身披闪闪盔甲，救出那些处于绝境中的少女，欧洲就不会有骑士时代。"（第12页）又说："只要我们想一想中世纪欧洲，我们眼前便出现身穿盔甲，手持沉重长矛和骑在马背上的骑士。然而，如果没有马镫，他们是不会那么神气的。因为没有马镫，负担如此沉重的骑手势必很容易跌下马来。中国人发明了马镫，使西方有可能出现中世纪的骑士，并赐予我们一个骑士制度的时代。"（第178页）

的高鞍桥马鞍、单马镫和全套马具❶，辽宁朝阳袁台子壁画墓出土了木芯包皮革髹漆高鞍桥马鞍和一双木芯包皮革髹漆马镫❷，辽宁北票西官营子北燕冯素弗墓出土了一双木芯包镶鎏金铜片马镫❸，等等。依据上述考古发现，已可初步推知东晋十六国时中国古代马具发展的序列。只有装备了改进的高鞍桥马鞍和马镫，才有可能使身披重铠的骑兵能够控御体披重铠的战马，才有可能组建以甲骑具装为主力的军队。

到南北朝时期，具装铠的使用更加普遍，不论是北方还是江南的墓葬中，在出土的俑群和砖画、画像砖中都可以看到有关马具装的图像。遗憾的是随着埋葬习俗的变迁，已不再用具装铠随葬，因此目前尚缺乏这一时期的具装铠实物。从有关图像观察，南北朝时期的具装铠，基本结构与十六国时期相同，只是细部有些改进，主要是面帘部分（图6-43），由原来的半面帘改为将马头全部套护的全面帘（图6-44、图6-45），从敦煌莫高窟第285窟西魏壁画看，也有用小甲片编缀而成的面帘。同时寄生的形貌均呈扇状，装饰更显华美。北周武帝宇文邕孝陵出土的甲骑具装陶俑❹，马具装铠的彩绘明显分为两

---

❶ 中国社会科学院考古研究所安阳工作队：《安阳孝民屯晋墓发掘报告》，《考古》1983 年第 6 期，第 501~511 页；中国社会科学院考古研究所技术室：《安阳晋墓马具复原》，《考古》1983 年第 6 期，第 554~559 页。

❷ 辽宁省博物馆文物队、朝阳地区博物馆文物队、朝阳县文化馆：《朝阳袁台子东晋墓》，《文物》1984 年第 6 期，第 29~45 页。

❸ 同《辽宁北票西官营子北燕冯素弗墓》。

❹ 陕西省考古研究所、咸阳市考古研究所：《北周武帝孝陵发掘简报》，《考古与文物》1997 年第 2 期，第 8~28 页。

类，一类绘出成排的甲片，应是模拟钢铁制作的、以甲片编缀的具装铠；另一类绘出类似虎斑的纹饰，应是模拟皮革制作的

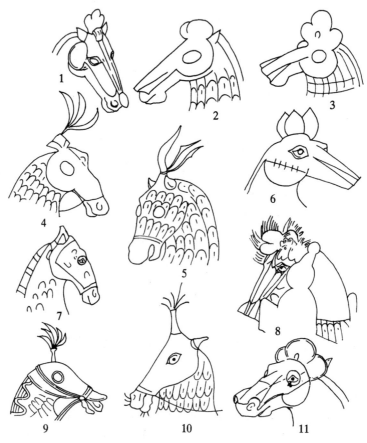

图6-43　十六国南北朝马面帘示意图
1.西安草厂坡1号墓陶俑　2.冬寿墓壁画　3.吉林集安三室墓壁画
4.朝鲜德兴里墓壁画　5.敦煌莫高窟285窟壁画　6.吉林集安洞沟12号墓壁画
7.磁县赵胡仁墓陶俑　8.朝鲜铠马塚壁画　9.邓县画像砖墓画像砖
10.丹阳南朝墓桥铠砖画　11.日本大谷古坟铁面帘

图6-44　河北磁县北齐武平七年墓出土甲骑具装俑

图6-45　湾漳大墓出土甲骑具装俑

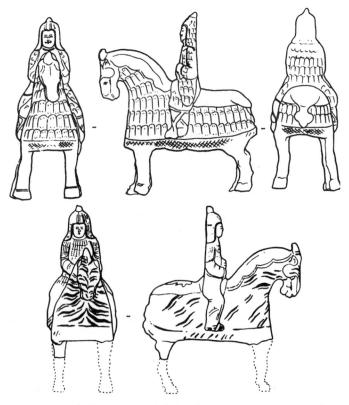

图6-46　北周武帝孝陵出土甲骑具装俑

具装铠，正如文献所记"具装虎斑突骑"（图6-46）。反映了当时军中实战装备的具装铠，所用材质系有钢铁和皮革两类。至于帝王等高层人物用的豪华具装铠，或选用贵金属制作，如南齐东昏侯萧宝卷，"马被银莲叶具装铠，杂羽孔翠寄生"❶，形貌华美异常，但仅为炫耀身份地位的象征物，并无实战意义。

---

❶ 《南齐书·东昏侯纪》，第106页。

第七章　隋唐兵器

第一节　隋唐兵器的时代特征

隋文帝开皇八年（588年），晋王杨广节度隋朝50万大军渡江南下，次年（589年）灭陈，统一全国，结束了南北长期对峙的局面。但是隋王朝的统治极为短暂，不过三十几年就在农民大起义的烈焰中覆亡了。继之而起的是由李渊、李世民父子创建的唐王朝。在唐太宗李世民统治下，国势日渐强盛，社会经济发展，奠定了唐王朝兴盛的基础。此后唐代的政治、经济不断发展，文学艺术领域也日趋繁荣，达到了中国古代文化史上又一次高峰，唐朝也成为当时影响世界文明发展的一个中心。由于有着繁荣的社会经济，又需要大量的军事装备去供应唐王朝庞大的军队，所以这一时期的兵器制造业也有进一步的发展。

隋唐时期，军队的组建训练，以及各兵种的构成，都在承继前代基础上有着新的变化。隋朝的军制，是沿袭北周军制而建立的府兵制，唐朝建立以后也采用府兵制，在全国设有600个以上的折冲府，按领兵人数又分三等。兵员满1200人为上府、1000人为中府、800人为下府。府兵的最基层单位为"火"，每火10人，有火长；5火为"队"，每队50人，设队正；6队为"团"，300人，设校尉。全国可征调的兵员总数能达到60万以上。府兵的任务是宿卫京师、戍守边疆以及远征域外作战。府兵所配备的各种装备，据《新唐书·兵志》记载，每火备6驮马，"凡火具乌布幕、铁马盂、布槽、锸、镢、凿、碓、筐、斧、钳、锯皆一，甲床二，镰二。队具火鑽一，胸马绳一，首羁、足绊皆三。人具弓一，矢三十，胡禄、横刀、砺石、大觿、毡帽、毡装、行縢皆一，麦饭九斗，米二斗，皆自备，并其介冑、戎具藏于库，有所征行，则视其入而出给之。其番上宿卫者，惟给弓矢、横刀而已。"❶可见唐代士兵每人必备的远射兵器是弓矢，配备有装箭矢的胡禄（箭箙），每个胡禄中装30支箭；近战格斗的兵器是横刀，即佩刀，这也就是士兵的标准装备。依照唐律，弓、矢和刀私家可以持有，此外还有楯和短矛，以上五事私家听有。而除此以外较重的装备，包括甲、弩、矛、稍、具装等，都属禁兵器，禁止私家持有，更禁私造，刑罚颇严❷。这也是接受隋末农民大起义的教训，借以保持军队的战斗力和威慑力，预防民间造反的措施。

影响隋唐兵器和防护装备发展演变的重要因素，还有当时军队主力兵种和战术的变化，特别是军中主力兵种骑兵的变化。隋朝军队沿袭着北周的传统，特别重视重装骑兵——

---

❶《新唐书·兵志》，第1325页。

❷《唐律疏议》卷一六《擅兴》："诸私有禁兵器者，徒一年半；谓非弓、箭、刀、楯、短矛者。"疏：议曰："私有禁兵器"，谓甲、弩、矛、稍、具装等，依令私家不合有。若有矛、稍者，各徒一年半。又："弩一张，加二等；甲一领及弩三张，流二千里；甲三领及弩五张，绞。私造者，各加一等；甲，谓皮、铁等。具装与甲同。即得阑遗，过三十日不送官者，同私有法。"第314~315页，中华书局，1983年。

图7-1　安徽六安东三十铺出土隋画像砖战斗图像

甲骑具装（图7-1），这由隋炀帝举倾国军力征伐高丽时骑兵
的建制和装备可见一斑。大业七年（611年）炀帝由蓟城发
兵，"每军，大将、亚将各一人。骑兵四十队。队百人置一纛。
十队为团，团有偏将一人。第一团，皆青丝连明光甲、铁具
装、青缨拂，建狡猊旗。第二团，绛丝连朱犀甲、兽文具装、
赤缨拂，建貔豽旗。第三团，白丝连明光甲、铁具装、素缨
拂，建辟邪旗。第四团，乌丝连玄犀甲、兽文具装、建（应作
'缁'）缨拂，建六驳旗。"❶其中"兽文具装"，实应为"虎文
具装"，即同于南北朝时的"具装虎斑突骑"，只因唐朝时避
"虎"讳，故《隋书》中改"虎"为"兽"。《隋书》中这段记
载，生动地描绘出隋军中重装骑兵——甲骑具装的真实面貌，
并表明重装骑兵中所装备的钢铁质料和皮革质料的铠甲、具

---

❶　《隋书·礼仪志》，第160页。文中"建缨拂"，据第171页校勘记："对
　　照其他各团所用器物的颜色，第四团用乌丝连玄犀甲，疑此处'建缨
　　拂'当作'缁缨拂'。"

装铠比例相当，各占1/2。每一单独建制的团队，骑兵所披的铠甲、战马装备的具装铠的质料相同，而且色彩统一，华美规整。这大约是中国历史上以重装骑兵——甲骑具装为军队的核心力量时，骑兵军容最光辉的写照。炀帝本意想这支军队将横行无敌，为个人建功，他还曾写诗吟咏："白马金具装，横行辽水傍。"以期"曾令千载后，流誉满旂常"❶。但结果却与他的期望相反，军败名裂，而重装骑兵——甲骑具装在中国古代军事史上的黄金时代也随之逝去。

就在炀帝倾全国精兵远征高丽时，山东邹平人王薄聚众于长白山（今山东章丘东北），揭开了反隋大起义的序幕。正如歌谣所说："长白山前知世郎，纯著红罗锦背裆。长稍侵天半，轮刀耀日光，……忽闻官军至，提刀向前荡。譬如辽东死，斩头何所伤！"缺乏铠甲、兵器装备简陋的起义军，视死如归，把那些铠甲精良的隋王朝军队，打得落花流水，敲响了隋王朝的丧钟。民众的大起义摧垮了隋王朝的武装力量，也扫荡了南北朝以来世族门阀和与之关联的部曲私兵制，改变了军队的成分和军队的组成，促进了战术的发展。

隋王朝覆亡后，又形成群雄并起的分裂态势，李渊、李世民父子起兵晋阳，终于荡平群雄，建立统一的新王朝——唐。在荡平群雄的战争中，李唐军队的主力兵种虽仍是骑兵，

---

❶ 隋炀帝：《白马篇》，可参看逯钦立辑校《先秦汉魏晋南北朝诗》，第2662页，中华书局，1983年。该诗《文苑英华》引作炀帝。《诗纪》云：《文苑英华》作炀帝，乐府作孔稚圭。按诗中多叙征辽之事，当以英华为正。"金具装"，《文苑英华》、《乐府诗集》均作"具装"，但逯书作"贝装"，误。

但其面貌却与承袭北朝传统的隋朝骑兵不同，这正与李渊、李世民父子组建骑兵时效法突厥骑兵有关❶。当李渊初在马邑备边防突厥时，认识到"突厥所长，惟恃骑射，见利即前，知难便走，风驰电卷，不恒其陈"，可见是善战的轻装骑兵。为了对抗突厥骑兵，他采取"同其所为，习其所好"的办法，简使能骑射者，让这些士兵"饮食居止，一同突厥，随逐水草，远置斥堠"。经过这样严格训练，组建了可与突厥骑兵媲美的精锐的轻装骑兵部队。为了提高骑兵的战斗力，还从突厥引进购买良马。从唐太宗李世民昭陵前的"昭陵六骏"，可以观察到突厥马和突厥马具在唐初的深远影响。"昭陵六骏"这组巨大的石浮雕像，在6块巨大的矩形画面上各浮雕出一匹战马，是唐太宗李世民生前骑乘破敌的6匹战马的图像，它们的名字分别是飒露紫、拳毛䯄、白蹄乌、特勒（勤）骠、青骓和什伐赤，为贞观年间雕刻的作品❷。从马名来看，特勒骠应为特勤骠，确系突厥马，应为突厥某位特勤（特勤，为突厥语"可汗的子弟"的译音）赠品，其余诸马的体态特征和马具、马饰，都雕刻得与特勤骠一样，也应都为突厥骏马。这些战马都是侧面像，姿态各不相同，或行走，或奔驰，只有飒露紫一匹是伫立姿态，静待面前的将军丘行恭为它拔箭（图7-2）。6匹骏马形貌写实，连马的装饰和马具也刻画得细致准确，有

---

❶ 汪籛：《唐初之骑兵——唐室之扫荡北方群雄与精骑之运用》，《汪籛隋唐史论稿》，第226~260页，中国社会科学出版社，1981年。

❷ 《旧唐书·丘行恭传》："贞观中，有诏刻石为人马，以像行恭拔箭之状，立于昭陵阙前。"第2327页。

图7-2 "昭陵六骏"中"飒露紫"石刻

的战马身上还带着箭伤，以拳毛䯄中箭较多，全身被射中九箭之多。军中主帅指挥多次战役时所乘骑的战马，都毫无例外地没有披保护战马的具装铠，但为飒露紫拔箭的丘行恭，则身擐铠甲外披战袍，雄辩地表明马不披铠仅人披铠甲的轻装骑兵，这时已在军中占有重要位置。从昭陵六骏雕像，还可看到唐初的马具也受到突厥影响有很大改进。突出的一点是抛弃了北朝时的前后双高鞍桥的旧式马鞍，改用新型的后鞍桥倾斜式样的新型马鞍，在鞍的后侧还垂饰有鞢躞带。马鬃又剪成"三花"装饰，这原是流行于古突厥族的饰马方法。这些都表明当时马具和马饰受西方影响强烈，主要是突厥的影响。同时，唐军不仅效法突厥组训骑兵和引进突厥骏马及马具、马饰，而且还有突厥骑兵参加到唐军中来，如名将史大奈，就是西突厥特勤❶，他率领的突厥骑兵屡建战功。总之，突厥马在唐代马种改良方面起很大作用，而突厥骑兵的装备及战术，对唐初骑兵的组建和训练的影响，则更加深远，导致在荡平群雄的历次战斗中，李唐军队中的精锐轻骑屡建功勋。

战马卸去沉重的具装铠，使骑兵部队更灵活机动，形成多变的战术，唐太宗李世民正是极善于运用骑兵的统帅。他在战前注意用精骑深入侦察敌人阵地，以寻找敌方弱点，捕捉战机。在战事相持阶段，运用精锐骑兵切断敌人粮道。主力决战时刻，他又能果断运用骑兵突入敌阵或迂回敌后的战术，给敌人以致命的打击。当敌人溃退时，他还善于乘胜追击，用轻装骑兵的高速度穷追猛打，不给失败之敌以喘息的机会，力求全歼。当轻装骑兵排除了北朝时期重装骑兵的垄断地位后，重装骑兵——甲骑具装也还作为骑兵的组成部分，保留在军队建制中，所以具装铠在唐律中也还被列为禁兵器。特别是在皇室贵族的仪卫卤簿的行列里，更是少不了金甲的甲骑具装的身影，模拟其形貌的贴金面帘的绘彩甲骑具装陶俑，在贞观五年（631年）淮安王李寿（神通）墓❷和神龙二年（706年）懿德太子李重润墓❸中都被发现过（图7-3、图7-4）。

---

❶ 《新唐书·诸夷蕃将·史大奈传》，第 4111 页。
❷ 陕西省博物馆、文管会：《唐李寿墓发掘简报》，《文物》1974 年第 9 期，第 71~88 页。
❸ 陕西省博物馆、乾县文教局唐墓发掘组：《唐懿德太子墓发掘简报》，《文物》1972 年第 7 期，第 26~32 页。

图7-3 唐懿德太子墓出土甲骑具装俑群

图7-4 唐懿德太子墓甲骑
具装俑

由于隋唐时期的埋葬习俗，墓内不再随葬大量实战兵器，遗址中遗留的兵器又极少，所以很难从考古发掘中获得隋唐时期的兵器实物标本，因此只能根据有关文献的记录，以及考古发掘中获得的模拟实物的模型和图像，极为简略地叙述这一时期兵器的概况。

第二节 《唐六典》所记唐代兵器

在《唐六典》中，分别记录了格斗兵器的枪、刀；远射兵器的弓、弩；防护装具的铠甲、盾牌。

矛：即枪，是唐代军中最常备的长柄格斗兵器。《唐六典》所记枪制有4种，即漆枪、木枪、白干枪和樸头枪。其中白干枪和樸头枪分别是羽林和金吾所使用的。木枪是步兵用枪，不仅是长柄的格斗兵器，而且遇到河溪时还用以扎缚木筏等渡河工具，宿营时用来支撑营帐，用途很广，所以每个战士都要装备一支枪。漆枪是骑兵用枪，也就是马槊（即矟），为唐代骑兵的主要格斗兵器，唐初名将程知节和尉迟敬德等都善于使矟战斗。由于马矟是装备骑兵的重要兵器（图7-6），所以在唐律中被列入禁止私人持有的禁兵器。至于魏晋时军中普遍使用的戟，自从在北朝时衰落以后，隋和唐初还可见到武士持戟守卫门户的画像，如开皇二年（582年）李和墓石棺 ❶

---

❶ 陕西省文物管理委员会：《陕西省三原县双盛村隋李和墓清理简报》，《文物》1966年第1期，第27~42页。

图7-6　敦煌莫高窟第156窟壁画张议潮出行图中披铠持矟骑兵

和贞观五年（631年）李寿墓石椁❶。但军中已不再以其为主要
格斗兵器，以后就仅仅作为仪仗而陈设在皇宫和王公勋贵的
门前，谓之"列戟"，按身份不同而数量差减。例如懿德太子
墓"号墓为陵"，在两个过洞都绘有戟架，左右各一架共24戟
为1组，戟上饰挂着兽面纹彩幡。

　　刀：也是唐代军中常备的格斗兵器，以手握短柄刀为主。
《唐六典》所记刀制有4种："一曰仪刀，二曰鄣刀，三曰横

---

❶ 《唐李寿墓发掘简报》。

刀，四曰陌刀。"其中的仪刀和鄣刀，是用作仪仗和障身用，不是装备军队用于实战的兵器。隋代仪刀的形貌，可以参看李和墓石棺两侧壁侍立的8个侍臣双手拱握的仪刀，柄端有扁圆的大环，鞘上有竹节状饰纹。安阳发掘的开皇十四年（594年）张盛墓出土白瓷文吏俑，手按的仪刀塑得很写实，刀环按握于双手之下，刀鞘作节纹，并在鞘侧附有供悬佩的刀耳（图7-7）❶。仪刀的刀环，有的制作十分华美，唐长安城大明宫三清殿遗址就出土有鎏金的双龙顶珠刀环❷。横刀，正如《新唐书·兵志》所记，是每个士兵必备的格斗兵器。横刀还是沿袭汉魏以来环首刀的传统，直刀身，只是佩悬的方法改为如北周李贤墓银装刀在鞘侧用附耳的佩悬方式，在唐墓壁画中常可看到在武士腰带上佩悬横刀的图像，在贞观十七年（643年）长乐公主墓的墓道壁画中，绘有全装甲胄并持有兵器的武士行列，为首的武士腰悬横刀，直刀身，刀柄端有扁圆环，环上垂系有绦带。不着甲胄只穿战袍的武士，也佩悬横刀❸。又如懿德太子墓墓道两侧壁画的大量仪卫武士❹，多佩横刀。唐代官员墓中仪卫，亦多佩横刀，如苏思勖（苏君）墓室壁画，均可以为例（图7-8）。陌刀是一种长柄刀，也是步兵用的兵器，大约在天宝以后才在军中大量使用，善于使用陌刀的将领是李嗣业❺。

---

❶ 考古研究所安阳发掘队：《安阳隋张盛墓发掘记》，《考古》1959年第10期，第541~545页。

❷ 马得志：《唐长安城发掘新收获》，《考古》1987年第4期，第329~336页。

❸ 昭陵博物馆：《唐昭陵长乐公主墓》，《文博》1988年第3期，第10~30页。

❹ 《唐懿德太子墓发掘简报》。

❺ 《旧唐书·李嗣业传》，第3297页。

图7-7　安阳隋开皇十四年张盛墓出土持刀瓷俑

图7-8 陕西咸阳苏君墓壁画
佩横刀仪卫线摹图

图7-9 敦煌莫高窟第156
窟前室壁画持弓披铠步兵

陌刀较一般刀为重，一些勇将使用的就更重些，据记载张兴使的陌刀重达7.5千克❶。

弓：《唐六典》记弓制有4种，即长弓、角弓、稍弓和格弓，其中稍弓是一种近射的短弓，格弓是羽仪用的施有彩饰的弓，都不是军中的主要装备。长弓和角弓则是军中的主要装备。长弓以桑柘等为原料制成，供步兵使用（图7-9）。角弓以筋角等为原料制成，供骑兵使用。

弩：《唐六典》记弩制有7种，即擘张弩、角弓弩、木单弩、大木单弩、竹竿弩、大竹竿弩和伏远弩。擘张弩是步兵用弩，射程为230步。角弓弩供骑兵使用，射程200步。其余5种弩力较强，以伏远弩最强，射程300步。

---

❶ 《新唐书·张兴传》，第5548页。

箭：弓弩使用的箭，也分4种，即竹箭、木箭、兵箭和弩箭。前3种是弓射用箭，竹箭和木箭因箭杆材质而得名，是一般用箭；兵箭较长，安装钢镞，用于射甲。弩箭的尺寸比弓射用箭短，安装皮羽，穿透力较强。

甲：《唐六典》：记"甲之制十有三：一曰明光甲，二曰光要甲，三曰细鳞甲，四曰山文甲，五曰乌锤甲，六曰白布甲，七曰皂绢甲，八曰布背甲，九曰步兵甲，十曰皮甲，十有一曰木甲，十有二曰锁子甲，十有三曰马甲。"这些甲的材质有铁、皮、绢布等多种，较为精坚的都是铁甲，包括明光、光要、细鳞、山文、乌锤和锁子甲。这些铁甲再加上皮甲，是军队装备的实战用铠甲，依唐律规定，都是不准许民众私自持有的禁兵器，如有违犯，处罚是很严厉的❶。其余如白布甲、皂绢甲、布背甲等以绢布类纺织品制作的甲，则仅有华美的外貌，缺乏防护效能，是供仪卫卤簿使用的。列在甲制首位的明光甲，正是唐代军中主要装备的铁铠甲，其形制承袭自北朝晚期，首有兜鍪，颈有颈护，身甲胸、背各有左右两面圆护，由肩头以带扣系，前胸常纵束甲带，左右肩头下缀披膊，身甲下设腿裙、鹘尾，小腿缚吊腿。从唐代纪年墓出土的甲胄装武士形貌的镇墓俑和石窟寺雕塑中的着甲胄天王像（图7-10），可以看出唐代明光甲形制的发展演变规律❷。但是

---

❶ 唐禁私有兵器，"甲一领及弩三张，流二千里；甲三领及弩五张，绞。私造者，各加一等。""有甲罪重，有弩坐轻；既有弩四张已合流罪，加一满五，即至死刑，况加甲二领，明合处绞。私有弩四张，加甲一领者，亦合死刑。"又，"铁甲、皮甲，得罪皆同。"《唐律疏议·擅兴》，第315页。

❷ 参看《中国古兵器论丛》第54~55页，表三。

型 式		典 型 标 本	其 他 标 本
一型	示意图 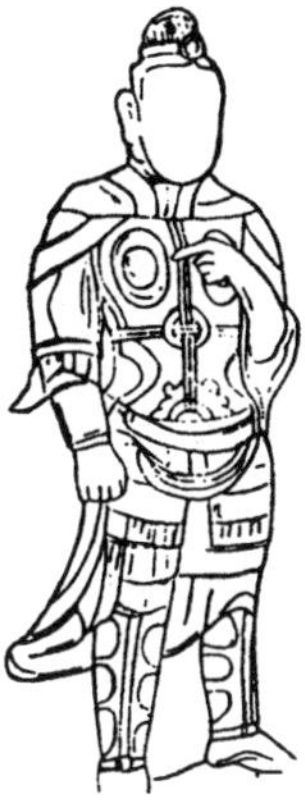		
	出处	龙门潜溪寺南侧天王雕像	
二型	示意图     		
	出处	郑仁泰墓陶俑（664年）	西安韩森寨出土陶俑（590:1）	安阳大司空村唐墓陶俑	咸阳苏君墓陶俑	龙门敬善寺南侧天王雕像

图7-10 唐代甲胄类型图

型 式		典 型 标 本	其 他 标 本			
三型	示意图					
	出处	李爽墓陶俑（668年）	西安郭家滩84号墓陶俑	咸阳苏君墓陶俑		
四型	示意图					
	出处	元氏墓陶俑（703年）	郭恒墓陶俑（708年）	宋氏墓陶俑（745年）	吴守忠墓陶俑（648年）	敦煌莫高窟319窟天王塑像
五型	示意图					
	出处	敦煌莫高窟194窟天王塑像	榆林窟20窟壁画南方天王			

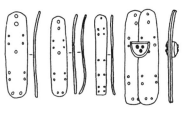 

图7-11　　　　　　　　　　　　　　图7-12
西安曲江池出土唐代铁甲片　　　　新疆吐鲁番出土唐代铁甲片

有关唐代铁铠甲的考古发现极少，只曾在西安曲江池出过322片散乱的铁甲片（图7-11）❶。与汉代铁甲片相比较，它们的形体较为窄长，穿孔数量增多，表明制工和编缀更加细致。过去新疆也发现过唐代残铁铠的甲片❷，大致也是这种式样的（图7-12）。关于唐代皮甲的形貌，敦煌莫高窟第322窟甲胄天王像可作为代表，披膊和膝裙都是整片的，上面绘出横直的条纹。在新疆曾出土过唐代髹漆皮甲片，甲片上有同心圆等纹饰，是用刮擦的方法透过不同的漆层取得的，看来是应用了"剔犀"工艺尚未成型的早期形态的"锥毗"工艺❸。至于外形华丽的绢布甲，也可从出土唐俑观察到它们的形貌，如永泰公主李仙蕙墓出土有高达134厘米的彩绘陶俑❹，全身所擐

❶ 西安市文管处：《西安曲江池出土唐代铁铠甲》，《文物》1978年第7期，第93~95页。
❷ 〔日〕原田淑人等：《支那古器图考·兵器篇》，〔日〕东方文化学院东京研究所，1932年。
❸ 王世襄：《中国古代漆工杂述》，《文物》1979年第3期，第49~55页。
❹ 陕西省文物管理委员会：《唐永泰公主墓发掘简报》，《文物》1964年第1期，第7~33页。

铠甲上都用红、蓝、绿等色彩绘着繁缛的花纹，有流云、缠枝花卉、宝相花纹，等等，接近于唐代纺织品的纹饰，很可能是模拟着华丽的绢甲。新疆阿斯塔那206号唐墓出土的彩绘木俑❶，应该也是模拟着华丽的绢甲（图7-13）。唐代的马甲，即具装铠，如前所述，仍为唐律规定禁止民众私有的禁兵器。但因重装骑兵已与北朝时期为军中主力兵种不同，所以军中装备的具装的数量自然相应减少。在俑像等所反映出的甲骑具装图像，同样相应减少。在唐代初期墓的随葬俑群中有时还可发现甲骑具装俑，如四川万县唐墓出土有青瓷质的甲骑具装俑（图7-14）❷，西安一带初唐墓也曾有甲骑具装俑出土❸。此外，就是在淮安王李寿墓❹和懿德太子李重润墓❺中，有模拟仪仗中甲骑具装的陶马。可以看出唐代马具装的形制仍承袭着北朝时的马具装，由面帘、鸡颈、当胸、马身甲、搭后和寄生组成。作为仪仗的具装与实战的装备外貌相同，但装饰华美，如懿德太子墓贴金绘彩陶具装俑，马面帘贴金，双耳间竖有叶状金饰，鸡颈、当胸、身甲、搭后均由细密的长方形甲片编缀而成，下缘包有朱红色的宽边，上饰

---

❶ 新疆维吾尔自治区博物馆:《新疆出土文物》，文物出版社，1975年。

❷ 四川省博物馆:《四川万县唐墓》，《考古学报》1980年第4期，第503~514页。

❸ 贞观十六年（642年）独孤开远墓曾有绘彩甲骑具装俑，见王仁波:《西安地区北周隋唐墓葬陶俑的组合与分期》，《中国考古学研究论集——纪念夏鼐先生考古五十周年》，第428~456页，三秦出版社，1987年。

❹ 同《唐李寿墓发掘简报》。

❺ 同《唐懿德太子墓发掘简报》。

图7-13　新疆吐鲁番阿斯塔那唐
　　　　墓出土彩绘木俑

图7-14　四川万县唐墓出土
　　　　青瓷甲骑具装俑

有彩色的团花纹饰，表明模拟的是漂亮的织锦包缘。在鞍后
尻部，有原插寄生的小孔，惜原插的寄生已腐朽无痕。这种
外观华丽的马具装，完全是为了显示身份和威仪，不是用于
战斗。

　　彭排：即盾牌，《唐六典》记其制有6种："彭排之制有六：
一曰膝排，二曰团排，三曰漆排，四曰木排，五曰联木排，
六曰皮牌。"可知当时盾牌的主要原料是皮革和木料，并表面
髹漆。盾牌的形制，从有关图像来看，隋唐时期的盾牌主要
有两种。一种是步兵用的大型盾牌（楯），仍沿袭北朝的形制，
长方形有中脊（图7-15）。另一种是骑兵用的盾牌，形体较小，
有的呈圆形，即"团牌"。

图7-15　安徽六安东三十铺出土隋画像砖持刀盾步兵图像

　　除了《唐六典》所记的刀、枪两种主要格斗兵器外，斧类兵器在唐代也还有使用，例如李嗣业统领作前锋的步兵除了使用陌刀外，还配合使用"长柯斧"。在敦煌莫高窟的唐代壁画中，也常可见到持斧武士的图像。另外，唐代军队中也装备有一定数量的棒类兵器，据李筌《太白阴经》所载，一军中有1/5的士兵装备有棓。到唐末五代又开始流行一种砸击类兵器——檛，很可能是由西北的游牧民族传入的。《旧五代史》记载后唐的勇将李存孝"每临大敌，被重铠橐弓坐稍，仆人以二骑从，阵中易骑，轻捷如飞，独舞檛，万人辟易"。**❶** 又记光化二年（899年）周德威与陈章二将在阵前相斗，陈章就是被周德威"背挥铁檛击坠马"，因而当了俘虏**❷**。檛这类砸击的兵器到了宋代更有进一步的发展，在战争中使用得更加广泛。在远射兵器方面，也使用威力强大的"绞车弩"，发射铁羽的长箭，射程可达700步。

---

❶ 《旧五代史·李存孝传》，第717页。

❷ 《旧五代史·周德威传》，第749~750页。

第三节 《太白阴经》所记唐代军队兵器装备

关于记述唐代军队中兵员数量与兵器装备的比例关系的文献资料不多，杜佑在《通典》卷一四八立军后所附"今制"中，记述军中基层单位每队50人，设"押官一人，队头一人、副二人，旗头一人、副二人，火长五人"。可知每队分5火，每火各10人。其兵器装备是"六分支甲，八分支头牟，四分支戟，一分支弩，一分支棒，三分支弓箭，一分支枪，一分支排，八分支佩刀"❶。如前所述，这时戟早已从军中常用格斗兵器中淘汰掉了，而枪的比例过低，因此文中"戟"恐为矛枪之误。比之更详尽的记录，见于李筌著《神机制敌太白阴经》。

《太白阴经》作者李筌，两唐书无传，里籍和其个人经历都不清楚❷。但该书在《新唐书·艺文志》❸和《宋史·艺文志》❹都有著录。书名本取自"太白主兵"和"阴主杀伐"，也表明作者对用兵与占星阴阳之说的态度。在《太白阴经》卷四《器械篇》中，记述了一军12500人的兵器装具数量及它们之间的

---

❶ 杜佑：《通典》卷一四八，中华书局影印"十通"本第777页，1984年。

❷ 据《集仙传》中说李筌"仕至荆南节度副使、仙州刺史，著《太白阴经》"。但由于书中有许多风角杂占、奇门遁甲等不科学内容，因此作者又被神化，以致《神仙感遇传》中又说"筌有将略，作《太白阴符》十卷，入山访道，不知所终"。其所引书名之"阴符"，或系为"阴经"之误。其所著《阃外春秋》敦煌本残卷末署上表此书为天宝二年（743年），或表明其生活的年代。

❸ 《新唐书·艺文志》，第1551页。

❹ 《宋史·艺文志》，第5282页。

比例关系，应反映了唐军装备的一般情况，现分列于下。

一军：士兵12500人

远射兵器：

    弓（附弦3、箭30），十分（100%），共计12500（附弦37500、箭375000）

    弩（附弦3、箭100），二分（20%），共计2500（附弦7500、箭250000）

            附注：弓弩用箭有射甲箭、生牝箭、长垛箭

格斗兵器：

    枪，   十分（100%），共计12500

    佩刀，   八分（80%），共计10000

    陌刀，   二分（20%），共计2500（马军以啄、锤、斧、钺代）

    棓，   二分（20%），共计2500

防护装具：

    甲，   六分（60%），共计7500

    战袍，   四分（40%），共计5000

    牛皮牌， 二分（20%），共计2500

以上所列，与前引《新唐书·兵志》所记每位士兵必具横刀1、弓1、箭30的记载相合，也就是每人都配装弓箭和刀，但刀包括短柄的佩刀（横刀）和新兴的长柄的陌刀，前者占80%，后者占20%。每人又都要装备长柄的枪，如前所述，枪不仅用于格斗，还用于扎缚渡河木筏或支搭军帐等用途。

第八章　宋代兵器

第一节　《武经总要》所记宋代兵器

一、《武经总要》的编纂和历史背景

　　显德七年（960年）春，为了抗御北汉勾结契丹入侵，后周恭帝柴宗训命殿前都点检赵匡胤出师抗敌。军次陈桥驿，发生兵变，诸将拥立赵匡胤"黄袍加身"，回师取代后周政权，建立宋朝。由于是靠掌握禁军，通过兵变，从而夺得了政权，所以建国以后，宋太祖赵匡胤立即采取"杯酒释兵权"的办法，解除了拥立他为帝的那些老部下的兵权，军队直接由皇帝控制。他建立了由枢密院掌兵的制度，但又由三衙（或称三司，即殿司、马司、步司）统兵，到出师作战前再临时委任统帅，实际是将军队的建置、调动和指挥大权都集中于皇帝一人手中。同时也加强了宋朝中央对兵器制造业的集中管理，早在开宝元年（968年）就在都城汴梁（今河南开封）设立弓弩院，"掌造弓弩甲胄器械旗剑御镫之名物。以诸司使副内侍二员，监领兵匠千四十二人。"❶又有弓弩造箭院，工匠也有1071

---

❶《宋会要辑稿·职官》一六之二四。

人。以后，又设立南、北作坊❶，同时在各州也设立作院，进行兵器装具的制作。宋太祖赵匡胤为了消灭各地割据政权，稳固王朝统治，极重视军事装备的生产。如在开宝八年（975年）"颇以简稽军实为务，京师所造兵器十日一进，谓之旬课，上亲阅之，制作精绝，尤为犀利。其国工之署，有南北二作坊、弓弩院，皆役工徒，限其常课。南北作坊岁造涂金脊铁甲、素甲、浑铜甲、墨漆皮甲、铁身皮副甲、锁襜兜鍪、金钱朱漆皮马具装、铁钢朱漆皮马具装……凡三万二千，……诸州岁造黄桦黑漆弓弩……皮甲、兜鍪、铁甲叶、箭镞等凡六百十余万"❷。制成的大量兵器装备"置五库以贮之"，五库是内弓箭库、南外库、军器衣甲库、军器弓枪库和军器弩箭库。正是在军队的高度统一领导和军备生产集中管理的基础上，也使兵器和防护装具形成完整的官定的制度。所以到仁宗时撰著的《武经总要》一书，能够总结北宋前期兵器制作的经验，对当时的兵器装备作了全面而详尽的记述。

《武经总要》可以说是中国古代第一部由中央政府编修的带有"百科全书"性质的军事著作，是宋仁宗为防止武备松懈，将帅"鲜古今之学"，不知古今战法及兵法，命天章阁待制曾公亮、工部侍郎参知政事丁度等编纂的。曾公亮等以5年

---

❶ 到北宋神宗时又改南、北作坊为东、西作坊，任务仍是"掌造兵器、戎具、旗帜、油衣、藤漆什器之物，以给邦国之用"。其规模更为扩大，到北宋后期有关工匠已达到8700人之多。"万全兵匠三千七百人，东西作坊工匠五千人。"《宋会要辑稿·职官》一六之一二。

❷ 《文献通考》卷一六一。

的时间，于庆历四年（1044年）完成，仁宗亲自核定后，并为《武经总要》作序。该书分为前、后两集，每集二十卷。其中前集的二十卷中详述北宋当时的军事制度，包括选将用兵、教育训练、部队编成、行军宿营、阵法阵图、通信侦察、城制攻防、火攻水战、兵器装备、军事地理，等等。后集辑录历代用兵故实，品评用兵得失。在前集的卷十至十三，包括《攻城法》《水攻》《水战》《守城》和《器图》诸篇，详尽记述了当时军队所使用的兵器和防护装具，乃至战船和城防工事、攻守器械。除有概要的文字叙述外，还都附有详细的插图。这四卷中所附的各种图像，就超过250幅以上。这些精致的图像❶，使人们得以形象地全面了解北宋的兵器和防护装具，为研究古代兵器史提供了重要资料。由于北宋军队的组成以步兵为主，所以《武经总要》书中记录的各类兵器，也是以装备步兵的兵器为重点。同时从该书中记录的兵器，还可看出以下几个特点：第一，宋代冷兵器承继着汉唐以来的传统，所以《武经总要》里记录的主要兵器类型，都可以清楚地看出它们从汉代以后，经过唐、五代的发展变化，而由这部著作进行了总结，又影响着北宋以后的同类冷兵器的发展，可以说起了承上启下的作用。第二，自唐、五代以来，吸收了不

---

❶ 目前缺乏北宋时刊印的《武经总要》原版本，能够依据的最佳版本是明刻本，附图以郑振铎原藏明弘治正德年间刊本最佳，其前集中华书局曾影印出版，收入《中国古代科技图录丛编初集④》，1959年。又，《四库全书珍本》影印过清文渊阁四库全书本《武经总要》，但附图不及明弘治正德正刊本。

少居住在边陲少数民族的优秀兵器,《武经总要》一书对这方面的成绩也作了记录,使北宋兵器的种类增多,杀伤效能也有所增强。第三,也是最重要的一点,是书中首次记录了实战用的火药兵器和火药配方,标志着中国古代兵器史上冷兵器和火器并用时代的开始。

二、《武经总要》记录的格斗兵器

《武经总要》记录的格斗兵器,仍以传统的枪、刀、斧、棒为主,此外增加了大量的砸击类兵器,如鞭、锏、骨朵(蒜头)、铁链夹棒等。《武经总要》卷二记当时的步兵部队,每队50人,其中队头1人、队副1人,执旗1人、兼旗2人,队中装备的格斗兵器和防护装具如下:枪15根(连旗在内)、弩5具、弓矢10具、陌刀5具、拍把4具、牌5具。又在卷七讲排布方阵(四门斗底阵)时,以步军枪刀手在前,杂以旁牌标枪。并注明凡一指挥500人中,有80名枪手和40名陌刀手。至于骑兵,也是每队50人,装备的格斗兵器是枪、稍、弓箭。都表明刀、枪和棒类是当时主要的格斗兵器,弓弩是主要的远射兵器。

枪:《武经总要》中记录的枪有9种名目,即双钩枪、单钩枪、环子枪、素木枪、鸦项枪、锥枪、梭枪、槌枪和大宁笔枪(图8-1)。其中施有钩、环的双钩枪、单钩枪和环子枪都是骑兵用枪,素木枪和鸦项枪是步兵用枪。这些枪与前代的枪相比,枪的头部较长,所以两侧的刃部也较长,加强了杀伤能力。梭枪较短,又名"飞梭枪",即标枪,与盾牌配合

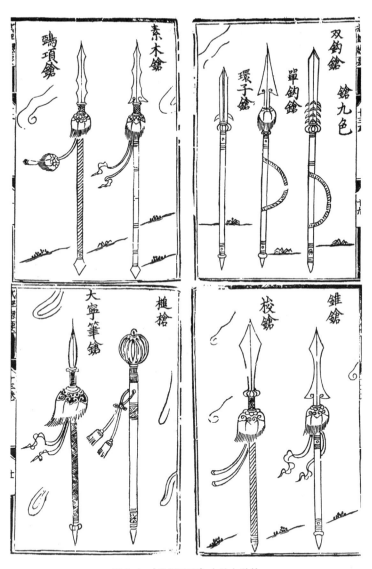

图8-1 《武经总要》中的九种枪

使用，可以投掷，是从西南地区少数民族引入的兵器。至于槌枪，是不施刃而在前端装木质圆槌，用于训练和校阅，以避免误伤。此外，《武经总要》中还记录了一种特制的宽刃枪，称"捣马突枪"，是专门对付骑兵的。同时，宋军装备的枪，除用于白刃格斗外，也还有其他用途，如用于扎筏渡河等。取掉枪的刃和镇，将每10条枪杆捆成一束，然后一束一束地纵横绑扎起来，扎成筏子。一条筏子用枪杆5000根，据说可乘坐500人之多。

刀：《武经总要》中记的刀有8种名目，即手刀、掉刀、屈刀、掩月刀、戟刀、眉尖刀、凤嘴刀和笔刀（图8-2）。其中只有手刀是手握短柄的刀，它是由唐代的横刀发展而来，但手刀已不是窄体直身，而是宽体，厚脊薄刃，刃口弧曲，刀头较宽，坚重有力，更适于劈砍格斗（图8-3）。以后明清的腰刀，都沿袭这样的形制。其余几种刀，都安装有长柄，也可说是沿袭着唐代陌刀装长柄的传统，后代又习称这类刀为"大刀"。这些刀的刀头，也多是刃部前锐后斜、头阔体瘦的形状，以掩月刀最典型，类似的有凤嘴刀、屈刀、笔刀等，明清时的关王刀就遵循着这种形制。另有一种眉尖刀，刀头不加宽，反而呈尖状起翘，似直立的弯眉。此外，除书中列举名目并有图像的以外，当时已有另一些名目的刀，如太平、定戎、朝天、开山、开阵、划阵、偏刀、车刀等。它们的形状与上述掩月刀等大体相近，所以书中只列名目，未附图像。另外，书中所记戟刀，形制最特殊，因汉魏时流行的戟，唐代已从实战格斗兵器中淘汰，只充仪仗用具，到宋代则更是

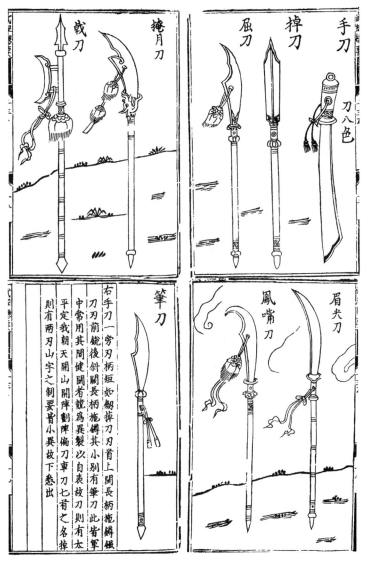

图8-2 《武经总要》中的八种刀

图8-3 四川南宋虞公著夫妇墓石雕披铠持手刀武士图像拓本

销声匿迹了。北宋出现的戟刀，已与古戟无关，本是长柄刀中的一种。后代更不识古戟，误认戟刀为戟，所以将它列为所谓"十八般兵器"中的戟。元明小说戏曲中所谓的"方天画戟"，就是依戟刀的形貌演化而成。

剑：这时已不是军中大量装备的实战兵器，但还有使用（图8-4）。在《武经总要》中也附有两幅剑的图像（图8-5）。

棒：棒类兵器在宋代有了较大的发展，品种增多，杀伤力增强。当时棒有四种名字，互相通用，就是棒、棍、杆和桿，一般用坚重的木材制造，有的用铁包裹，或加钩、刃和利钉。《武经总要》中记录了7种棒类兵器，即诃藜棒、钩棒、桿棒、杵棒、白棒、抓子棒和狼牙棒，以棒首满装利钉的狼牙棒杀伤力最强。此外，还有向西北少数民族西戎学习而引进

图8-4　四川泸县宋墓持剑武士雕像

1. 2002NTTM4：2　2. 2001SQM1：1　3.青龙镇二号墓墓门右侧

的铁链夹棒。它的形状很像农民打麦场上使用的连枷，在长棒的前端用链环联装另一个较短的铁棒，由上向下打击敌人。与之相近似的兵器还有连珠双铁鞭，在长棒前加联两截短棒。

　　鞭和锏：手握短把的砸击类兵器，器形近似剑，但无刃（图8-6）。锏体方形四棱，鞭体圆筒状并饰有竹节纹饰（图8-7）。目前传世有北宋末抗金名将李纲所用锏，全长90厘米，刃面嵌金篆书铭文，为"靖康元年李纲制"，可知铁锏制作于1126年。

　　骨朵：是在宋代开始盛行的锤击类兵器，其形制为在长柄前端安装圆形锤首。关于骨朵名称的来源，《武经总要》说骨朵："其意本为胍肫，胍肫大腹也，谓其形如胍而大，后人语

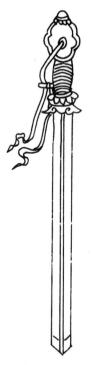

论以胍为骨，以肕为朵。"在北宋禁军中即有以骨朵为主要兵器的"骨朵子直"，宋太宗太平兴国二年（977年）改称"御龙骨朵子直"。可见这种兵器当时很受重视。在《武经总要》中记录了两种骨朵，一种锤首遍体伸出钉刺，称为"蒺藜"；另一种锤首有分瓣纹，形似大蒜头，故称"蒜头"（图8-8）。

0　20厘米

图8-5 《武经总要》中的剑　　图8-6　四川泸县宋墓持鞭武士雕像（2002NTTM1：2）

在北方辽国境内，骨朵也被普遍使用，各地辽墓的壁画中常绘有手执骨朵的武士。

斧：大斧阔刃，多装有长柄，《武经总要》有图像。还有开山、静燕、日华、无敌、长柯等名目，形状大体相近似（图8-9）。

三、《武经总要》记录的远射兵器

《武经总要》所记传统的远射兵器还是弓和弩，但特别记录了大量重型的远射兵器，主要是强力的多弓床弩，还有各

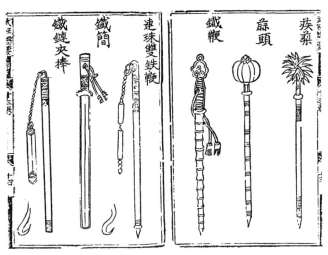

图8-7 《武经总要》中的鞭、锏、骨朵（蒜头）

0   20厘米

图8-8 四川泸县宋墓持骨朵武士雕像
1.2002NTTM2：1　2.2002NTTM2：2
3.2002NTTM1：1

图8-9 四川泸县
奇峰镇二号墓墓门右
侧持斧武士雕像

式抛石机——砲（礮）。此外，在远射兵器中，开始出现了火药制作的兵器，将于下节叙述。

弓：《武经总要》记录的弓制有4种，即黄桦弓、黑漆弓、白桦弓和麻背弓。从图像看都是复合弓（图8-10）。箭有7种，为点钢箭、铁骨丽锥箭、木朴头箭、火箭、乌龙铁脊箭、鸣髇箭和鸣铃飞号箭（图8-11）。其中木朴头箭是训练用箭，鸣髇箭和鸣铃飞号箭是信号用箭，火箭是火攻用箭。北宋在不同时期，官造箭的名目也有改变，例如到神宗熙宁七年（1074年），"始造箭曰狼牙，曰鸭嘴，曰出尖四楞，曰一插刃凿子，凡四种推行之。"❶这4种箭是以箭镞样式的不同而定名的。

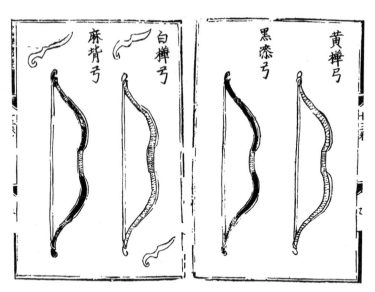

图8-10 《武经总要》中的四种弓

---

❶ 《宋史·兵志》，第4915页。

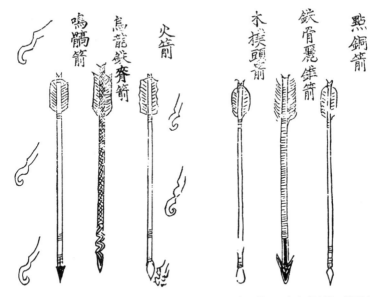

图8-11 《武经总要》中的箭（图中"樸"误刻为"撲"，"钢"误刻为"铜"）

弩：《武经总要》记录的弩有6种，即黑漆弩、雌黄桦梢弩、白桦弩、黄桦弩、跳镫弩和木弩（图8-12）。所用弩箭有5种，即点钢、三停、木羽、风羽和樸头。宋代曾大量使用木羽的弩箭。宋真宗咸平元年（998年），"御前忠佐石归宋献木羽弩箭，箭裁尺余而所激甚远，中铠甲则箝去而镞存，牢不可拔。"[1] 由于张弩费力费时，因而影响发射速度，以至贻误战机。为了解决这一问题，宋时采取将弩手分为"发弩人""进弩人"和"张弩人"的办法，分排列阵，张弩人专职张弩，张好后交进弩人，进弩人送给发弩人射击，周而复始，达到

[1] 《宋史·兵志》，第4910页。

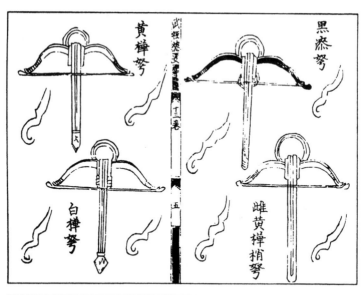

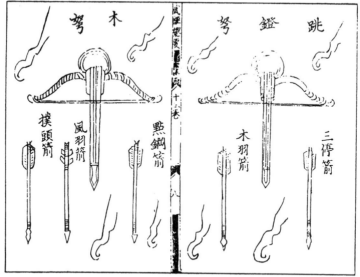

图8-12 《武经总要》中的弩和弩箭

"阵中张之，阵外射之，……张而复入，则弩不绝声"❶。到了神宗熙宁元年（1068年），又开始制造由张若水进献的一种强弩——神臂弓，"若水进所造神臂弓，实李宏所献，盖弩类也。以桑为身，檀为弰，铁为镫子枪头，铜为马面牙发，麻绳扎丝为弦。弓之身三尺有二寸，弦长二尺有五寸，箭木羽长数寸，射三百四十余步，入榆木半笴。帝阅而善之。于是神臂始用，而他器弗及焉。"❷神臂弓装备宋军后，在抗金的战斗中起过一定的作用。到南宋时期，除神臂弓外，又造"神劲弓"，射程较神臂弓远，但发射速度较慢，每神臂三矢而神劲方能一发❸。同时，在南宋时还使用了带有弩筒的"黡筒木弩"，"开庆元年（1259年），寿春府造黡筒木弩，与常弩明牙发不同，箭置筒内甚稳，尤便夜中施发。"❹

床弩：床弩亦称床子弩，系综合了2~3张弩弓合力的重型强弩❺，用绞车张发，最少需用五、七个人的合力才能绞动绞车，多的需几十人，甚至需用畜力绞张。由于力强，机牙扣住弩弦以后，战士已无法用手力扳发，需持大锤猛力击发。《武经总要》记录的床弩有安双弓和三弓两种（图8-13）。安双弓的床弩，在弩床的前后各装一弓，又称为"合蝉弩"。安三弓的床弩，在弩床前面安两张弓，后面安装一张弓，因其力强，

---

❶ 《武经总要》卷二《教弩法》。
❷ 《宋史·兵志》，第4913页。
❸ 《宋史·兵志》，第4923页。
❹ 《宋史·兵志》，第4923页。
❺ 孙机：《床弩考略》，《文物》1985年第5期，第67~70页。

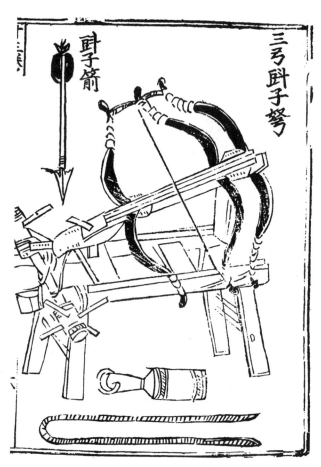

图8-13 《武经总要》中的三弓斗子弩

又号"八牛弩"。一般的床弩使用大小凿头箭,强力的三弓床弩又用威力更大木杆铁羽的"一枪三剑箭"。还可在弦上系铁斗,斗内放几十支箭,一次发射,斗内的几十支箭一齐射出,似乌鸦纷飞,所以叫"斗子箭",又叫"寒鸦箭"。如果在箭

上绑上火药筒，也可作为火药火箭使用。同时三弓床弩发射
的一枪三剑箭等威力强大的弩箭，又可射入城墙特别是夯土
城墙内，士兵可以踏着露出的箭杆登上城头，故又名"踏橛
箭"。《武经总要》记录了4种双弓床弩和4种三弓床弩，其性
能和所需射手人数等列表于下（见表一）。

表一

名称		张发人数	使用弩箭名称	射程（步）
双弓床弩	斗子弩	4 人	小凿头箭	150
	小合蝉弩	7 人	大凿头箭	140
	大合蝉弩	7 人	铁羽大凿头箭	150
	双弓床弩	7 人	铁羽大凿头箭	150
三弓床弩	三弓斗子弩	？	斗子箭	200
	手射弩	20 人	踏橛箭	250
	次三弓弩	30 人	踏橛箭	200
	三弓弩	70 人	一枪三剑箭	300

　　砲：即发石机或抛石机，是比床弩威力更大的远程抛射
兵器。它是利用杠杆的原理，在大木结构的砲架上，横置可
转动的轴，将砲梢装在轴上，梢前端用绳索连着一个兜装石
弹的皮窝，末端系有几十根拽索。发射前砲梢斜置轴上，前
端着地，末端翘昂空中，当石弹安置在皮窝中以后，由几十
个战士各执拽索猛然齐力下拽，使梢杆一下子反转上弹，于
是将皮窝内的石弹抛射出去。抛射出的石弹呈抛物线状的轨
迹前进，击至敌阵。据文献记载，砲至迟在春秋末期已出现。

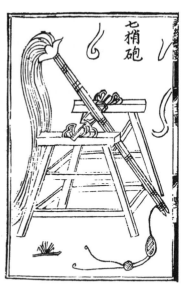

图8-14 《武经总要》中的双梢砲　　图8-15 《武经总要》中的七梢砲

据《范蠡兵法》："飞石重十二斤，为机发，行二百步。"❶以后汉唐时期屡有使用，到了北宋时期砲有了很大发展，品种日多，威力增大，在《武经总要》中记录有8种砲（图8-14、图8-15），现将其有关数据列表如下（见表二）。

表二

名称	梢架脚柱长	砲梢		拽索数	发炮所需士兵数		砲石重	射程
	（尺）	数量	长（尺）		拽索人	定放人	（斤）	（步）
手砲		1	8	无	无	2	0.5	50+
单梢砲（一）	18、16	1	25	40	40	1	2	50+

---

❶ 《汉书·甘延寿传》注引《范蠡兵法》，第3007页。

| 名称 | 梢架脚柱长 | 砲梢 | | 拽索数 | 发炮所需士兵数 | | 砲石重 | 射程 |
	(尺)	数量	长(尺)		拽索人	定放人	(斤)	(步)
单梢砲(二)	10	1	26	45	40	1	2	50+
旋风砲	17	1	18	40	50	1	3	50+
虎蹲砲	18、16	1	25	40	70	1	12	50+
双梢砲	20	2	26	50	100	1	25	60+
五梢砲	10.2	3	10.5	80	157	2	70~80	50+
七梢砲	21	4	28	125	250	2	90~100	50+

注：射程栏"50+"表示超过50步之意

　　综观上表，砲架越高，砲梢数量越多、尺寸越长，则砲的威力越大，因之所需拽索越多、所需兵员数量也越多。除了以上8种砲外，在《武经总要》中绘出图像的还有砲车、挂腹砲、独脚旋风砲（图8-16）、旋风砲车、卧车砲、车行砲、旋风五砲、合砲（图8-17）和火砲等9种，并总结说："凡砲，军中之利器也，攻守师行皆用之。守宜重，行宜轻，故旋风、单梢、虎蹲师行即用之，守则皆可设也。"至于火砲，就是用砲投掷装有火药的弹，主要起燃烧作用。有关火药配方等问题，将在下节详述。到北宋末年，砲在宋金战争中曾被大量用于攻城和守城的战斗中。南宋初年，陈规在《守城录》中曾指出应利用砲弹抛射的轨迹呈抛物线行进的特点，守城时不应将砲暴露在易遭攻击的城墙上头，而要安放在城墙后地面上，处于城外敌人难于观察的隐蔽位置，"砲不可安在城上，只于城里量远近安顿；城外不可得见，可以取的。每砲于城立一人

图8-16 《武经总要》中的旋风砲

图8-17 《武经总要》中的合砲

专照斜直远近，令砲手定放。小偏则移定砲人脚，太偏则移动砲架，太远则减拽砲人，太近则添拽砲人。三两砲间便可中物。"❶这种利用观测者指引的间接射击方法，表现出高度的指挥艺术（图8-18）。

四、《武经总要》记录的防护装具

《武经总要》中记录的还是传统的防护装具，主要是旁牌（盾）和甲胄，也有马甲（具装）。

旁牌：即盾，北宋时的盾牌多以木胎外蒙皮革制成，《武

---

❶ 陈规《守城录》卷二《守城机要》，《守山阁丛书》本。

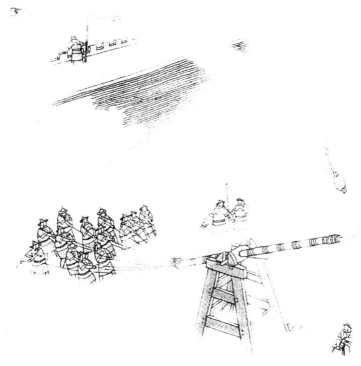

图8-18　砲（抛石机）间接射击方法示意图

经总要》中只记录有步兵旁牌（图8-19）和骑兵旁牌各1种（图
8-20），"并以木为质，以革束而坚之。步兵牌长可蔽身，内
施枪木，倚立于地。骑兵正圆，施于马射，左臂系之，以捍飞
矢。"旁牌也有竹制的（图8-21），神宗元丰年间（1078—1085
年）由于节约的原因，"牌以栾竹穿皮为之，以易桐木牌。"❶

　　甲胄：《武经总要》记录宋代的甲制"有铁、皮、纸三

---

❶ 《宋史·兵志》，第4917页。

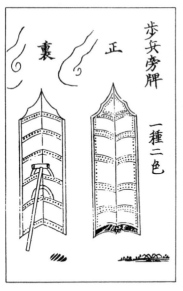

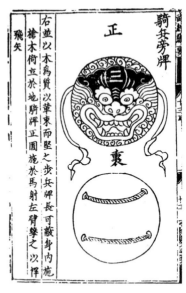

图8-19 《武经总要》中的步兵旁牌　图8-20 《武经总要》中的骑兵旁牌

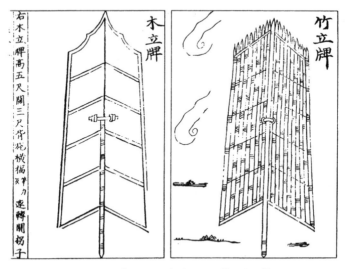

图8-21 《武经总要》中的竹立牌和木立牌

等，其制有甲身，上缀披膊，下属吊腿，首则兜鍪顿项。贵者铁，则有锁甲，次则锦缘缯"。书中附着5领具有兜鍪顿项的铠甲的图像（图8-22）。以图中所示"步人甲"为例，甲身（图中又作"身甲"）是由12列小长方形甲片编缀成一整片，上面是保护胸、背的部分，用带子从肩上系联，腰部用带子从后向前束，腰下垂有左右两片膝裙。甲身两肩缀披膊（图中又作"掩膊"），左右两片披膊在颈背后联成一体，以带纽结在颈下。兜鍪呈圆形覆钵状，后缀顿项，顶部洒插着3朵长缨。另一领铠甲的装饰较为华丽，身甲的胸、背部分上作山文，腰带以下有腿裙、鹘尾，披膊肩部作虎头状，可以清楚地看出与唐代甲胄之间的承继关系。对现存于河南巩县的北宋诸陵前神道石刻中武臣所着铠甲进行观察，正是合于《武经总要》的甲制（图8-23、图8-24、图8-25）。可以看出北宋铠甲沿袭着唐五代铠甲的传统，形成了更加完备的甲制，而北宋的甲制又对后代影响深远，直到明代一直沿用，这从明代茅元仪所著《武备志》所记甲制及其附图可以得到证明。在有关文献中，还保留有一些有关宋代甲胄的资料。由于制作铁铠甲的工艺繁杂，所以北宋东、西作坊的51作中，与制作铠甲有关的占有很大比重，有铁甲作、钉铰作、铁身作、纲甲作、柔甲作、错磨作、鳞子作、钉头牟作、磨头牟作等，还有制造马甲及皮甲的马甲作、马甲生叶作、漆衣甲作、马甲造熟作、皮甲作，以及打线作、打磨麻线作，等等❶。关于铁甲的重量，

---

❶ 《宋会要辑稿·方域三》。

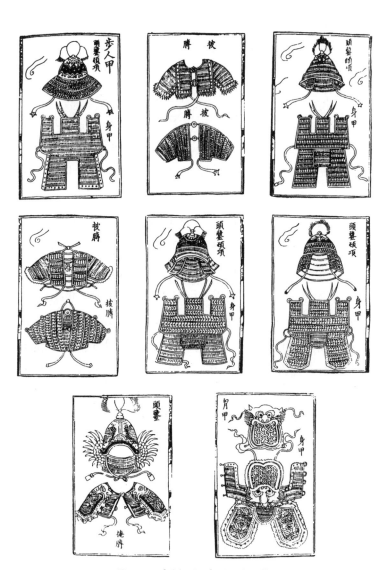

图8-22 《武经总要》的甲胄图像

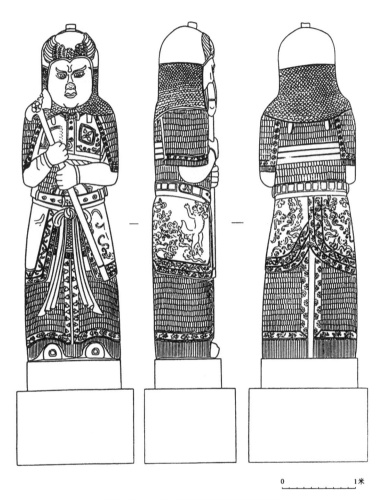

图8-23　北宋永熙陵西列甲胄武臣雕像

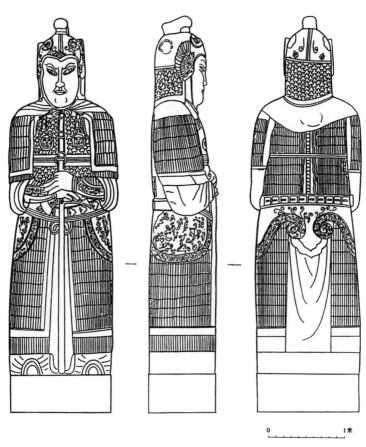

图8-24　北宋永昭陵东列甲胄武臣雕像

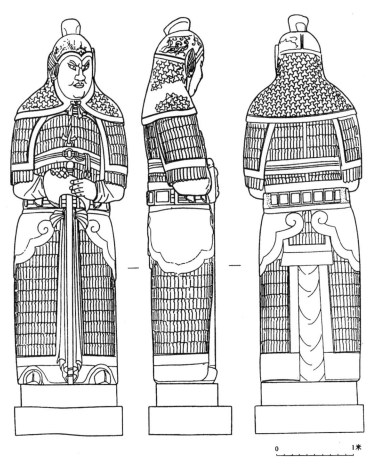

图8-25　北宋永裕陵东列甲胄武臣雕像

0　　　　　　　　　1米

南宋绍兴四年（1134年）规定全装甲的总重量是22.5~25千克，不得超过25千克。甲叶共计1825片，要求内外磨锃，每个部分的甲叶数、分重和每叶甲叶的重量如下：

披　　膊　504叶　每叶重0.26两　共重8斤3两4分

甲　　身　332叶　每叶重0.47两　共重9斤12两4分

腿裙鹘尾　679叶　每叶重0.45两　共重19斤1两5钱5分

兜鍪帘叶　310叶　每叶重0.25两　共重4斤13两5钱

　　又，兜鍪、杯子、眉子重1斤1两，皮线结头等重5斤12两5钱。以上诸项合起来总重据记录为49斤12两（实际是48斤11两6钱5分）❶。稍迟至乾道年间（1165—1173年），各部分甲叶的重量都有所减轻，但甲叶的数目则有所增加，这就使铠甲更加精工和细密，并按不同兵种设计了铠甲的重量。乾道四年（1168年）春王琪进三色甲，分别有枪手甲、弓箭手甲和弩手甲三种❷。现将有关数字列表如下（见表三）：

---

❶ 《宋史·兵志》，第4922页。又，《钦定四库全书武经总要提要》云，南宋有《御前军器集模》一书，其中的《造甲法》二卷曾收入《永乐大典》中，但今已不存。

❷ 《宋会要辑稿·舆服六》，原文有抄误之处，原文弓箭手甲甲身的叶数，"一千八百一十八斤至一千八百一十二片"，一千八百一十八斤之"斤"为"片"字之误。又一千八百一十二片，似为一千六百一十二片之误，因三十六斤十二两作一千八百一十八片，每片约三钱二分重，则三十一斤十二两，应作一千六百余片才对。又，弩手甲，"头牟叶三百五十五斤"，"斤"为"片"字之误。

表三

铠甲名称	甲身		披膊		头牟		
	甲叶数	重量	甲叶数	重量	甲叶数	重量	总重
枪手甲	1610 — 1810	31斤4两 — 36斤14两	1028 — 1298	10斤9两4钱 — 14斤	507 — 674	9斤 — 10斤12两	53斤8两 — 58斤1两
弓箭手甲	1612 — 1818	31斤12两 — 36斤12两	646 — 850	7斤12两 — 10斤	349 — 420	6斤10两 — 8斤8两	47斤12两 — 55斤
弩手甲	1178 — 1326	22斤10两 — 25斤18两	630 — 836	7斤8两 — 9斤8两	355 — 420	6斤12两 — 9斤	37斤10两 — 45斤8两

以上诸甲，都是"皮线穿举"。据此可知当时制造铠甲，根据不同的部位，所用甲叶的重量不同，甲身的甲片最重，头牟的次之，披膊的最轻。如以枪手甲为例，甲身每叶约重0.31~0.32两，披膊每叶约重0.17两，头牟每叶约重0.28两，比绍兴四年（1134年）的全装甲的甲身叶和披膊叶轻得多，仅头牟叶的重量稍重一点。至于当时制造铠甲的工数和费用，在绍兴三年（1133年）时，提举制造军器所言："以七十工造全装甲一。又长齐头甲每一甲用工百四十一，短齐头甲用工七十四。乞以本所全装甲为定式。"❶又朱熹《与曾左司事目箚子》讲到打造"步人弓箭手铁甲"的用工和费用："打造步人弓箭手铁甲，一年以三百日为期，两日一副，昨已打造到一百五十副了毕，申乞迟发继准枢密院箚子，检坐元降指

挥只令如法椿收，窃缘上件铁甲计用皮铁匠一万八千，工钱五千二百余贯，……"❶可知每副铁甲需用皮铁匠120，工钱约3贯半左右。建炎三年（1129年）江东漕臣褚宗谔造"明举甲"三千，每副工费"八十缗有奇"❷。足见当时制造一副铁甲所需的工时和工费是相当可观的。在制造技术方面，北宋的铁铠甲是相当精坚的，神宗时著名科学家沈括兼管军器监，为了提高铠甲和兵器的质量，亲自调查访问冶炼作坊，又分析灌钢和百炼钢、冷锻和热锻的区别，以提高兵器装具的质量。他在《梦溪笔谈》中，还特别记录了有关冷锻制作的质量精良的铠甲的资料。"凡锻甲之法，其始甚厚，不用火，（今）〔冷〕锻之，比元厚三分减二乃成。其末留箸头许不锻，隐然如瘊子，欲以验未锻时厚薄，如浚河留土笋也，谓之'瘊子甲'。"❸又说镇戎军有一副瘊子甲，用强弩距离五十步射它，都不能射进去，可见该甲的精坚程度。陶穀《清异录·武器》记水莹铁甲，"十年不磨冶亦若镜面"❹。也是表示当时铠甲制造之精良的一个例子。

马甲（具装）：在宋代，由于军队的组织、战略战术等方面的变化，也和唐代一样，虽是在军中编有重装骑兵（甲骑具装），其数量和重要性与北朝至隋时自是无法相比，但马甲（具装）仍是北宋军中的一种防护装具。北宋初年，马具

---

❶ 朱熹：《晦庵先生朱文公文集》卷二〇，《四部备要》本。

❷ 《玉海》卷一五一引。

❸ 《新校正梦溪笔谈》，第195页。

❹ 《说郛》本，第120册。

装有铁质和皮质的，铁质的如铁钢朱漆皮马具装和金钱朱漆皮马具装。随后，真宗（998—1022年）至英宗（1064—1067年）时期，军队日益腐败，军事装备的生产受到一定的影响，马具装也是如此。在曾公亮等修纂《武经总要》的时候，看来铁质的马具装已经停止了生产，仅只制作皮质的马甲（具装）。书中对马甲的总述是："裹马装则并以皮，或如列铁，或如笏头，上者以银饰，次则朱漆二种而已。"《武经总要》书中记录的一领马甲（图8-26），总结了前代的制度，结构完备，包括了面帘（并附有一具"半面帘"）、鸡颈、荡胸（即"当胸"）、马身甲和搭后五部分，披在战马身上，则护住了头、颈和干躯（图8-27）。这种皮质鬃漆的马甲的颜色，最初还有黑色的，以后全改用朱红色。"（政和）三年（1113年）诏：马甲曩用黑鬃漆，今易以朱。"❶ 同时，宋代统治阶级为了讲排场，在卤簿里使用装饰华丽的马具装，称为"马珂"，"如常马甲，加珂拂于前膺及后鞦。"❷ 在北宋马具装日益衰退的时候，北方契丹族和女真族的军队中，仍重视重装骑兵。"辽国兵制，凡民年十五以上，五十以下，隶兵籍。每正军一名，马三匹，……人铁甲九事，马鞯辔，马甲，皮铁视其力，弓四，箭四百……"❸ 可知契丹军队中装备有铁马甲。辽应历九

---

❶ 《宋史·兵志》，第4919页。《宋会要辑稿·舆服六》所记，与此大致相同。

❷ 《宋史·仪卫志》，第3470页，参看《宋代的马珂之制——从美国纽约都会美术馆所藏宋画及日本的"唐鞍"谈起》，《文物》1987年第9期，第69—75页。

❸ 《辽史·兵卫志》，第397页。

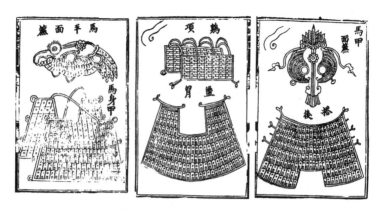

图8-26 《武经总要》中的马甲

图8-27 《武经总要》中马甲复原示意图

1.面帘 2.鸡颈 3.荡胸（当胸） 4.马身甲 5.搭后

年（959年）驸马卫国王墓中出土大量铁甲片，重100千克左右，其中有一种上宽下窄的大型甲片，长10.2厘米、宽3.5~4厘米，可能就是马具装上使用的❶。女真族在进军中原时，还是把重装骑兵作为军队的核心。女真军主将兀术自己就乘骑甲马。他亲统的4000牙兵，皆重铠全装，人披铠，马披具装，号为"铁浮图"❷。在建炎四年（1130年）四月保卫建康的战役中，宋军也曾缴获金兵的马甲293副❸。

第二节　火药的发明

　　火药是中国古代一项对世界文明有深远影响的重要发明❹，它起源于中国古代的炼丹术。火药的主要组分中的硝石和硫磺的药用价值，汉代以前已被人们认识，秦汉之际成书的《神农本草经》中已有记述。以后，硝石、硫磺以及硫磺的砷化物，都已成为炼丹术中常用的药物。在《诸家神品丹法》的《孙真人丹经》已记有多种"伏火"法，其配方都含有硝、

---

❶　热河省博物馆筹备组：《赤峰县大营子辽墓发掘报告》,《考古学报》1956年第3期，第1~26页。

❷　《三朝北盟会编》卷二〇一，引杨汝翼：《顺昌战胜破贼录》。

❸　岳珂：《金陀粹编》卷五，《鄂王行实编年》。

❹　关于火药的发明和火器的使用，本书根据丁儆为《中国军事百科全书·古代兵器》卷所撰写的条目《古代火药》，以及为准备撰写古代火药所进行的多次学术讨论，有关文章和学术讨论均辑入钟少异主编：《中国古代火药火器史研究》，中国社会科学出版社，1995年。中外学者如冯家昇、李约瑟等，对有关中国古代火药和火器的文献和图像的一些误解，在该书中也作了辩正，均请参看，本书亦不一一列举。

硫两种成分。《诸家神品丹法》还记有"伏火硫黄法",已使用了硫黄、硝石,并放入"烧令存性"的皂角子,已具备了黑火药配方的硝、硫、炭三组分。虽然《孙真人丹经》将作者依托于隋末唐初医学家孙思邈,而《诸家神品丹法》所载"伏火硫黄法"却未冠孙真人名字,因此并无法据此认为就是孙思邈的作品,其成书年代为唐肃宗乾元元年至三年(758—760年),或此丹法为孙思邈传授,后人写定;或为后人写定,依托孙思邈,亦未可知。

在道藏中还有《铅汞甲庚至宝集成》,其中选录入唐宪宗元和三年(808年)金华洞清虚子所撰的《太上圣祖金丹秘诀》,记载有"伏火矾法",即用"硫二两,硝二两,马兜铃三钱半。右为末拌匀,掘坑入药于罐内,与地平。将熟火一块弹子大,下放里面,烟渐起,以湿纸四五重盖,用方砖两方捺,以土冢之,候冷取出"。虽然炼丹家本意是为了炼丹时的安全,使硫磺改性,避免燃烧爆炸,但是在这"伏火矾法"配方中由于马兜铃含有碳的成分,已同现代黑火药配方的硝、硫、炭三组分基本一致,从而获得了原始火药。因此可以表明,至迟在公元808年以前,含硝、硫、炭三组分的火药已经在中国诞生。

到中唐以后,在《真元妙道要略》书中,已明确记载具有原始火药组分的配方会导致烧毁屋舍等祸事。"有以硫黄、雄黄合硝石并蜜烧之,焰起烧手、面及烬屋舍者。""硝石宜佐诸药,多则败药,生者不合三黄等烧,立见祸事。"三黄指硫磺、雄黄和雌黄。可以认为这是炼丹家在发明火药的过程中，对这类丹方燃烧爆炸性能的经验总结。也可以说从这时起，原始火药遂渐步入军事应用的新阶段。

第三节 《武经总要》所记火药配方和火药兵器

一、《武经总要》所记火药配方

《武经总要》中记录有火砲火药法和蒺藜火毬、毒药烟毬等3个火药配方，它们是世界历史上最早冠以火药名称，并直接应用于实战兵器的火药。但这3个已是较成熟的火药配方，而且《武经总要》书中已记录了多种应用火药的兵器，因此火药最初用于军事的时间应比1044年《武经总要》成书为早，一般估计约在公元10世纪初，但目前尚无确证❶。《武经总要》所记的3个火药配方如下。

火砲火药法："晋州硫黄十四两、窝黄七两、焰硝二斤半、麻茹一两、乾漆一两、砒黄一两、定粉一两、竹茹一两、黄丹一两、黄蜡半两、清油一分、桐油半两、松脂一十四两、浓油一分。""右以晋州硫黄、窝黄、焰硝同捣罗，

---

❶ 曾有中外学者引用《九国志》记唐哀宗天祐初郑潘攻豫章"发机飞火"烧龙沙门事，或《吴越备史》记后梁贞明五年（919年）吴越伐淮南以铁筒发火油焚敌舰事，认为是火药用于军事的最早实例。但前者认为"飞火"必定使用了火药，证据不足；后者所指火油喷筒，确系为中国引进"希腊火"喷火器之实例，但以《武经总要》记之猛火油柜反推当时以火药为引火物，并无实据。具体分析请看钟少异：《10世纪初火药应用于军事的两个推论质疑》，《中国古代火药火器史研究》，第55~63页。

砒黄、定粉、黄丹同研，乾漆捣为末，竹茹、麻茹即微炒为碎末，黄蜡、松脂、清油、桐油、浓油同熬成膏，入前药末，旋旋和匀。以纸伍重裹衣，以麻缚定。更别镕松脂傅之。以砲放。"

蒺藜火毬火药法："硫黄一斤四两、焰硝二斤半、粗炭末五两、沥青二两半、乾漆二两半捣为末，竹茹一两一分、麻茹一两一分剪碎用，桐油小油各二两半、蜡二两半镕汁合之。外傅用纸十二两半、麻一十两、黄丹一两一分、炭末半斤，以沥青二两半、黄蜡二两半，镕汁和合，周涂之。"

毒药烟毬火药法："毬重五斤，用硫黄一十五两、草乌头五两、焰硝一斤十四两、芭豆五两、狼毒五两、桐油二两半、小油二两半、木炭末五两、沥青二两半、砒霜二两、黄蜡一两、竹茹一两一分、麻茹一两一分，捣合为毬。贯之以麻绳一条，长一丈二尺、重半斤，为弦子。更以故纸一十二两半、麻皮十两、沥青二两半、黄蜡二两半、黄丹一两一分、炭末半斤，捣合涂傅于外。若其气熏人，则口鼻血出。……以砲放之，害攻城者。"

近年曾对这3种北宋火药配方进行模拟试验研究[1]。可知这3种火药配方虽然组分不同，但硝、硫、炭不可少，硝的含量有时增加，硫的含量有时减少，这硝、硫配比的增减变化，提高了火药性能，可以使燃速加快，比容增大，热量提

---

[1] 北京理工大学力学工程系杨硕、丁懒：《古代火药配方的试验研究》，《中国古代火药火器史研究》，第4~54页。

高，还易于点火。同时表明已能根据不同的实战要求制成不同的火药。毒药烟毬燃速慢，燃烧温度低，利于毒药的挥发；火砲火药是燃烧兵器，要求燃烧热高；蒺藜火毬要求燃速快，气态产物比容大。实验证明这3种配方的火药恰好分别符合以上要求，证明北宋时已能掌握火药不同配方与性能之间的关系，特别是硝石增减所起的作用，不断积累了经验。但是总体看来，当时火药虽然已用于实战兵器，但配方中硝含量低，并含有大量其他组分，通常只能速燃，用以纵火、发烟或散毒，还是一种低级火药，是近代火药的雏形。

二、《武经总要》所记火药兵器

由于当时火药的性能只能速燃，故此《武经总要》所记火药兵器以纵火为主，还有发烟、散毒等效能。主要是以砲抛掷的各种火毬（图8-28），是将含有硝、硫、炭和其他组分的火药团和成毬，裹纸或麻数重，外敷松脂等。有的还团入一些有毒或发烟的物质，或铁蒺藜等杀伤元件。使用时以烧红的烙锥点燃，用砲抛掷向敌方，以纵火、施烟、播毒等杀伤敌方有生力量。有以纵火为主的火毬（砲）和霹雳火毬，霹雳火毬中团入一段无

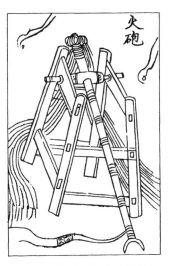

图8-28 《武经总要》中抛射火药兵器的火砲

缝存节的竹竿，火毬燃烧时竹竿爆裂，发出霹雳般响声，并可将已点燃的火药炸得向周围飞溅，提高了纵火效果❶。又有在毬内团置3支"六首铁刃"并外施8枚有倒刺铁蒺藜的蒺藜火毬，除燃烧外，铁蒺藜还可杀伤敌方人马；有内置砒霜、草乌头、狼毒、芭豆等毒剂的毒药烟毬，燃烧后产生有毒浓烟，借以播毒，也有燃烧后发烟的"烟毬"，等等（图8-29）。此外，还有铁嘴草尾的"铁嘴火鹞"，用稻草束的尾来作飞行稳定装置。有纸皮竹编内填火药的"竹火鹞"，以及"火药鞭箭"。

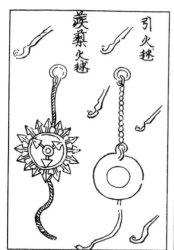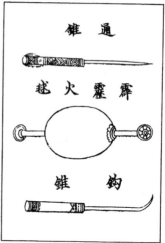

图8-29 《武经总要》中的火药兵器蒺藜火毬和霹雳火毬

---

❶ 过去有学者认为霹雳火毬为爆炸性火药兵器，不确，基于当时火药的效能，仍应为纵火类兵器，参看袁成业：《火毬》，《中国军事百科全书·古代兵器分册》，第124~126页。

第四节　宋金战争及以后火药兵器的发展

　　北宋时期，火药的制作技术不断有所改进。当时在都城汴梁，制作火药的作坊，隶属于"广备攻城作"。据宋次道《东京记》，八作司之外"又有广备攻城作，今东西广备隶军器监矣，其作凡十一目"，其中有火药作，"皆有制度作用之法，俾各诵其文，而禁其传。"❶但制作的火药兵器，仍如《武经总要》所记，以抛掷的火毬类为主。后来在金兵进攻汴梁时，李纲统领的守城宋军曾使用抛掷的火毬类火药兵器御敌，"夜发霹雳砲以击贼，军皆惊呼。"金兵攻陷汴梁以后，俘获了大批北宋制作兵器的工匠，也包括制作火药的工匠，从而增强了金军制作火药兵器的能力。宋金双方都不断地在战争中使用火药兵器，这就使火药兵器真正经历了战火的洗礼，促使火药和火药兵器性能在实战中不断改进。双方还不断创制新式的兵器。在原来以纵火为主的火药兵器的基础上，陆续研制了爆炸威力很大的铁火砲、可以喷火的火枪。特别值得注意的是以火药推进的火箭和竹筒制作的原始管形射击火器，它们开现代火箭和枪炮之先河。

---

❶　《尘史》卷上引宋次道《东京记》，涵芬楼排本。又据《宋会要辑稿·职官》三〇之七，广攻城作为二十一作，非十一作，其中确有火药作。此条承徐苹芳同志见告。

一、火砲

铁火砲是以生铁铸成砲壳内置火药的爆炸性兵器❶，最早见于金军进攻蕲州的战斗中，时为嘉定十四年（1221年）。据南宋赵与褣《辛巳泣蕲录》记载："其形如匏状而口小，用生铁铸成，厚有二寸，震动城壁。"后来1232年金人守汴梁抗拒蒙古军时，"其守城之具有火砲名'震天雷'者，铁礶盛药，以火点之，砲起火发，其声如雷，闻百里外，所蒸围半亩之上，火点著甲铁皆透。"❷南宋时期，各地制作铁火砲的数量已十分可观，南宋宝祐五年（1257年）李曾伯奉命调查军备时，荆州一个月就制造铁火砲一两千只，荆、淮两地备有的铁火砲数量达十几万只。又据《景定建康志》所记，在两年三个月的时间内，添修、创制的火攻器具超过6万件，其中创造的有38359件，内有铁砲壳35260只（10斤重4只、7斤重8只、6斤重100只、5斤重13104只、3斤重22044只），还有霹雳火砲壳100只、小铁砲208只。说明建康地区铁火砲的生产数量也是相当可观的。同时南宋时也提高了铁火砲爆炸的威力，例如1277年，元军围攻静江城（今广西桂林），城破后南宋守军娄钤辖统领250人死守月城，最后点燃大铁火砲集体自炸殉国，"娄乃令所部入拥一火砲然之，声如雷霆，震城土皆崩，烟气涨天外，（元）兵多惊死者，火熄入视之，灰烬无遗

---

❶ 本文有关铁火砲的叙述，皆据杨价佩：《铁火砲》，《中国军事百科全书·古代兵器分册》，第127~129页。

❷ 《金史·赤盏合喜传》，第2496页。

矣。"❶可见当时铁火砲威力之大。此外，南宋军还制作过用于水战的"霹雳砲"，其中装有石灰，火砲爆炸后，石灰散为烟雾，可迷住敌军眼睛，使其丧失战斗力。绍兴三十一年（1161年）虞允文在采石水战中，就曾使用过这种霹雳砲❷。

二、火枪

火枪是在传统冷兵器矛枪的枪锋后加装纸筒或竹管的火药筒而成，点燃后可以喷出火焰烧敌，火焰喷尽，又可以枪锋刺敌。金正大九年（南宋绍定五年，1232年），金军守汴梁时就使用了"飞火枪"，"注药以火发之，辄前烧十余步，人亦不敢近。"据说元军当时"惟畏此二物（按指震天雷与飞火枪）云"❸。金天兴二年（1233年）五月，蒲察官奴曾率忠孝军450人以飞火枪突袭元军，取得胜利，使元军溺水死者3500余人。《金史·蒲察官奴传》较详细地记录了飞火枪的形制："枪制，以勅黄纸十六重为筒，长二尺许，实以柳炭、铁滓、磁末、硫黄、砒霜之属，以绳系枪端。军士各悬小铁罐藏火，临阵烧之，药尽而筒不损。盖汴京被攻已尝得用。"❹

三、火箭

北宋后期，民间流行的能高飞的"流星"（或称"起火"）

---

❶ 《宋史·马墍传》，第 13270 页。
❷ 见杨万里《诚斋集》卷四四《海鳅赋》小引。
❸ 《金史·赤盏合喜传》，第 2497 页。
❹ 《金史·蒲察官奴传》，第 2548 页。

已经利用了火药燃气的反作用力。按工作原理,"流星"之类烟火就是用于玩赏的火箭。将这一技术应用于军事,大约是在南宋时期,不迟于12世纪中叶,已制出依靠自身向后喷射火药燃气的反作用力飞向目标的兵器,但仍沿用过去靠弓弩发射的纵火兵器的原称,称为"火箭"❶。这种原始形态的火箭,是在箭镞后的箭杆上适当部位绑缚一个火药筒,发射时用药线引燃火药,火药燃气从筒后尾喷射而出,产生反作用力推动箭身前进,使箭镞射中目标。其构造虽较简单,但组成部分却很完整:以火药筒作动力装置,以箭杆作箭身,用箭羽稳定飞行姿态,以箭镞为战斗部。因此,它已是现代火箭的雏形,意义极为深远。

四、原始管形射击火器

最早出现于战场上的管形喷射火器,是绍兴二年(1132年)南宋将领陈规在守德安(今湖北安陆)时使用的竹杆火枪。当时"规以六十人持火枪自西门出,焚天桥,以火牛助之,须臾皆尽"❷。这种火枪,据他在《守城录》所记述,是"以火砲药造下长竹杆火枪二十余条,……皆用两人共持一条"。陈规制造的竹杆火枪,仍属喷射纵火兵器。但是到开庆元年(1259年),已经创制出可以发射"子窠"的竹筒火枪,

---

❶ 本文对古代火箭的叙述,全依王永志:《古代火箭》,《中国军事百科全书·古代兵器分册》,第119~124页。又可参考潘吉星:《中国火箭技术史稿》,科学出版社,1987年。

❷ 《宋史·陈规传》,第11643页。

"又造突火枪，以钜竹为筒，内安子窠，如烧放，焰绝然后子窠发出，如砲声，远闻百五十余步。"❶从突火枪的构造及发射过程可知，它已具备了管形射击火器的3个基本要素：枪筒、火药、子窠（最早的弹丸）。竹制枪筒是装填火药与子窠的必要条件❷，火药在筒中燃烧产生的气体推力能将子窠射出枪筒，产生击杀作用。因此，突火枪将原始的喷射燃烧性火器提高到一个新阶段，可以认为它是世界上最早发射弹丸的管形射击火器，并为金属管形射击火器——火铳的创制，奠定了基础❸。

---

❶ 《宋史·兵志》，第 4923 页。

❷ 《景定建康志》中记有"突火筒三百三十三个"，也有可能即为这种"突火枪"类兵器。

❸ 王兆春：《中国火器史》，第 33~34 页，军事科学出版社，1991 年。

第九章　元明清兵器

第一节　元明清兵器的时代特征

元至元十六年（1279年）二月，厓山之战结束，南宋末代小皇帝赵昺投海而死，中国重归统一。元这个以少数民族蒙古族作为最高统治者的强大王朝，仅维持了不到1个世纪。继而又出现了全国范围内的动乱，群雄纷争中崛起了一位贫民英雄朱元璋，最终统一全国建立明朝。明王朝维持了两个半世纪，也出现了全国范围的动乱，李自成领导的农民军在甲申年（1644年）开进了国都北京，崇祯帝自杀，明朝覆亡。随后另一个少数民族满族的大军自辽东半岛进入山海关，最后统一包括台湾岛在内的全中国，建立清朝，其统治中国的时间前后有267年。

在元明清3朝超过6个世纪的历史时期，中国军队仍旧装备着大量的冷兵器，同时火药兵器有了很大发展，特别是金属管形射击火器由发生到发展、改进，不断改变着古代战场的面貌，对当时的军队编成、训练和战术，都有深远的影响。目前所知传世文物中年代最早的金属管形射击火器是内蒙古蒙元文化博物馆藏元大德二年（1298年）铭铜火铳❶，稍迟的

---

❶ 钟少异、齐木德·道尔吉、砚鸿、王兆春、杨泓：《内蒙古新发现元代铜火铳及其意义》，《文物》2004年第11期，第65~67页。

标本是中国国家博物馆藏元至顺三年（1332年）铭铜火铳❶。在陕西❷、黑龙江❸等地也发现过元代铜火铳，表明至迟在元代晚期，在中国古代兵器的行列中已经出现了金属管形射击火器——铜火铳的身影，也表明中国古代兵器史已步入火器和冷兵器并用时代的第二阶段，即火铳的发明及发展阶段。在古代文献中，也已有元军以装备大量火铳的军队参与实战的记录，至正二十四年（1364年）达礼麻识理已经指挥一支以"火铳什伍相联"的部队进行作战❹。约略同时，在江南群雄争霸的战场上，铜火铳也已较普遍用于战斗。如朱元璋部将胡德济、谢再兴，曾在1362年指挥士兵使用火铳坚守诸全（今浙江诸暨）。在朱元璋统一全国建立明朝的过程中，火器在战争中的作用日益凸显，所以洪武年间（1368—1398年）出现了火铳制造的高潮，这一高潮一直延续到永乐年间（1403—1424年），在各地有关明代纪年铜火铳的考古发现，多是这一时期制造的遗物❺。而且到明成祖永乐年间，还将洪武年间火铳由各卫所承造，改由明中央政府统一制造。洪武至永乐年间火铳的发展，显示出中国发明火药并首先用于军事以后，直到元末明

---

❶ 关于至顺三年（1332年）火铳入藏前的情况及有关问题，请参看杨价佩：《元代火铳研讨会综述》，《中国古代火药火器史研究》，第190~198页，中国社会科学出版社，1995年。

❷ 晁华山：《西安出土的元代铜手铳与黑火药》，《考古与文物》1981年第3期，第73~75页。

❸ 魏国忠：《黑龙江阿城县半拉城子出土的铜火铳》，《文物》1973年第11期，第52~54页。

❹ 《元史·达礼麻识理传》，第3452页。

❺ 成东：《明代前期有铭火铳初探》，《文物》1988年第5期，第68~79页。

初火器制作一直居于世界领先地位。同时在永乐初年，明军中建立了神机营，这是中国历史上首次组建的一支专用火器的部队❶，在军事史上具有重要意义。

元末明初火器迅猛发展的势头，随着明朝统治的稳固而中止。明朝皇帝为了巩固自己的统治地位，开始颁布禁令，严禁地方和民间私藏、私造、私传火器。并开始海禁，闭关锁国。加之宣德年间（1428—1435年）以后，朝政日趋腐败，奸佞当国，国力下降。火器的制造也因循守旧，停滞不前，缺乏创新。而火药经中亚向西传播到欧洲以后，在15至16世纪制作火炮的技术有了很大的进步。所以到了16世纪初期，当明朝的官员因偶然机会接触到新式的西方枪炮后，又掀起了仿制西方枪炮的热潮。首先是正德（1506—1521年）末年开始仿制葡萄牙（当时译名为佛郎机）产的火炮——佛郎机铳，继而在嘉靖年间（1522—1566年）仿制西方的火绳枪——鸟铳，又在17世纪初仿制荷兰的大型加农炮——红夷炮。中国古代兵器的历史发展到火器和冷兵器时代的最后阶段，即枪炮在外来技术影响下的发展阶段。这一阶段一直延续到中国古代兵器史的终结。

明代中期仿制西方枪炮的成果，使火器在军队装备中的比重发生很大变化，在洪武年间，装备火铳的士兵大约占军中总人数的10%。据《明太祖实录》卷一二九，洪武十三年（1380

---

❶ 关于明军组建神机营的时间，史无明载。《明史·兵志》记置神机营的时间在明成祖平交阯（安南）以后，据《明史·成祖本纪》平安南在永乐四至五年（1406—1407年），故神机营的建立应在1407年或稍后。请参看《明代前期有铭火铳初探》，第78页。

年）正月规定："凡军一百户，铳十，刀牌二十，弓箭三十，枪四十。"又据《大明会典》卷一九二记洪武二十六年（1393年）定："每一百户，铳手十名，刀牌手二十名，弓箭手三十名，枪手四十名。"❶可见铳手与装备冷兵器的刀牌手、弓箭手、枪手数量之比例为1∶9。到引进和仿制鸟铳、佛郎机等枪炮以后，戚继光在蓟州练兵时，不论是车营还是步营，装备枪炮等火器的士兵已占总人数的50%，装备火器的士兵和装备冷兵器士兵数量之比已升为1∶1。同时，也出现了以赵士桢为代表的火器研制家❷，他所著的《神器谱》等书，以图文并茂的形式系统记述中外各种枪型的性能、优缺点、制作工艺、使用方法及火药生产等，也记述了他在研究旧有火器基础上，改进或发明的新火器，以及设计的战车和防御器具。茅元仪的《武备志》更集录了各种枪炮以及各类火箭、地雷、水雷等火药兵器，其中有设计颇为先进的有翼火箭、多级火箭、多发齐射火箭等。另一方面，火器在军队装备中比重的增加，促使明军从组训到战术都产生一系列革新措施，特别在名将戚继光所著《纪效新书》及《练兵实纪》中，对在御倭战争和训练北方边兵中的经验进行了总结，极大地发展了火器与冷兵器相结合的战术理论。

到了明代末年，对西方火器的仿制，集中在大口径火炮方面。崇祯初年，由徐光启组织实施仿制西洋火炮，仅崇祯三年（1630年）二月至八月，就制成400余门。以后明廷还曾请

---

❶ 转引自《中国火器史》，第103页。

❷ 成东：《赵士桢》，《中国军事百科全书·古代兵器分册》，第205~206页。

德籍传教士汤若望指导和协助铸造西洋火炮，并出现了孙元化的《西法神机》、王尊德的《大铳事宜》、焦勖的《火攻挈要》等有关火器的专著。崇祯年间（1628—1644年）制造的威力较大的重型红夷炮，重500~1350千克，最重的达2700千克，在辽东抗御满族建立的后金的战场上功效显著。天启五年（1625年）宁远之战明军西洋大炮对击退攻城的后金军起了一定作用，据传努尔哈赤也在此役中炮重伤。正是因为在宁远等战斗受挫，使后金认识到火炮在战争中的作用，开始以火器装备部队。后金火器的来源一方面是缴获的明军火炮，另一方面以缴获的枪炮为模式进行仿制，主要是仿红夷炮制造的红衣炮，还有各种中小型火炮，以及单兵使用的鸟枪。天聪五年（1631年）在工部下设虞衡清吏司，职掌火器制造，下设硝黄库、炮子库、枪子库，分掌枪炮弹药的制造和贮存事宜，从而准备了充足的火器，为进关作战乃至统一全国作出了贡献。以后，为了巩固统治，平息三藩叛乱以及边疆动乱，抗御外敌，清朝皇帝一直注重火器的生产和枪炮的质量，并依靠火器的优势，不断在战争中取得胜利。但是在雍正年间（1723—1735年）以后，国内统治稳定，对外闭关锁国，导致火器生产因循守旧，故步自封，落后的封建经济，也使枪炮的研制和改进缺乏动力。正如恩格斯所言："但是火药和火器的采用决不是一种暴力行为，而是一种工业的，也就是经济的进步。"❶ 从此在火药和火器的故乡中国，清朝枪炮的发展趋于停滞，生产技

---

❶ 恩格斯：《反杜林论·暴力论（续）》，《马克思恩格斯选集》第三卷，第 206 页，人民出版社，1972 年。

术日渐陈旧衰落，不断与欧洲列强的枪炮水平拉大差距。殆至清朝末年，帝国主义列强侵略中国，在腐败的清政府领导下，装备窳陋的清军，用旧式枪炮和弓矢刀矛，无法抵御列强的巨舰大炮。1840年第一次鸦片战争的无情炮火，轰开了"天朝"的门户。经过两次鸦片战争，清朝政府鉴于战败的沉痛教训，以及维护国内统治的需要，开始改革军制，采购和仿制先进的西方近代枪炮，建立近代军事工业。这一切标志着中国古代火器与冷兵器并用时代的终结，中国古代兵器的历史也就在带着屈辱标记的尾声中结束了。

第二节　元末至明初金属管形射击火器——火铳的新发展

目前在中国发现的时代最早的金属管形射击火器，是元代末年的铜火铳。内蒙古蒙元文化博物馆收藏的一件（图9-1），有八思巴字铭文两行，汉译为"大德二年（1297年）于迭额列数整八十"，其中"迭额列"一词词义不详，或为地名，或为职司名。这件火铳由前膛、药室和尾銎构成：前膛筒形，口部外侈呈碗口形状，膛后部药室微隆起，壁上开孔，为伸出药线的火门，尾銎两侧壁有对称的穿孔。全长34.7厘米、口外径10.2厘米、口内径9.2厘米、壁厚0.5厘米、膛深27厘米、尾銎长6.5厘米、銎口径7.5厘米、銎壁孔径2厘米、重6210克**❶**。中国国家博物馆收藏的一件（图9-2），有至

---

❶　同《内蒙古新发现元代铜火铳及其意义》。

图9-1　内蒙古发现的元大德二年铜火铳

图9-2　中国国家博物馆藏元至顺三年铜火铳

顺三年（1332年）纪年铭[1]。这件火铳由前膛、药室和尾銎构成：前膛筒形，口部外侈呈碗口形状；后接微凸的药室，侧壁上开孔，为通药线于外的火门，后壁封闭；尾銎剖面圆形，銎孔后开，侧壁有两个对称的方孔。铜铳全长35.3厘米、口径10.5厘米，重6.49千克。这类火铳使用时先由前膛将火药装入

[1] 中国国家博物馆藏铜铳的铳身铭3行，为"至顺三年二月吉日'绥辽边讨寇军'第叁佰号马山"。关于其真伪、时代等问题的讨论，参看注2。

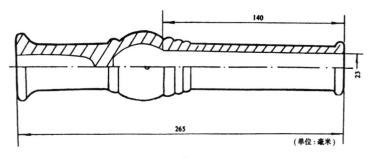

図9-3 西安出土元代铜火铳

药室，安置通于火门外的药线，然后再将弹丸（圆形的石弹或铁、铅等金属弹丸）装填于前膛中。可放一颗大弹丸，或放多颗小弹丸成散弹射击。射击时点燃药线，引燃火药，将弹丸发射出铳膛。在陕西西安出土的铜火铳（图9-3）❶，基本结构与国家博物馆藏火铳相同，由前膛、药室和尾銎构成，惟前膛较细长，口径较小，且无碗口，铳体前后共有6道加强箍，出土时药室内还有火药残迹。全长26.5厘米、口径2.3厘米，重1.78千克。以上三件火铳，虽然基本结构相同，但仔细比较还是有不同之处。前两者前膛径小于口径，盏口的口径较大，国家博物馆藏至顺三年铳的口径远比其前膛径为大；后者前膛径和口径基本相同，口径较小。又由尾銎可以看出前两者的銎孔宽大，如装木柄则难于以手握执，只有安放炮架上才好施放❷；后者尾銎径与铳口径大致近同，安插上木柄后正好由单

---

❶ 同《西安出土的元代铜手铳与黑火药》。

❷ 关于中国国家博物馆藏至顺三年铜铳装置的复原研究，参看王荣：《元明火铳的装置复原》，《文物》1962年第3期，第41~44页。

兵手执施放。至顺三年铳重近7千克，装填了火药和弹丸后重量应超过10千克，加上发射时的反座力，难于单兵施放；西安出土铳重不到2千克，装填后重量也超不过4千克，适于装柄后单兵手执施放。由此可以将它们分为重、轻两型，重型的如国家博物馆藏至顺三年铭铜铳，从外形特征也可称为"碗口铳"，应是后代火炮的前身；轻型的是西安出土铜铳，也可称为"手铳"，则是后代火枪的前身。目前所知的一些时代与它们相近的铜火铳，同样可以按以上两型分类。河北张家口出

图9-4　张家口出土铜火铳

图9-5　黑龙江阿城县出土铜火铳

土的铜铳（图9-4）❶，碗口，全长38.5厘米、口径12厘米，与至顺三年铳同型，属重型的碗口铳。黑龙江阿城出土铜铳（图9-5），形制与西安铜铳相同，长34厘米、口径2.6厘米，重3.55千克❷。传山东益都苏埠屯出土"至正辛卯"铭（辛卯为至正十一年，1351年）铜铳，长43.5厘米、口径3厘米，重4.75千克❸。它们都与西安铜铳同型，属轻型的单兵用手铳。

上述元末铜火铳实物，表明当时铜制金属管形射击火器的制作，已经具有一定的规模，而有关文献中也出现了使用这种新型火器作战的记录。人们为了区别于以前原始的竹筒管形射击火器，不宜再用原来的"突火枪""火筒"等名称，必须为这种新型金属管形火器起一个新名字，因此制造了新的"铳"字。关于"铳"字的出现，明代邱濬对此曾有考证："自古中国所谓砲者，机石也，用机运石而飞之致远尔。近世以火药实铜铁器中，亦谓之砲，又谓之铳。铳字出无之，盖俗字也。"还对火铳的特征作了简要的描述："今铳之制用铜或铁为具如筒状，中实以药，而以石子塞其口，旁通一线，用火发之。"❹后来又把原来抛石机用的"砲"字改从"火"而成"炮"。

---

❶ 河北省博物馆、文物管理处：《河北省出土文物选集》，第232页图416，文物出版社，1980年。

❷ 同《黑龙江阿城县半拉城子出土的铜火铳》。

❸ "至正辛卯"铜铳现藏中国人民革命军事博物馆，上刻"射穿百札，声动九天""龙飞""至正辛卯""天山"等小篆体铭文，对其真伪的讨论，参看《中国古代火药火器史研究》。对其装柄复原研究，参看《元代火铳的装置复原》。

❹ 邱濬：《大学衍义补》卷二二《器械之利下》。

图9-6 河北赤城出土建文二年火铳、洪武五年火铳和张北出土宣德元年火铳

自元末至明初,新兴的金属管形射击火器——铜火铳的制作和使用达到高潮,目前已获得了数量较多的明洪武年间(1368—1398年)的铜火铳。火铳的形制沿袭着元末火铳,由前膛、药室和尾銎构成。据1988年时统计的资料,有洪武纪年铭的铜火铳计26件,其中有手铳20件,大口径铜铳5件,还有1件铁制大口径铳(炮)❶。20件洪武纪年铭铜手铳自铭为"铳筒"或"长铳筒",可以分为前后两组。前一组3件,全为洪武五年(1372年)制品(图9-6:中);后一组17件,分别制作于洪武十年至十二年(1377—1379年)(图9-7:上)。这前后两组铜手铳的形制相同,其区别在于制作的地点不同。洪武五年的手铳均由明朝中央的"宝源局"所制造。洪武十年以后,则准许各地卫、所分别制造,从铭文中看,制作的地点有凤阳府、凤阳行府、南昌左卫、威武卫、杭州护卫、水军左卫、虎贲左卫、虎贲卫、渡竟卫、金陵卫、袁州卫、横海卫、永宁卫、永平府、平阳卫、吉安守

---

❶ 同《明代前期有铭火铳初探》。本文对明初铜火铳的叙述,均摘录自成东的论文。

御千户所等多处。铜手铳的形制，仍是沿袭元末铜手铳由前膛、药室和尾銎构成，但与元末的制品相比，制工更精细，特别是制作得极为规范，表明当时对火器的制作已有统一的制式标准。

图9-7　内蒙古托克托县出土明火铳（上为洪武十二年铳）

虽然分别由不同卫所制造，但都严格遵照统一的标准，所以制成的铜铳基本一致，长度在44厘米左右，口径2厘米左右，重量2.1千克左右。并且按规定在前膛外壁刻有同一款式的铭文，洪武五年铜铳除写明均为宝源局造外，还有编号、重量和制造年月。洪武十年（1377年）以后的铜铳因为各地分制，所以写明制造地点、铳筒重量、监造人名、制作工匠人名和制造年代，以便查清责任，保证产品质量。铜铳有统一的制式标准，装备部队后，便于统一训练，投入实战，也便于指挥，可以提高部队的战斗力。除单兵用手铳外，还有5件大口径重型铜铳，自铭为"大碗口筒"，形制也较一致，长31.5~36.5厘米，口径以11厘米左右为多。由铭文有"水军左卫""横海卫"看，这些碗口铳是装备水军战船的大口径火器。同时还有两项发现值得注意，一项是河北宽城发现的洪武十八年（1385年）大铜铳，当时因为大火铳的碗口在发射时散而无力，所以有从碗口改成直筒形的趋势，这件铳就已经改为直筒，而且加长铳筒长度，长达52厘米，重量也增至26.5千克，发射威力自然相应增大。另一项是山西发现的洪武十年（1377年）平阳卫铸造的铁铳，长100厘米、口径21厘米，管壁较厚，从装弹量看都超出已知的大铜铳，可以说是年代最早的初具规模的大型火炮。但目前尚未发现更多的材料，不知当时是否如铜铳那样已大量装备部队，值得今后注意。

到明成祖永乐年间（1403—1424年），为了巩固中央政府的统治，又加强了对火器的控制，铜火铳重新收归中央的军器局和兵仗局负责制造，火铳铭文款式随之变化，删除洪武十年（1377年）后增添的卫所和监造人名，只留制造年月，并加上统一的编号。从已发现的永乐至弘治年间的34件铜火铳来观察，出现的编号有天字、奇字、英字、武字、功字、胜字、烈字、神字、电字等，其中发现最多的是天字编号的铜铳。从永乐七年（1409年）直到正统元年（1436年）纪年铜铳共发现24件，从永乐七年的天字5238号，到正统元年已多到天字98612号，表明历经永乐、宣德、正统三朝，最后编号已接近10万号。其他编号的铜铳中最大编号如下：奇字，12046号；英字，15034号；武字，4344号；功字，18568号；胜字，12775号（图9-8）；烈字，2282号；神字，149号；电字，640号。合计达65838号。与天字号相加，超过16万号。这些编号的数量，也可以从一个侧面反映出这一阶段铜火铳生产数量多么巨大。同时从24件天字号铳上的纪年还可以看到并不是每年都有，它们分别集中于永乐七年（4件）、十二年（5件）、十九年（4件）、二十一年（3件），宣德元年（4件），正统元年（4件）。这表明当时是隔几年组织一次大规模生产，

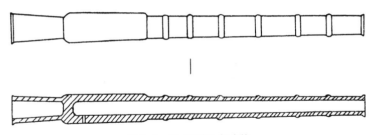

图9-8 明"胜字"铜火铳
"胜字"铜火铳 1583年制 长55.8厘米、口径2.8厘米
铭"万历癸未六月 日 胜字五斤二两 匠检加 药七钱 中丸则八 小丸则十"。

原因可能是要从各地征集原材料和燃料，筹足后才开工生产，而生产的时间又常选择气温适合冶金生产的春秋季节。而永乐七年开始掀起制造火铳的新高潮，又与当时建立神机营，需要大批新式火器有关。与洪武年间生产的铜火铳相比，永乐年间制造的铜火铳除了形制更显规整、表面更为光洁，表明铸造质量更精良外，在细部结构方面也有些改进。首先是在点火孔之上，加铸了一个火药槽和可以开合的火门盖，这样就可以防止风雨吹散和打湿点火药。第二是将直筒的前膛，改为从药室到铳口逐渐内收，微呈锥形，因此改进了火药引爆后膛内压力递减的问题。第三，在火药装填好后，先装入"木马子"，再装填弹丸，使用了木马子可以加强火药的爆发力，增大火铳射程❶。同时基于作战使用的不同要求，又将铜手铳分为口径1.5厘米、铳长36厘米的轻便型手铳，和口径5~7厘米、

---

❶ 河北省文物研究所藏永乐十三年铭奇字手铳，出土时铳膛中还保留有火药和弹丸，在火药与弹丸之间使用了木马子。参看《明代前期有铭火统初探》，第78页。

铳长44~55厘米的中型手铳，而且分别编号。前者编号以天字为主，后者用奇、英、功等字。

综上所述，元末至明初以铜火铳为代表的金属管形射击火器的创制和发展，表明当时中国的火器在世界上还居于领先地位。永乐五年至七年（1407—1409年）用新式火器装备的神机营的建立，是历史上首次出现专用火器的部队，在军事史上也有重要意义。

第三节　明代中期引进的西洋火器——佛郎机和鸟铳

在2件永乐年间制造的铜手铳上，发现有隆庆年间的铭刻。在一件传世的永乐十二年（1414年）铭天字号铜手铳上，后刻有"居台子二十二号居路石峡隆庆五年（1571年）领"铭文；另一件永乐十九年（1421年）铭天字号铜手铳上，后刻有"皇字三号隆庆三年（1569年）□运"铭文❶，表明永乐铜铳在制成后一个半世纪时还在使用。在山西、吉林等地发现的嘉靖、万历年间制造的铜手铳，如山西博物院藏嘉靖庚寅年（九年，1530年）"胜字"无敌手铳❷、吉林出土万历癸未年（十一年，1583年）"胜字"手铳❸，其基本结构仍承袭明初

---

❶　见《明代前期有铭火铳初探》，第75页表五之7、14。

❷　成东、钟少异：《中国古代兵器图集》，第232页图11–11，解放军出版社，1990年。

❸　吉林省博物馆：《明代扈伦四部乌拉部故址——乌拉古城调查》，《文物》1966年第2期，第28~35页。

铜铳，只是前膛和药室加长，加强箍数量增多。这些都表明经过了一个多世纪的漫长岁月，明代传统火铳的制造技术仍旧在原来的水平上徘徊不前。而到了16世纪初年，欧洲枪炮的发展速度，早已远远超越了火器的故乡中国。当一些新式欧洲枪炮由于偶然的机会舶来中国时，迅即吸引了明朝官员乃至明廷中央的注意，并开始仿制，这大约发生于明武宗正德（1506—1521年）、世宗嘉靖（1522—1566年）年间。

最早传来中国的是由葡萄牙制造的佛郎机铳❶。大约在正德末年（1521年左右）佛郎机国（明时泛指今葡萄牙和西班牙，见《明史·外国传·佛郎机》）军舰来到中国沿海，装备的舰炮是一种口径较小的后装炮，明人因其国名称它为"佛郎机"。《筹海图编》中记"其铳以铁为之，长五六尺，巨腹长颈，腹有长孔，以小铳五个，轮流贮药，安入腹中放之。铳外又以木包铁箍，以防决裂。海船舷下，每边置四五个，于船舱内暗放之。他船相近，经其一弹，则船板打碎，水进船漏，以此横行海上，他国无敌"。嘉靖元年（1522年）佛郎机舰侵犯广东新会之西草湾，被击退，明军缴获两舰及舰炮20余门，副使汪鋐将其进献明廷。嘉靖三年（1524年）仿制成功佛郎机铳。以后明朝的军器局和兵仗局，大规模组织生产，并有所改进，制作大小不同的各式佛郎机，用以装备军队。这种佛郎机铳，因为口径较小，威力不大，所以在欧

---

❶ 本文关于佛郎机的叙述，依王兆春《中国火器史》，有关文献亦转引自该书，请参阅该书。

洲未被人重视，并不流行，相反在中国被仿制后，得到大量生产，并成为当时明代军队中装备的主要火炮类型，广泛用于海防和边防前线。据有关文献记载，当时制造的佛郎机按其尺寸轻重有大样、中样、小样多型，还有马上佛郎机、流星炮佛郎机、百出佛郎机、万胜佛郎机等名目。据戚继光在《练兵实纪》中所记，有一至六号6种长度尺寸的佛郎机，分别是：5尺、4尺、3.5尺、2.5尺、2尺，每门各配有9个子炮和全套附件。在《纪效新书》中，他还记述了另5种佛郎机的尺寸，除各附9个子铳和全套附件，还列出其弹重与装药量，具体如下：

一号，长8~9尺，铅子16两，火药16两

二号，长6~7尺，铅子10两，火药11两

三号，长4~5尺，铅子5两，火药6两

四号，长2~3尺，铅子3两，火药3.5两

五号，长1尺，铅子3钱，火药5钱

这5种佛郎机依轻重不同，分别有不同的用途。一至三号属大型铳，用于城堡防御和用作舰炮；四号属中型铳，随军机动作战用；五号属小型铳，装备单兵使用。从目前所知出土和传世的明代佛郎机铳看，尚缺乏长8~9尺的大型铳的标本。长2~3尺的中型铳，在首都博物馆藏有2件标本，一件母铳长91厘米（不计尾柄）、口径4厘米，铭"嘉靖二十二年造　年例胜字三百六号　工匠张南文"。子铳长23厘米、口径3.5厘米，铭"胜字十七号"。另一件只存母铳，长64.5厘米、口径2.3厘米，铭"嘉靖二十三年造　胜字二千六百十二号铸

匠杨动"❶。在辽宁辽阳蓝家堡子村曾发现过2件子铳。前膛外
为铜筒内为铁筒，药室椭圆形，有药槽、药门和护盖，尾銎
外壁刻铭，一件铭文为"胜字陆千贰百柒拾肆号　佛郎机中
样铜铳　嘉靖辛丑年兵仗局造""重捌斤捌两"，全长29.3厘
米、口径2.7厘米。另一件刻铭内容、格式与前者相同，只编
号为"胜字陆千肆百肆拾叁号"，重量为"玖斤捌两"❷。此外，
国家博物馆、蓟县独乐寺也收藏有明嘉靖、万历年间生产的
胜字中样佛郎机铳子铳。长1尺左右的小型铳的标本，据传
在河北抚宁城子峪长城敌楼发现过3件母铳和24件子铳，母
铳口径2.2厘米，尾銎可装木柄，体附圆环，便于携带。子铳
长15.5厘米、口径1.6厘米，具前膛、药室和尾銎，用以轮流
嵌入母铳装弹室内发射。马上佛郎机铳子铳的标本，曾在北
京延庆古长城遗址发现过2件，一件铳身刻铭为"马上佛郎机
铳二千四百四十号　嘉靖庚子年兵仗局造　一斤十两"，另一
件铭文与前者相同，编号为"二千五百五十七号"，重"一斤
十二两"。此外，在军事博物馆、首都博物馆的藏品中还有一
些自铭"流星炮"的铜铳，形制与佛郎机近同，也应为佛郎
机铳的一种类型，应即《大明会典·火器》所记的流星炮，据
记载曾于嘉靖七年以黄铜铸造过160副流星炮，"式如佛郎机，
每副炮三节，共重五十九斤一十四两。"❸

　同《中国古代兵器图集》，第240页图11-44、11-45。

❷　杨豪：《辽阳发现明代佛朗机铜铳》，《文物资料丛刊》第7集，第
173~174页，文物出版社，1983年2月。

❸　参阅《中国火器史》，第130~132页。

与佛郎机铳传入约略同时，西方的前装火绳枪也在嘉靖年间（1522—1566年）传入中国。这种枪与传统的明代铜手铳相比，有许多优点。首先是采用了枪机发火，优于手铳的手持火绳点火；第二，身管长而口径小，并加设准星和照门，优于短管而无瞄准装置的手铳；第三，发射与口径吻合的圆铅弹，发射后形成有规律的弹道，优于手铳装填的大小不一的散弹；第四，安装曲形木托，优于手铳的直杆木柄。以上优点既简化了射击动作，又能使双手稳定持枪瞄准射击，而且射程、射击精度和弹丸侵彻力都远远优于手铳。这种枪传入中国后，被称为"鸟铳"，其得名原因，戚继光在《练兵实纪杂集》中认为是"即飞鸟之在林，皆可射落，因是得名"。或认为其得名因其枪机端部形似鸟嘴，故又名"鸟嘴铳"[1]。据《筹海图编》的记载，嘉靖二十七年（1548年）明军收复日人、葡人占据的双屿（今浙江鄞县东南海中岛屿），获鸟铳及善制鸟铳的工匠，遂命仿制（图9-9）。约略同时，鲁迷国（噜密，今土耳其）使贡"鲁迷铳"，是明代获得鸟铳的又一来源。由于仿制的鸟铳性能比手铳优越，明政府开始大量制造，据《明会典》，嘉靖三十七年（1558年）一次就造鸟嘴铳1万把之多。明朝最初仿制的鸟铳，均为前装、滑膛、火绳枪机，射程达150~300米。因装填费时，射速较慢，所以后来屡有改进，例如万历二十六年（1598年）赵士桢曾参酌佛郎机铳制成装

---

[1] 本文对鸟铳的叙述，依成东：《鸟铳》，《中国军事百科全书·古代兵器分册》，第141~146页。

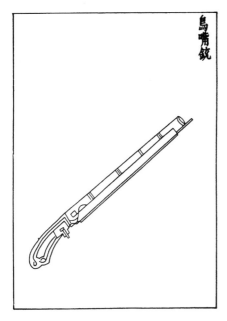

图9-9 《筹海图编》中的鸟
嘴铳

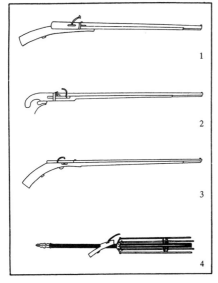

图9-10 《神器谱》中的鸟铳

1. 鲁迷铳　约长190厘米　用
火药四钱，铅弹三钱，枪托
上装有钢刃，可掉头格斗。

2. 西洋铳　约长185厘米　用
火药一钱，铅弹二钱，使用
子铳。

3. 掣电铳　约长185厘米　用
火药二钱五分，铅弹二钱，
使用子铳。

4. 迅雷铳　有5支枪管，各长
60厘米左右，共用一枪机，
轮流发射。

有子铳的"掣电铳",参酌三眼铳制成有5支枪管、可轮流发射的"迅雷铳"（图9-10）。为了提高点火机构的可靠性，又将火绳枪机改为燧发枪机，崇祯八年（1635年）毕懋康著《军器图说》中的"自生火铳"，就已改用燧发枪机。同时，明末鸟铳还增装枪叉，可将枪支地，稳定瞄准射击。这时鸟铳的基本结构和外形，已接近于近代步枪。

在大量制造由西方传入的佛郎机铳和鸟铳的同时，嘉靖年间也对传统的手铳进行了一些改进，主要是增加铳管数量，将3个铳管作"品"字形排列，共用1个尾銎，有的3个药室相通，点火后3管齐射；有的3个药室不相通，发射时依次点火，分别发射，称为"三眼铳"。与手铳相比，三眼铳可以提高射速、增大杀伤力❶。此外，在16世纪中期，明朝还改良了原来的老式火炮，制造过小型臼炮——虎蹲炮❷。这些火器也都装备了部队。

自嘉靖年间大量制造佛郎机和鸟铳装备军队，使明军的面貌大为改观，军中使用火器作战的兵员数量与使用传统冷兵器的兵员数量的比例，有了新变化，这在隆庆年间戚继光总理蓟州等镇练兵时，车、马、步等营的兵员和装备可以反映出来。

车营总人数3119，内中火器兵人数1280，装备佛郎机265、

---

❶ 王兆春：《三眼铳》，《中国军事百科全书·古代兵器分册》，第138~139页。

❷ 成东：《古代火炮》，《中国军事百科全书·古代兵器分册》，第151~160页。

鸟铳512，共计777。

马兵营总人数2988，装备鸟铳432、虎蹲炮60、快枪432，共计924。

步兵营总人数2699，内中火器兵人数1080，装备鸟铳1080，共计1080。

可以看出，当时火器兵的人数在各营分别占2/5~1/2。所装备的火器中，虎蹲炮和快枪是由老式火炮和手铳改良的。较先进的是佛郎机和鸟铳，佛郎机有重有轻，重的只宜车载，单兵装备的标准兵器是鸟铳，所以步兵营中所装备的都是鸟铳。在步军营中1/2编为火器手队，以火器火力杀敌；另1/2为杀手队，以冷兵器肉搏杀敌。火器手1080名，装备鸟铳1080杆并兼配长刀1080把。基层单位每队步军12名，除队长和火夫各1名外，余10名均鸟铳手，其装备"每名长刀一把，鸟铳一门，搠杖一根，锡鳖一个，铳套一个，铅子袋一个，药管三十个。备征火药每出三钱，备三百出，另备药六两，共六斤。铅子三百个，火绳五根"。杀手队冷兵器手也有1080名，内藤牌手216名，装备藤牌216面和腰刀216把；狼筅手216名，装备狼筅216根；长枪手216名，装备长枪216杆、弓216张、大火箭216支；锐钯手216名，装备锐钯216把、火箭6480支；大棒手216名，装备大棒324根。车营是专门装备火炮的部队，达到每8名兵员装备1门佛郎机的高比例。为装备火力强大的大号佛郎机，特意创制了前驾2骡的偏厢战车，每车装置大佛郎机2架、鸟铳4门，具有强大的火力。

第四节　明末引进的西洋火炮——红夷炮（红衣炮）

17世纪初期，荷兰制造的大型加农炮传入中国，因时称荷兰为红夷，故称为"红夷炮"❶。《明史·兵志》："大西洋船至，复得巨炮，曰红夷，长二丈余，重者至三千斤，能洞裂石城，震数十里。"传万历末年，有荷兰船沉于广东沿海，其炮42门被捞起，先后运到北京。这种炮有口径大、管壁厚、身管长、炮身前细后粗等特点，且炮身铸有炮耳，便于架设在炮架或炮车上，便于调整射击角度，因此远比佛郎机铳性能好、威力大，引起明政府的注意。从崇祯初年开始仿制，参与主持仿制的官员有徐光启、李之藻、王尊德等，仅崇祯二年至三年（1629—1630年）就由徐光启督造大小红夷炮400余门，两广总督王尊德也铸造大中型红夷炮500门之多。到崇祯末年更因辽东军事需要，不断铸造红夷炮，如山西博物院就藏有2门山西总督卢象升等人于崇祯十一年（1638年）铸造的红夷铁炮。山海关长城博物馆存有崇祯十六年（1643年）铸造的"神威大将军"铁炮。在辽东与后金军的战斗中，红夷炮是明军装备中威力最大的火炮，曾发挥很大作用。特别在袁崇焕指挥的守御宁远的战斗中，明军充分发挥了红夷炮的威力，对战斗的胜利作出了贡献。

---

❶ 本文对红夷炮的叙述，依王兆春：《中国火器史》、成东：《古代火炮》，以及郭永芳：《红夷炮》，《中国军事百科全书·古代兵器分册》，第162~163页。

据现存的明代红夷炮标本看，均为铁铸，体长在150~290厘米之间，口径6.5~14厘米，据铭文记重最轻250千克、最重达2500千克。具体尺寸如下：

崇祯六年（1633年）总督两广军门熊文灿造铁炮，长153厘米、口径6.5厘米；

崇祯戊寅（1638年）总督军门卢象升造红夷大炮，长190厘米、口径8厘米；

崇祯十一年（1638年）钦命总督宣大部院卢象升造神威大将军炮，长286厘米、口径10.2厘米；

崇祯十六年（1643年）造神威大将军炮，长266厘米、口径10厘米；

中国人民解放军革命军事博物馆藏明红夷型炮残长290厘米、口径14厘米❶。

在仿制欧洲火炮的同时，也引进了先进的火炮理论，孙元化著《西法神机》（1632年前成书）和焦勗在传教士汤若望的传授下辑成的《火攻挈要》（1643年成书），已较系统地介绍了欧洲火炮制造和使用方法，对以后中国的火炮制造产生了重大影响。

在明军与后金军的战斗中，特别是1626年的宁远之战中，红夷炮的火力对击退后金军的进攻起了很大作用，所以后金在皇太极即位后立即组织人员，开始仿制红夷炮，改称红衣炮。天聪五年（1631年）制造成功，编练操射火炮的官兵，

---

❶ 参看《中国古代兵器图集》图 11–47~11–51。

在大凌河之战中开始发挥红衣炮在攻坚战中的作用。后金军一方面大力仿制红衣炮，另一方面从明军降将手中和战争中掳获明军的西洋火炮，不断充实壮大自己的火炮部队，使其在入关后统一全国的战争中发挥了重要作用。清朝建立以后，从顺治年间（1644—1661年）到康熙年间（1662—1722年），掀起了火炮制造的新高潮。据《清朝文献通考》，仅康熙十三年至六十年（1674—1721年）间制造的各式火炮就约有900门。当时铸造的火炮主要仍是红衣炮（图9-11、图9-12），即加农炮型。现存的标本如"武成永固大将军"铜炮，为康熙二十八年（1689年）由传教士南怀仁监造，炮身全长362厘米、口径15.5厘米，发射重10千克的铁弹，安放于双轮的铁炮车上，全重达5000千克。此外，还有臼炮型和子母炮型的火炮。臼炮型的火炮又称"冲天炮"，标本如"威远将军"铜炮，故宫博物院藏的一门造于康熙二十九年（1690年），炮身长69厘米、口径21.2厘米，前粗后敛，形如仰钟，重约300千克，安放在四轮

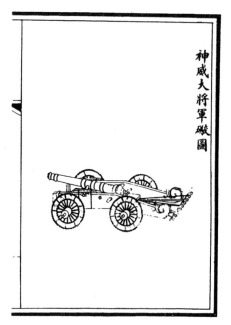

图9-11 《清会典图》中的神威大将军炮图

图9-12　清康熙十五年"神威无敌大将军"铜炮

木制炮车上，发射爆炸弹。子母炮型的火炮，与明代的佛郎机铳相仿，标本如故宫博物院藏康熙年间造铁子母炮，母炮全长182厘米、口径3.2厘米，装准星、照门，管后开腹，另备有铁闩以固定子炮。子炮呈圆锥形，空重6.5千克，长25厘米、口径3.1厘米。是射速较高的小口径火炮。随着火炮的大量生产，清政府于康熙三十年（1691年）成立火器营，成为清军使用新式火器的步炮兵部队。

当时组建火器营，是从满洲、蒙古八旗中挑选习火器的士兵7730人编成内外两营，分驻北京城内和城外。在城内的称内火器营，又分习枪、习炮两营；在城外的称外火器营，专习鸟枪。内外火器营共编有鸟枪护军5200人、炮甲800人、养育兵1650人（备补充鸟枪护军）。火器营组建成军以后，配合满洲和汉军炮兵，在平定三藩叛乱、收复雅克萨、平定噶尔丹等战役中，为巩固清朝的统一和国家领土的完整，发挥了重要作用❶。

到雍正年间（1723—1735年）以后，由于政权已巩固，严重的保守思想和政治上日趋腐败，清朝不再重视火器的研制和生产，很少再造和创制火器，使明末清初一度繁盛的火器制造业再次转入低潮，工艺技术日渐拉大了与西方列强之间的差距。1840年第一次鸦片战争爆发时，清军只能以旧式的枪炮和刀矛弓弩等冷兵器，去抗击英军装备的先进的枪炮，再一次印证了落后就要挨打的历史教训。鸦片战争的炮声，也敲响了中国古代火器与冷兵器并用时代的丧钟。

在讲述中国古代枪炮的兴衰时，还应提到同样与火药的发明相联系的原始火箭兵器，到元明时期也有所发展，还曾有人企图坐在绑缚47支火箭的坐椅上升空，这就是世界科技界承认的"万虎"火箭载人飞行试验❷。在茅元仪撰写的《武备志》中，记录了多种火箭。1959年中国历史博物馆曾依据《武备志》的记载制成火箭模型，用1两5钱火药，射角定在45度，点燃后火箭的射程可达150~200米❸。据戚继光《练兵实纪》，火箭确是当时军中主要的远射兵器之一，在车营和马兵营中装备的火箭多达12000~15000余支。但是除一般以火药发射的火箭外，

----

❶ 参看《中国火器史》，第266页。

❷ 刘仙洲：《中国机械工程发明史》第一编，第77~78页，科学出版社，1962年。

❸ 《中国历史博物馆陈列的一批明代火器复原模型》，《文物》1959年第10期，第53页。

《武备志》中还记载有一些更先进的火箭兵器，经常被学者例举的"火龙出水"，是一种两级火箭。它的构造是用4个大火箭安置在1个竹木制造的龙形筒下方，先点燃4个大火箭，也就是第一级火箭，将龙形筒发射出去，可飞1.5千米远。等4个火箭筒中的药燃烧完后，再引发龙形筒腹内的神机火箭，也就是第二级火箭，继续射向敌舰，使其"人船俱焚"。但是这种设计先进的两级火箭，并没有在实战中使用的战例，看来仅停留在试行设想的阶段。因此，记录在书中的先进火箭兵器，仅在纸上闪现了一线光辉，就同其他火器一样，在落后生产关系的桎梏中夭折，终致泯灭无闻。

附　录

一　甲胄护身部位示意图

从原始时期到唐代甲胄防护部位发展示意图（图中涂黑处为甲胄部分）

说明：

1. 甲胄防护部位：A.身甲；B.身甲下缀护腰的垂缘；C.披膊；D.膝裙；E.臂护；F.吊腿；H.胄；H+G.兜鍪。

2. 台湾省兰屿耶美人的原始藤甲和藤胄，防护部位：A、H。

3. 云南省傈僳族原始皮甲与皮胄，防护部位：A、H。

4. 四川省彝族的皮甲，防护部位：A+B。

5. 秦代的甲，依秦始皇陵陶俑坑出土陶俑，防护部位：A+B+C。

6. 西汉铠甲之一，依咸阳杨家湾出土陶俑，防护部位：A。

7. 西汉铠甲之二，依咸阳杨家湾西汉墓出土陶俑，防护部位：A+B+C。

8. 西汉铠甲之三，铠甲依满城汉墓铁铠，防护部位：A+B+C。

9. 北朝两当铠、兜鍪，依洛阳北魏元熙墓出土陶俑，防护部位：A+B+C、H+G。

10. 北朝明光铠、兜鍪，铠甲依北魏宁懋石室线雕，兜鍪依洛阳元邵墓出土陶俑，防护部位：A+B+C、H+G。

11. 隋代明光铠、兜鍪，依合肥隋墓出土陶俑，防护部位：A+B+C、H+G。

12. 唐代明光铠、兜鍪，依西安李爽墓出土陶俑，防护部位：A+B+C+D+E+F、H+G。

二 古代兵器各部位示意图

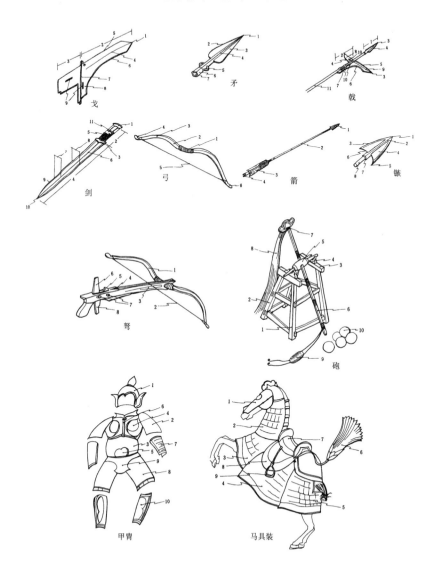

戈　矛　戟
剑　弓　箭　镞
弩　砲
甲胄　马具装

说明：

戈：1.锋 2.援 3.内 4.脊 5.上刃 6.下刃 7.阑（栏） 8.胡 9.穿

矛：1.锋 2.刃 3.叶（翼） 4.脊 5.纽（乔） 6.箍（骹） 7.鏂

戟：1.戟刺 2.戟体 3.锋 4.刃 5.上刃 6.下刃 7.胡 8.内 9.脊
　　10.穿 11.秘

剑：1.首 2.茎 3.格（镡、隔、卫手） 4.身 5.缑 6.脊 7.从 8.腊广
　　9.刃（锷） 10.锋 11.箍

弓：1.弣 2.渊（肩） 3.萧 4.驱 5.弦 6.弭

箭：1.镞（刃） 2.笴（葛） 3.羽 4.栝（叉、比）

镞：1.前锋（末） 2.脊 3.刃 4.翼（叶） 5.后锋 6.本 7.关 8.铤

弩：1.弩弓 2.弦 3.弩臂 4.矢道 5.牙 6.望山 7.枢 8.悬刀

砲：1.前脚柱 2.后脚柱 3.头木 4.鹿耳 5.轴 6.梢 7.扎索 8.拽索
　　9.皮窝 10.石砲弹

甲胄：1.兜鍪（胄、盔） 2.披膊（掩膊） 3.身甲 4.胸护 5.腹护 6.甲
　　　绊 7.臂甲 8.腿裙 9.鹘尾 10.吊腿

马具装：1.面帘 2.鸡颈 3.当胸（荡胸） 4.马身甲 5.搭后 6.寄生 7.鞍
　　　　8.鞴 9.镫

再版后记

本书初稿，是2003年我在中国社会科学院考古研究所为研究生班授课的讲稿。2005年对讲稿进行补充修改并配图后，改题为《古代兵器通论》，交紫禁城出版社，收入《中国考古文物通论》丛书出版，至今已近二十载。今年由于李占茚的促进和帮助，重新调整了配图，再次重版，改名《刀光剑影：中国古代的兵器》。因我已八十九岁，且受病痛折磨，这次重版，全靠李占茚付出的辛勤的劳作，谨此致谢。

杨　泓

癸卯年冬于北京和泰园

图书在版编目（CIP）数据

刀光剑影：中国古代的兵器 / 杨泓著 . -- 太原：山西人民出版社 , 2025.1. -- ISBN 978-7-203-13466-4

Ⅰ. K875.84

中国国家版本馆 CIP 数据核字第 2024C9Z906 号

刀光剑影：中国古代的兵器

著　　者：杨　泓
责任编辑：樊　中
复　　审：李　鑫
终　　审：梁晋华
装帧设计：陆红强

出 版 者：山西出版传媒集团·山西人民出版社
地　　址：太原市建设南路 21 号
邮　　编：030012
发行营销：0351-4922220　4955996　4956039　4922127（传真）
天猫官网：https://sxrmcbs.tmall.com　电话：0351-4922159
E－m a i l：sxskcb@163.com　发行部
　　　　　　sxskcb@126.com　总编室
网　　址：www.sxskcb.com
经 销 者：山西出版传媒集团·山西人民出版社
承 印 厂：北京汇林印务有限公司
开　　本：889mm×1194mm　1/32
印　　张：14.5
字　　数：290 千字
版　　次：2025 年 1 月　第 1 版
印　　次：2025 年 1 月　第 1 次印刷
书　　号：ISBN 978-7-203-13466-4
定　　价：98.00 元

如有印装质量问题请与本社联系调换